일러두기
'맛있는 복음밥2'에는 복음밥 신부의 240520 '교회의 어머니 복되신 동정 마리아' 기념일부터 241130 '성 안드레아 사도 축일'까지의 복음 묵상글이 담겨있습니다.

맛있는 복음밥 2

Daily Gospel Meditations with 복음밥 신부

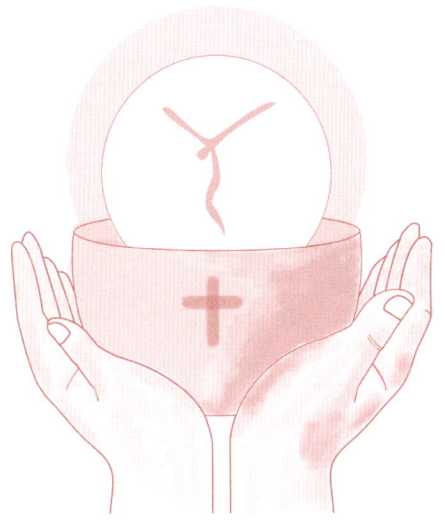

매일 복음으로 갓지은 맛있는 복음밥
말씀을 묵상하고 실천할 수 있게 돕는
영적 요리책.

목차

연중시기

240526 | 지극히 거룩하신 삼위일체 대축일	20
240602 | 지극히 거룩하신 그리스도의 성체 성혈 대축일	34
240609 | 연중 제10주일	48
240616 | 연중 제11주일	62
240623 | 연중 제12주일	76
240630 | 연중 제13주일	90
240707 | 연중 제14주일	104
240714 | 연중 제15주일	118
240721 | 연중 제16주일	132
240728 | 연중 제17주일	146
240804 | 연중 제18주일	160
240811 | 연중 제19주일	174
240818 | 연중 제20주일	188
240825 | 연중 제21주일	202
240901 | 연중 제22주일	216
240908 | 연중 제23주일	230

| 240915 | 연중 제24주일 | 244

| 240922 | 성 김대건 안드레아 사제와 성 정하상 바오로와 | 258
동료 순교자 대축일 경축 이동

| 240929 | 연중 제26주일 | 272

| 241006 | 연중 제27주일 | 286

| 241013 | 연중 제28주일 | 300

| 241020 | 연중 제29주일 | 314

| 241027 | 연중 제30주일 | 328

| 241103 | 연중 제31주일 | 342

| 241110 | 연중 제32주일 | 356

| 241117 | 연중 제33주일 | 370

| 241124 | 온 누리의 임금이신 우리 주 예수 그리스도왕 대축일 | 384

연중시기

(연중 시기 둘째 부분)

240520 | 교회의 어머니 복되신 동정 마리아 기념일

📖 재　료 : 요한 19,27
🥣 레시피 : "이분이 네 어머니시다."

　복음을 읽으며 문득 이런 생각을 해봤습니다. '내가 갑자기 세상을 떠난다면 어떤 게 가장 마음에 걸릴까?' 아마 부모님일 것입니다. 세상에서 유일한 내 편이 없어진다는 느낌은 부모님도 자녀도 똑같을 것입니다. 예수님께서도 십자가 위에서 떨어지는 숨을 몰아쉬시며, 그런 생각이 드셨을 것입니다.
　처녀의 몸으로 아들 예수를 잉태하며, 온갖 두려움을 이겨내시고, 한결같이 아들 예수를 지켜내신 어머니, 아들이 유대인들의 칭찬은커녕 온갖 모욕과 괄시를 받았을 때도 한결같이 아들 예수를 지지하신 어머니, 아들이 무죄하게 사형선고를 받고, 십자가 죽음의 길을 걸어갈 때도, 아들의 그 길을 지지해주신 어머니, 그런 어머니의 마음을 아시기에 아들 예수님은 죽음을 앞둔 그 순간, 어머니가 마음에 걸리셨나 봅니다.
　그러기에 자신의 제자 중에 제일 믿을 만한 이에게 이렇게 말씀하십니다. **"이분이 네 어머니시다."** 자신의 어머니의 안위는 믿지 못할 사람에게 맡기지 않습니다. 우리가 하늘나라에 가더라도 제일 믿을 만하고, 듬직하고, 한결같은 사람에게 맡깁니다.
　주님께서는 그 사랑하는 어머니를 우리에게도 맡기시며 이렇게 말씀하십니다. **"이분이 네 어머니시다."** 오늘 하루 주님께서 우리를 믿고 맡겨주신 어머니와 함께 하늘나라를 꿈꿔보는 우리가 되기를 성부와 성자와 성령의 이름으로 기도드립니다. 아멘.

나만의 복음밥

📖 재　료 :

🥣 레시피 :

🛎 고　명 : 매일미사 (　), 복음묵상 (　), 성체조배 (　), 묵주기도 (　)

🍚 복음밥 :

240521 | 연중 제7주간 화요일

재 료 : 마르 9,32
레시피 : "제자들은 그 말씀을 알아듣지 못하였을 뿐만 아니라 그분께 묻는 것도 두려워하였다."

 신학생 때 본당 신부님의 말씀이 엄청 빠르셨습니다. 그런데 혀의 움직임이 의식의 흐름을 따라가지 못하기에 말 끝을 항상 흐리셨습니다. 그러기에 신부님이 이야기하시면 초집중력을 발휘해서 알아듣고자 합니다. 그런데 가끔 실수할 때가 있었습니다. 몇 개를 사와라 든가, 어떤 일들을 하라든가, 누구에게 전달하라고 이야기하실 때 잘 못 알아듣는 경우가 있었습니다.

 그러면 그것을 신부님께 다시 이야기해달라고 하면 되는데 저는 속으로 신경질을 내지는 않으실까? '그것도 못 알아듣냐?'라며 나무라지는 않으실까? 싶어서 지레짐작으로 일을 처리했습니다. 거의 90프로 맞기는 했지만 가끔 10프로가 틀리곤 했습니다. 그럼 저는 이런 말을 들었습니다. "잘 못 알아 들었으면 다시 물어보면 되지 왜 안 물어보고 네 생각대로 해서 실수를 해."

 그 일이 있고 난 뒤로 저는 어느 누구를 만나든 결정이나 전달사항이 있는데 못 알아들으면 꼭 물어봅니다. "잘 못 알아 들었는데 다시 한 번 이야기해 주시겠어요?"

 복음에서 예수님은 답답하셨을 것입니다. 제자들이 못 알아 들었으면 한 번 더 아니 이해할 때까지 이야기해 달라고 하면 말씀하셨을 텐데, **"제자들은 그 말씀을 알아듣지 못하였을 뿐만 아니라 그분께 묻는 것도 두려워하였다."** 라고 전합니다.

모르겠으면 물어봐야 합니다. 특히 주님께 여쭤봐야 할 게 있으면 꼭 물어봐야 합니다. "주님 저 요즘 너무 힘든데, 무엇을 가르쳐 주시려고 하나요? 주님 제가 병이 들어 고통스러운데 저에게 무슨 말씀이 하고 싶으신가요?" 참고 끙끙거린다고 누가 말해주는 것은 아닙니다. 정확하게 물어봐야 정확하게 행동할 수 있습니다. 모르게 되면 추측하게 되고 추측하면 오해가 생깁니다. 그러기에 물어봐야 합니다. 주님께서 나에게 무엇을 원하시는지 이 일을 통해 어떤 것을 하고자 하시는지. 그럼 주님께서는 우리의 물음에 이렇게 답을 해주실 것입니다. "주님께 네 길을 맡겨라. 그분이 몸소 해 주시리라.(시편 37,5)" 주님께 여쭤보고 주님께 답을 얻는 우리가 되기를 성부와 성자와 성령의 이름으로 기도드립니다. 아멘.

나만의 복음밥

- 재 료 :
- 레시피 :
- 고 명 : 매일미사 (   ), 복음묵상 (   ), 성체조배 (   ), 묵주기도 (   )
- 복음밥 :

240522 | 연중 제7주간 수요일 또는 카시아의 성녀 리타 수도자

📖 재　료 : 마르 9,40
🍲 레시피 : "우리를 반대하지 않는 이는 우리를 지지하는 사람이다."

'손으로 느끼는 십자가의 길' 판매에 들어갔습니다. 사순절을 맞이해서 발로 십자가의 길을 봉헌하고, 손으로 색을 칠하며, 묵상을 쓰면서 사순절을 더 깊게 느끼기를 바라는 마음에서 책을 만들었습니다. 책을 만들면서 '이 정도면, 사람들이 엄청나게 좋아하겠지?' 싶었습니다. 하지만 예전보다 더 줄어든 판매량을 바라보며 마음이 쪼골쪼골 해졌습니다.

'왜 그럴까?' 이런 생각이 점점 커지자 사주신 분들에 대한 감사보다 남아 있는 박스의 개수가 더 잘 보였습니다. 원래 먹었던 기쁜 마음은 사라지고, 걱정만이 가득해질 찰나에 문자 하나가 왔습니다.

"신부님, 책 잘 받았어요. 바쁘신 가운데서도, 애써 주셔서 감사해요. 많이 사지는 못해도, 신부님이 하시는 일이 늘 잘 되도록 기도해요." 문자를 보고 부끄러워졌습니다.

이 일을 통해 하느님의 일을 드러내야지 하고 생각했는데, 어느새 내 욕심에 갇혀 인간의 일을 하고 있었던 것이었습니다. 그리고 눈에 잘 드러나지는 않지만 하느님의 일을 더 잘하라고 나를 지지하고, 응원해준 사람들의 마음이 보이기 시작했습니다.

오늘 복음에서 예수님께서는 자신을 따르지는 않지만 당신의 일을 하는 사람들을 막는 사도 요한에게 이렇게 말씀하십니다. **"우리를 반대하지 않는 이는 우리를 지지하는 사람이다."**

성당에서 일을 하다 보면 하느님의 일을 한다고 시작합니다. 하지만 눈앞에서 벌어지는 여러 가지 일들을 경험하면서 하느님의 일이 아니라 인간의 일을 하는 우리를 발견하곤 합니다. 이럴 때 그 안에 파묻혀 인간의 일을 하느라 힘들어하지 말고, 잠시 그 밖으로 나와 주님의 일을 하도록 힘을 주는 사람들의 목소리에 귀를 기울였으면 좋겠습니다. 주님의 일을 하도록 힘주는 사람들의 목소리에 귀를 기울이다 보면, 지치지 않고 꾸준히 주님의 일을 하며 앞으로 나갈 수 있을 것입니다. 주님의 일을 바라보고, 주님의 은총을 전하는 우리가 되기를 성부와 성자와 성령의 이름으로 기도드립니다. 아멘.

나만의 복음밥

- 재 료 :
- 레시피 :
- 고 명 : 매일미사 (　), 복음묵상 (　), 성체조배 (　), 묵주기도 (　)
- 복음밥 :

240523 | 연중 제7주간 목요일

📖 재　료 : 마르 9,50ㄷ
🥣 레시피 : "너희는 마음에 소금을 간직하고 서로 평화롭게 지내라."

지난번에 어떤 형제에 대해서 칭찬을 해드릴 기회가 있었습니다. "멋있어요. 잘했어요. 훌륭했어요."라는 말로 뭉뚱그려서 하며, 무엇을 어떻게 잘했는지 정확하게 칭찬하지 못하는 저를 보았습니다.

반면에 지적을 할 때는 어떤 상황에서 어떤 것을 잘못했는지 아주 구체적으로 지적하는 저를 발견합니다. 그런 저의 모습을 바라보면서 **"너희는 마음에 소금을 간직하고 서로 평화롭게 지내라."** 라는 주님의 말씀을 묵상하니 무슨 말씀인지 보였습니다.

우리 각자의 마음속에는 소금이 있습니다. 소금은 잘 사용하면 요리의 감칠맛을 내지만 잘못 사용하면 음식을 아예 못 먹게 만들어 버립니다. 좋은 곳에 써야 할 소금을 아픈 사람의 마음을 더 아리게 소금을 뿌리지는 않는지? 내 욕심을 위해 공동체에 일치를 깨는 소금을 뿌리지는 않는지? 돌아봅니다.

소금을 잘 간직하라는 말씀은 소금을 쓸 때를 잘 보라는 것입니다. 우리가 마음속에 소금을 간직하고 사용할 때를 잘 보고 있으면 우리의 인생은 평화로움이라는 감칠맛이 돌 것입니다. 오늘 하루 서로의 삶에 은총의 감칠맛을 더하는 참 소금이 되시기를 성부와 성자와 성령의 이름으로 기도드립니다. 아멘.

나만의 복음밥

- 재　료 :
- 레시피 :
- 고　명 : 매일미사 (　), 복음묵상 (　), 성체조배 (　), 묵주기도 (　)
- 복음밥 :

240524 | 연중 제7주간 금요일

📖 재　　료 : 마르 10,5ㄴ
🍳 레시피 : "너희 마음이 완고하기 때문에 모세가 그런 계명을 기록하여 너희에게 남긴 것이다."

　동생과 장난을 하고 있으면 어머니의 눈에는 곧 싸우게 될 것 같은 낌새를 느끼시는 것 같습니다. 어머니께서 그것을 눈치채시면 저에게 이렇게 말씀하십니다. "이제 그만하지" 그 말을 듣고 바로 그만하면 좋을 텐데, 이상한 고집이 생겨 어머니의 말을 어기고 좀 더 하다가 기어코 동생과 다툼이 일어나고 어머니께 혼나는 상황을 만들곤 합니다. 하지 말라고 할 때 왜 더 하고 싶은 마음이 드는 것일까요? 그것은 저의 의견이 더 중요하다고 생각을 하기 때문입니다. 그 순간 저의 의견을 접고, 상대의 의견을 받아들이면 좋을 것을 그러지 못하고 고집을 피울 때 항상 문제가 생기는 것을 보곤 합니다.

　이것은 주님과의 관계에서도 똑같이 벌어집니다. 제가 하고 싶은 것을 위해 주님의 것을 뒤로하기도 하고, 주님의 계명이 앞설 때는 "다음에 주님 것을 할 테니 이번에는 저의 것을 먼저 할게요."라고 하며 완고한 마음을 앞장서게 합니다. 그런데 신기한 것은 자신의 고집을 앞장세우고 주님의 것을 뒤로했을 때 생기는 어려움에 대해서는 주님 탓을 먼저 합니다.

　오늘 복음에서 주님께서는 완고한 마음으로 고집을 피우는 바리사이들을 향해 이렇게 말씀하십니다. **"너희 마음이 완고하기 때문에 모세가 그런 계명을 기록하여 너희에게 남긴 것이다."**

　신앙생활을 하면서 때로는 내 뜻으로 주님의 뜻을 해석할 때가 있습니다. 그런데 이상하게 그럴 때마다 난관에 부딪히게 되는 것을 체험하곤 합니다. 주님께서는 그런 상황 안에서 우리가 완고해지는 것을 피하기를 바라십니다. 내가 나의 의지를 내려놓고 주님의 뜻을 받아들이는 그 순간 주님께서 주시는 자유가 무엇인지 느끼게 될 것입니다. 완고함이 아니라 너그러움으로 주님의 뜻을 품고 살아가는 우리가 되기를 성부와 성자와 성령의 이름으로 기도드립니다. 아멘.

나만의 복음밥

재 료 :
레시피 :
고 명 : 매일미사 (   ), 복음묵상 (   ), 성체조배 (   ), 묵주기도 (   )
복음밥 :

240525 | 연중 제7주간 토요일

재 료 : 마르 10,15

레시피 : "내가 진실로 너희에게 말한다. 어린이와 같이 하느님의 나라를 받아들이지 않는 자는 결코 그곳에 들어가지 못한다."

지난번 아는 지인의 딸에 관해서 이런 이야기를 들었습니다. 아이가 다니는 어린이집에는 시각 장애를 가진 남자애가 있다고 했습니다. 딸은 어려서 앞이 안 보인다는 게 어떤 의미인지 몰랐기 때문에 엄마는 그 의미를 자세하게 설명해 줬다고 합니다.

다음날 엄마가 딸애를 데리러 어린이집에 갔는데, 딸이 눈이 보이지 않는 남자애와 마주 보고 앉아서, 나무가 어떻게 생겼는지 설명해 주고 있었는데 그 모습이 이상했다고 합니다. 그래서 앞으로 가서 보니 딸아이가 눈을 감고서 나무가 어떻게 생겼는지 설명을 해주고 있었습니다.

오늘 복음에서 예수님께서는 자신에게 다가오는 아이들을 막는 제자들을 향해 이렇게 말씀하십니다. **"내가 진실로 너희에게 말한다. 어린이와 같이 하느님의 나라를 받아들이지 않는 자는 결코 그곳에 들어가지 못한다."** 지인 딸의 이야기를 들으며 많은 생각을 하게 되었습니다. 어렸을 적 우리는 상대의 눈높이로 바라보고, 상대의 눈높이로 생각하고, 상대의 눈높이로 헤아리는 것이 가능했던 것 같습니다. 왜냐하면 영적 순수함이 있었기 때문입니다. 하지만 점점 어른이 되어가며 영적 순수함이 없어지고, 자신을 낮추는 법을 잊어버리는 것 같습니다.

오늘 하루 우리에게 다가오는 사람들의 눈높이에 맞게 마음을 기울이고 생각을 기울이며 어린이와 같은 영적 순수함을 회복하는 우리가 되기를 성부와 성자와 성령의 이름으로 기도드립니다. 아멘.

나만의 복음밥

📖 재　료 :

🥣 레시피 :

🔔 고　명 : 매일미사 (　), 복음묵상 (　), 성체조배 (　), 묵주기도 (　)

🍚 복음밥 :

240526 | 지극히 거룩하신 삼위일체 대축일

재 료 : 마태 28,20
레시피 : "보라. 내가 세상 끝 날까지 언제나 너희와 함께 있겠다."

신뢰 게임이라고 있습니다. 게임 방법은 다음과 같습니다. 2인 1조가 되어서 둘 다 같은 방향을 바라봅니다. 그리고 앞에 있는 사람의 눈을 가립니다. 앞 사람에게 그대로 뒤로 넘어지면 뒷사람이 받아줄 것이라고 이야기를 해줍니다. 앞사람이 뒤로 넘어지면, 뒷사람은 앞사람을 받아줍니다.

이 게임을 할 때 신기한 건 뒷사람을 믿고 넘어져도 된다고 설명을 해줘도, 막상 넘어지려 하면 주춤하거나 못하는 사람들이 생겨납니다. 그 사람들에게 "뒤에 사람이 있어요. 믿고 넘어지셔도 돼요."라고 이야기를 해도 결국 못하는 사람들이 생겨나고, 그들에게 "왜 못 넘어졌느냐?"라고 물어보면 대부분 이렇게 말을 합니다. "눈을 가리니 뒤에 사람이 있다고 이야기를 해줘도 잘 믿어지지 않고 뒤로 넘어지는 게 쉽지가 않아요."

예수님께서는 하늘로 오르시기 전에 제자들에게 이렇게 말씀하십니다. **"보라, 내가 세상 끝 날까지 언제나 너희와 함께 있겠다."** 이 말씀은 즉, 내가 하늘에 돌아가도 너희 뒤에 항상 있을 테니, 넘어져도, 힘들어도 자신감을 가지고 앞으로 나아가라는 말씀입니다.

하지만 우리는 주님이 뒤에 계심을 믿으면서도 눈을 가린 것처럼 앞 날을 알 수 없는 삶을 살아가기에 때때로 주님을 의심하고, 주저앉고, 포기하곤 합니다.

이런 우리에게 주님께서는 다시 한번 더 말씀하십니다. **"세상 끝 날**

까지 언제나 너희와 함께 있겠다."

우리 뒤에는 삼위일체이신 하느님께서 항상 함께해 주십니다. 그러기에 일상의 어려움이 우리를 감싸더라도, 주님을 믿고 뒤로 넘어가 봅시다. 그러면 주님께서 우리를 받아주시고 일으켜 세워주시며, 당신을 따를 힘을 주실 것입니다. 주님을 믿고 앞으로 나아가는 우리가 되기를 성부와 성자와 성령의 이름으로 기도드립니다. 아멘.

나만의 복음밥

- 재 료 :
- 레시피 :
- 고 명 : 매일미사 (   ), 복음묵상 (   ), 성체조배 (   ), 묵주기도 (   )
- 복음밥 :

240527 | 연중 제8주간 월요일

📖 재　료 : 마르 10,21

🍲 레시피 : "가진 것을 팔아 가난한 이들에게 주어라. 그리고 와서 나를 따라라."

　어느 성당 신부님께서 가난한 이웃돕기 은총 시장을 열겠다고 말씀을 하셨습니다. 자신의 집에서 안 쓰는 물건을 성당에 가져다 놓으면 그것을 팔아서 가난한 이들을 돕겠다는 취지인 것이죠.

　신자들은 하나, 둘, 자신의 집에서 안 쓰는 물건을 가져다 놓았고, 은총 시장을 열기 위해 신부님은 물건을 보러 가셨습니다. 그런데 그곳에는 안 쓰는 물건이 아니라, 못 쓰는 물건이 대부분 이었습니다. 남을 주기도 아까운 것을 봉헌하는 것이 아니라. 남을 줘도 아깝지 않은 것을 가져다 놓은 것이죠.

　오늘 복음에서 예수님께서는 다음과 같이 말씀하십니다. **"가진 것을 팔아 가난한 이들에게 주어라. 그리고 와서 나를 따라라."** 우리는 주님께 봉헌할 때 어떻게 봉헌을 하고 있나요? 내가 쓸 것을 먼저 빼놓고 그 나머지를 봉헌하나요? 아니면 주님께 드릴 것을 먼저 빼놓고 그 나머지를 봉헌하나요?

　봉헌의 크고 작음을 떠나서 주님을 위해 봉헌할 것을 먼저 떼어 놓는다는 것은 매우 중요합니다. 그것은 내 삶의 시작이 늘 주님이시라는 것을 뜻하기 때문입니다. 주님을 따른다는 것은 그런 게 아닌가 싶습니다. 주님의 것을 먼저 준비하고 그 나머지를 내가 쓰는 것, 세상의 이치로는 내가 손해 보는 것 같지만 그 마음까지 넘어설 때 손해 보는 것 같은 부족분은 주님께서 채워주심을 느끼게 될 것입니다. 은총을 쫓아가는 삶이 아니라 은총을 따라오게 하는 우리가 되기를 성부와 성자와 성령의 이름으로 기도드립니다. 아멘.

나만의 복음밥

재　료 :
레시피 :
고　명 : 매일미사 (　), 복음묵상 (　), 성체조배 (　), 묵주기도 (　)
복음밥 :

240528 | 연중 제8주간 화요일

📖 재　료 : 마르 10,28
🍲 레시피 : "보시다시피 저희는 모든 것을 버리고 스승님을 따랐습니다."

　예전에 초등학교 다녔을 때 노는 것을 좋아하고 공부하는 것을 싫어하는 저에게 어머니는 제발 공부 좀 하라고 말씀을 하셨습니다. 그럴 때마다 저는 이런 답을 한 게 기억이 납니다. "엄마! 나 공부해서 10등 안에 들면 뭐 사줄 거야?"

　제가 공부를 해서 10등 안에 들면 누가 더 좋을까요? 물론, 저에게 더 좋은 일이죠. 그런데 제가 공부를 하는 것에 대해 부모님께 선물을 사달라고 한 저의 말은 지나고 생각하니 참 어리석은 말이었습니다.

　우리가 세례를 받은 것은 이제는 내 뜻이 아니라 주님의 뜻대로 살기 위해 세례를 받은 것입니다. 하지만 살다 보면 우리는 주님과 거래를 할 때가 있습니다.

　"주님 제가, 기도할 테니까 좋은 직장 들어가게 해 주세요."

　"주님 제가 선행할 테니까 원하는 소원 들어주세요."

　그런데 가만히 생각해보면 기도를 하면 누가 더 좋을까요? 기도를 하면 우리가 좋은 것입니다. 그럼에도 우리는 제자들처럼 주님께 이렇게 말을 합니다.

　"보시다시피 저희는 모든 것을 버리고 스승님을 따랐습니다."

　예수님은 제자들에게 따르라고만 했지, 강제로 제자들을 끌고 가지 않았습니다. 그런데도 제자들은 상황이 곤란하면 자신들의 신세만을 이야기합니다. 예수님께서는 당신의 이름을 통해 무엇인가를 얻고자 하는 우리들에게 그런 마음까지 내려놓으라고 하십니다. 우리가 그런 마음까지 내려놓을 때 주님께서는 우리를 위해 준비해 놓으신 것들을 알아서 주실 것입니다. 주님을 온전히 따르고 주님께서 주시는 은총을 얻는 우리가 되기를 성부와 성자와 성령의 이름으로 기도드립니다. 아멘.

나만의 복음밥

- 재 료 :
- 레시피 :
- 고 명 : 매일미사 (   ), 복음묵상 (   ), 성체조배 (   ), 묵주기도 (   )
- 복음밥 :

240529 | 복자 윤지충 바오로와 동료 순교자들 기념

재 료 : 요한 12,24
레시피 : "밀알 하나가 땅에 떨어져 죽지 않으면 한 알 그대로 남고, 죽으면 많은 열매를 맺는다."

한국 가톨릭에는 신앙을 증거하고 돌아가신 순교자들이 계십니다. 그분들의 삶을 바라보면 '하느님을 향한 사랑이 얼마 만 큼이어야 자신의 목숨을 내어놓을 수 있을까?' 하는 생각이 듭니다.

인간의 본성인즉, 위험이 닥쳐오면 피해야 하고, 죽음이 가까워져 오는 상황이면 도망가려고 하는데, 순교자들은 위험이 닥쳐오면 신앙의 힘으로 극복하려고 하고, 죽음이 다가오면 하느님의 이름으로 마주합니다.

순교자들의 모습을 살펴보면 그들은 눈앞을 바라보는 삶이 아니라 저 멀리에 있는 보이지 않는 구원을 눈앞에 당겨서 확인하신 분으로 느껴집니다. '어떻게 그런 모습을 가지셨을까?' 그것은 바로 말씀을 귀로 듣는데 그치는 것이 아니라 마음으로 듣는 방법을 아셨기 때문입니다. 귀로 들었으면 귀에만 머물고 마음으로 들었으면 마음에 말씀이 머물기에 삶과 행동이 변화될 수 있는 것입니다.

오늘 복음은 우리에게도 주님의 말씀을 귀로만 들었으면 귀에 머물기에 변화가 없고, 마음으로 듣고 간직하면 삶과 행동이 변화될 수 있는 것입니다. **"밀알 하나가 땅에 떨어져 죽지 않으면 한 알 그대로 남고, 죽으면 많은 열매를 맺는다."**

신앙인은 주님을 위해 모든 것을 움켜쥐는 사람이 아니라 주님을 위해 하나라도 내려놓을 수 있는 용기를 청해야 하는 사람이라고 생각됩니다. 그럼에도 신앙생활을 하다 보면 성당에서만 신자고, 성당 밖에서는 신자가 아닌 사람이 많습니다. 성당에서는 하느님을 찾고 성당 밖에서는 돈을 찾는 사람이 많은 것입니다.

이런 두 개의 삶은 하느님을 찾고 만나는데 어려움을 겪을 수밖에 없습니다. 혹시 하느님을 만나고 싶다면 순교자들의 삶을 닮아 자신의 것을, 주님을 위해 나누고자 하는 마음을 갖기를 바랍니다. 그런 모습이 자신의 세속적인 모습을 썩게 할 것이며, 그 안에 숨겨진 참 신앙인이라는 싹을 틔워 올릴 것입니다. 주님의 뜻을 따르고 완성하는 우리가 되기를 성부와 성자와 성령의 이름으로 기도드립니다. 아멘.

나만의 복음밥

재　료 :
레시피 :
고　명 : 매일미사 (　), 복음묵상 (　), 성체조배 (　), 묵주기도 (　)
복음밥 :

240530 | 연중 제8주간 목요일

📖 재　　료 : 마르 10,51
🥣 레시피 : "스승님, 제가 다시 볼 수 있게 해 주십시오."

　예전에 피정을 마쳤을 때 지도 신부님께서 이런 말씀을 해주신 적이 있습니다. "이곳에서는 주님만 생각하고 주님만 바라보기에 주님의 뜻이 무엇인지 금방 보일 거예요. 그런데 이곳을 나가자마자 여러분이 기도하면 할수록, 주님께 마음을 쏟으려 하면 할수록 영적으로 더 많은 유혹과 어려움이 닥쳐와 힘들어 할 거예요. 그러니 그 어려움에 눈이 가려 주님을 보지 못하는 순간이 오면 각자 체험한 주님을 볼 수 있는 기도를 했으면 좋겠어요."

　그렇게 피정을 마치고 세상으로 나오자마자 유혹 거리가 찾아왔습니다. 누구는 피정을 잘 마쳤으니 술 한잔하자고 하고, 그간 못 봤으니 영화를 보자는 연락도 왔습니다. 그럼에도 피정을 마치고 얼마간은 악착같이 기도 시간을 지키고 주님께 마음을 향하려고 했습니다. 하지만 그럴수록 주님께 더 집중할 수 있는 것이 아니라, 주님께 마음을 향하는 것이 걸림돌처럼 느껴지기 시작했습니다.

　저는 도저히 안 되겠다 싶어 영적 지도신부님께 이 말씀을 드렸습니다. 그러자 신부님은 이런 답을 주셨습니다. "베드로, 주님의 것과 세상의 것을 동시에 볼 수는 없어. 세상의 것을 보려고 하면 주님의 것이 안 보이고, 주님의 것을 보려고 하면 세상의 것이 안 보이지. 그러니 두 가지를 동시에 하려고 하지 말고, 용기를 내어 하나에 집중해 봐. 그게 힘들면 주님께로 달려가서 도와달라고 당신을 볼 수 있게 해달라고 기도해 봐."

오늘 복음에는 태어날 때부터 소경인 이가 나옵니다. 그 사람은 주님의 도움이 필요하다는 생각에 간절히 외칩니다. 주님께서는 그의 외침을 들으시고 당신 앞에 오라고 하시며 물어보십니다. **"내가 너에게 무엇을 해주기를 바라느냐?"** 이 질문에 소경은 이렇게 답합니다. **"스승님, 제가 다시 볼 수 있게 해주십시오."** 신앙생활 중에 주님께 마음을 향할수록 세상은 주님을 보지 못하게 방해합니다. 그런 상황이 다가올 때 세상의 목소리에 따라가는 삶이 아니라 소경처럼 주님께 마음을 향하고 '다시 볼 수 있게 해달라고' 간절히 청했으면 좋겠습니다. 주님께서 우리의 청을 들어주시고, 주님만을 바라보며 살아갈 수 있는 용기를 주시기를 성부와 성자와 성령의 이름으로 기도드립니다. 아멘.

나만의 복음밥

- 재 료 :
- 레시피 :
- 고 명 : 매일미사 (   ), 복음묵상 (   ), 성체조배 (   ), 묵주기도 (   )
- 복음밥 :

240531 | 복되신 동정 마리아의 방문 축일

📖 재   료 : 루카 1,45
🥣 레시피 : "행복하십니다. 주님께서 하신 말씀이 이루어지리라고 믿으신 분!"

    사기꾼들의 수법을 보면 어찌나 말을 잘하는지 그의 말을 듣고 있으면 홀딱 빠질 때가 있습니다. 백만 원을 가지고 천만 원을 벌 수 있다는 말도, 처음 들을 때는 '설마!!' 하다가 계속 듣고 있으면 '아~~ 그럴 수도 있겠다.'로 바뀌고, 결국 가지고 있는 것을 투자하다가 쫄딱 망해서, 몸도 마음도 힘들어 지곤 합니다. 저도 이런 달콤한 말을 들을 때면 한 번씩 떠올리며 되새기는 '노자'의 말이 있습니다.

    '참된 말은 즐거움을 주지 못하고, 달콤한 말에는 진실이 없다.'

    성모님도 하느님의 말씀을 받아들이셨을 때 많이 두려우셨을 것 같습니다. 처녀의 몸으로 임신을 한다는 것, 그런데 그 아기가 하느님의 자녀라는 것, 우리야 지금 성경을 통해 알고있지만, 내가 그 당사자였다면 어떤 마음이 들었을까 싶습니다. 아마 저였다면, 마음이 분주해져서 이게 정말 맞는 말인지, 온정신이 거기에 가 있어서, 좌절하고 힘들어했을 것 같습니다. 성모님께서는 달콤한 말에 귀를 기울이지 않으시고, 참된 말 안에서의 즐거움을 찾고자 주님의 말씀을 곰곰이 되새기셨습니다.

    그런 성모님의 모습은 같은 일을 겪은 엘리사벳의 말씀을 통해서 드러나십니다. **"행복하십니다. 주님께서 하신 말씀이 이루어지리라고 믿으신 분."** 세상의 자극적이고, 달콤한 말에 귀를 기울이지 않고 담백하고, 아무 맛이 없을 것 같은 주님의 말씀에 귀를 기울인다는 것은 행복으로 가는 지름길임을 엘리사벳은 말씀합니다.

오늘 하루를 살아가며 우리는 어떤 소리에 귀를 기울이며 살아가야 할까요? 한 번에 주님 말씀의 맛을 느낄 수는 없지만 오래 씹음으로 진정한 참맛이 흘러나오는 주님의 말씀을 성모님처럼 마음에 새기고 실천하는 우리가 되기를 성부와 성자와 성령의 이름으로 기도드립니다. 아멘.

나만의 복음밥

- 재 료 :
- 레시피 :
- 고 명 : 매일미사 ( ), 복음묵상 ( ), 성체조배 ( ), 묵주기도 ( )
- 복음밥 :

240601 | 성 유스티노 순교자 기념일

📖 재　료 : 마르 11,33
🍲 레시피 : "나도 무슨 권한으로 이런 일을 하는지 너희에게 말하지 않겠다."

　유학 생활 중에 한국에 다니러 오면 선배 신부님들은 항상 물어보셨습니다. "어디서 공부하니?" 그러면 "저는 어디서 공부합니다."라고 답을 해드립니다. 신기한 건, 휴가차 한국에 와서 다시 봬도 같은 질문을 또 한다는 것입니다. 그 모습을 보면서 '저에게 관심이 있어서 물어본 것이 아니라 할 말이 없어서 그러셨구나.'를 알게 되었습니다. 어머니가 사시는 동네에서도 이런 모습을 종종 보게 됩니다. 어머니와 함께 어디를 가면 늘 동네 입구 평상에 앉아 계신 할머니들이 이렇게 물어보셨습니다. "어디 가?" 그러면 어머니는 항상 이렇게 답을 하셨습니다. "안 가르쳐 주지." 저는 이 모습이 너무 우스워 어머니께 여쭤봤습니다. "어머니 어르신들한테 그렇게 말씀드려도 돼요?" 그러자 어머니는 이런 답을 주셨습니다.

　"보통 관심이 있는 사람들은 물어보지 않고, '잘 다녀와', 혹은 '좋은 하루 보내'라고 말을 해. 그런데 타인보다 자기 삶에 관심이 많은 사람들이 단순한 호기심으로 어디 가는지 궁금해하는 거야. 그러니 너무 진지하게 답해줄 의무는 없어."

　오늘 복음에서 수석 사제들과 율법 학자들은 예수님께 다가와 이렇게 물어봅니다. "당신은 무슨 권한으로 이런 일을 하는 것이오?" 이 질문은 예수님이 어떤 분인지 어디에서 오신 분인지에 대한 궁금증에서 시작된 질문이 아닌, 단순히 자신들의 자리를 빼앗길 것을 두려워한 마음에서 나온 질문임을 아시고 예수님은 이렇게 답을 하십니다. **"나도 무**

슨 권한으로 이런 일을 하는지 너희에게 말하지 않겠다."

주님께 진심으로 물어보기 위해서 우리는 주님께 어떤 관심이 있는지 주님의 뜻을 찾기 위해 어떤 노력을 기울이고 있는지 돌아봤으면 좋겠습니다. 우리가 진심으로 살아간다면 주님께서도 우리의 물음에 진지하게 답해주실 것입니다. 주님께 진심으로 묻고 답을 얻는 우리가 되기를 성부와 성자와 성령의 이름으로 기도드립니다. 아멘.

나만의 복음밥

- 재 료 :
- 레시피 :
- 고 명 : 매일미사 ( ), 복음묵상 ( ), 성체조배 ( ), 묵주기도 ( )
- 복음밥 :

240602 | 지극히 거룩하신 그리스도의 성체 성혈 대축일

📖 재   료 : 마르 14,22
🥣 레시피 : "받아라. 이는 내 몸이다."

무엇인가를 먹는다는 의미는 그것을 먹음으로써 그 안에 담긴 것도 함께 흡수한다는 의미가 있습니다. 밥을 먹으면 쌀 안에 담긴 것을 몸이 받아들이고, 반찬을 먹으면 반찬에 있는 영양분을 몸이 받아들입니다. 그렇게 음식이 몸에 들어와 하나가 되어야 건강해집니다. 하지만 인간의 몸에 들어온 것은 영원한 것이 아니라 밖으로 배출이 되어 사라집니다. 그렇게 인간은 무엇인가를 계속 먹어서 몸을 유지해야 합니다.

하지만 이 세상에 먹어도 유한하지 않은 것이 한 가지 있습니다. 그것은 바로 십자가의 사랑을 통해 이루어진 '그리스도의 몸과 피'입니다. 인간은 영과 육으로 이루어졌기에 육이 건강해도 영이 건강하지 못하면 주님의 뜻을 실천하는 데 있어 힘을 내지 못합니다. 그러기에 예수님께서는 우리에게 당신을 내어 주시기로 결심하시며 이렇게 말씀하십니다. **"받아라. 이는 내 몸이다."**

지극히 거룩하신 그리스도의 성체 성혈 대축일을 보내며 주님께서는 오늘도 우리에게 성체의 모습으로 다가오십니다. 주님께서는 성체의 모습으로 다가오시어 우리 안에 머무르시며 당신의 뜻을 실천할 수 있는 힘을 주실 것입니다.

그 힘으로 이번 한 주도 잘 살아내고자 합니다. 주님의 살과 피를 모시고 은총으로 거듭나는 우리가 되기를 성부와 성자와 성령의 이름으로 기도드립니다. 아멘.

나만의 복음밥

- 재 료 :
- 레시피 :
- 고　명 : 매일미사 (　), 복음묵상 (　), 성체조배 (　), 묵주기도 (　)
- 복음밥 :

240603 | 성 가롤로 르왕가와 동료 순교자들 기념일

재　료 : 마르 12,9
레시피 : "그는 돌아와 그 소작인들을 없애 버리고 포도밭을 다른 이들에게 줄 것이다."

　세상 어디를 가든 자리에 욕심이 있는 사람들이 있습니다. 그것을 다시 표현하면 권력욕이라고도 말할 수 있습니다. 세상의 자리는 자신이 노력해서 얻을 수 있는 자리지만, 교회 안에서 주어지는 자리는 자신의 능력에 의해서 주어지는 자리가 아니라 부르심과 응답의 자리입니다. 즉 인간에 의해서 주어지는 자리가 아니라, 하느님의 나라를 완성하기 위해서 주어지는 자리입니다. 하지만 봉사직에 오른 사람들을 보면 간혹 자신이 뛰어나고, 훌륭해서 그 자리에 앉았다고 생각하는 사람들이 있습니다. 그런 이들의 공통점은 주님의 영광을 드러내기 위해 봉사를 하는 것이 아니라 자신의 업적을 드러내기 위해서 봉사합니다. 그러다 보니 주위 사람들이 따라오지 못하거나, 결과가 자신의 마음에 들지 않으면 함께 일한 사람들을 괴롭힙니다. 결국, 본당 신부님이 봉사직을 그만둘 것을 권해도 듣지 않고 억울하다며 공동체를 힘들게 하는 사람들이 있습니다.

　이런 모습을 통해 오늘 복음을 보면 예수님 시대의 일이 오늘날에도 반복되고 있음을 알게 됩니다. 포도밭에 소작하는 사람의 역할은 주인의 포도밭을 열심히 일구어 소출을 주인에게 보내고, 나머지는 자신이 가지면 되는 것입니다. 하지만, 자신의 것이 아니면서 욕심이 난 소작인들은 어느 순간부터 자신의 것으로 착각하고, 자신을 먹고살게 해 준 주인을 적으로 돌립니다. 그렇게 소작인의 아들까지 죽여서 자신들의 욕망을 드러내는 이들의 결말은 어떻게 되었나요? **"그는 돌아와 그 소작인들을 없애 버리고 포도밭을 다른 이들에게 줄 것이다."** 우리가 하는 모든 일은 아버지 하느님께 영광을 돌리기 위해서 하는 것입니다. 그 영광을 돌리고 이루기 위해서는 우리 마음이 나의 것을 취하려고 하는지 주님의 것을 봉헌하려고 하는지 돌아봐야 합니다. 그 돌아봄의 과정이 기도이고, 성찰이고, 봉헌입니다. 우리의 욕심이 커지려고 할 때 그 마음을 주님께로 향한다면 우리는 하늘나라를 빼앗기지 않을 것이며 그 안에 머물며 영원한 천상 양식을 주님께 봉헌할 것입니다. 주님의 은총을 기억하며 영광을 인간을 위해서가 아니라 주님을 위해 봉헌하는 우리가 되기를 성부와 성자와 성령의 이름으로 기도드립니다. 아멘.

나만의 복음밥

📖 재 료 :
🥣 레시피 :
🍚 고 명 : 매일미사 (   ), 복음묵상 (   ), 성체조배 (   ), 묵주기도 (   )
🔔 복음밥 :

240604 | 연중 제9주간 화요일

📖 재　료 : 마르 12,17
🥣 레시피 : "황제의 것은 황제에게 돌려주고, 하느님의 것은 하느님께 돌려 드려라."

지난번 어떤 형제님이 다가오셔서 이런 말씀을 해주셨습니다. "신부님 제가 아는 신부님이 계시는데요. 그 신부님은 주일 미사 시작 전 고해소에 가시면서 성당에 오셔서 기도하시고, 봉헌 바구니에 봉헌하고 가셔요. 신부님도 그렇게 하셔요?" 그 말을 듣고 저는 동상처럼 몸이 굳어 버렸습니다. 왜냐하면 저는 그렇게 하지 못하고 있었기 때문입니다. 제가 하는 일이 미사 봉헌이고, 예물 봉헌 기도를 드릴 때 봉헌이 이루어지기에 따로 봉헌할 생각을 하지 못했습니다. 방으로 돌아와 이어진 생각은 꼬리에 꼬리를 물었습니다.

"나는 주님을 위해 어떤 봉헌을 하고 있는가?, 그 봉헌을 위해 최선을 다하고 있는가? 주님을 위한 봉헌이 주님 보시기에 합당한 것인가?" 그런 생각이 꼬리에 꼬리를 물기 시작하니 신자분들께 봉헌에 관해서 이야기했던 제 모습이 부족해 보였습니다. 오늘 복음에서 바리사이들과 헤로데 당원들은 예수님께 말로 올가미를 씌우려고 황제에게 바치는 세금에 대해서 질문을 합니다. 이에 예수님께서는 다음과 같이 정확하게 답을 하십니다. **"황제의 것은 황제에게 돌려주고, 하느님의 것은 하느님께 돌려 드려라."**

제가 봉헌하는 모든 것이 주님을 위한 것이기도 하지만 때로는 주님의 것보다는 제 것을 먼저 떼어 놓고 주님의 것을 생각할 때도 있습니다. 그 신부님의 미사 전 봉헌을 생각하며 제 것을 챙기기 이전에 주님의 것을 먼저 생각하고 봉헌하는 자세를 가져야겠습니다. 제 것을 먼저 생각하고 주님의 것을 바라보는 것과 주님의 것을 먼저 생각하고 제 것을 바라보는 것은 다르기 때문입니다. 주님의 뜻을 항상 제일 먼저 기억하고 살아가는 우리가 되기를 성부와 성자와 성령의 이름으로 기도드립니다. 아멘.

나만의 복음밥

- 재　료 :
- 레시피 :
- 고　명 : 매일미사 (　), 복음묵상 (　), 성체조배 (　), 묵주기도 (　)
- 복음밥 :

240605 | 성 보니파시오 주교 순교자 기념일

📖 재　료 : 마르 12,27

🥣 레시피 : "그분께서는 죽은 이들의 하느님이 아니라 산 이들의 하느님 이시다. 너희는 크게 잘못 생각하는 것이다."

　아이들은 부탁할 것이 있으면 엄마에게 찾아가 말씀드립니다. 그러면 어머니는 부탁한 것을 기억했다가 필요한 상황이 되었을 때 들어주십니다. 이 상황은 어머니가 돌아가신 분이 아니라 살아계시기에 가능한 것입니다. 우리가 기도하는 이유는 무엇일까요? 주님께 내 힘으로 도저히 할 수 없는 일을 할 수 있게 해달라고 하는 것이 아니라 그 어려움을 넘을 수 있는 힘을 달라고 청하기 위함입니다.

　주님께서는 우리가 기도로 청한 것을 기억하셨다가 필요할 때 들어주십니다. 기도의 청함과 들어주시는 응답을 경험하면서 우리는 주님을 죽은 이들의 하느님이 아니라 살아 있는 이들의 하느님으로 경험하곤 합니다. 오늘 복음에서 사두가이들은 부활이 없다고 주장하며 하느님을 죽은 이들의 하느님, 즉 내 옆에 계신 분이 아니라 볼 수 없고 만질 수 없는 분으로 만들어 버립니다. 분명 하느님께서 인간을 사랑하셔서 당신의 아들을 이 세상에 보내주셨음을 그들은 믿지 않았습니다. 이에 예수님께서는 다음과 같이 말씀하십니다.

　"그분께서는 죽은 이들의 하느님이 아니라 산 이들의 하느님이시다. 너희는 크게 잘못 생각하는 것이다."

　기도한다는 것은 부모님께 자신의 부탁을 하는 것과 같습니다. 죽은 부모님이 아니라 살아 있는 부모님께 청하는 살아 있는 기도입니다. 이처럼 주님께 기도하는 것은 멀리서 볼 수 없는 분께 하는 것이 아니라 곁에서 느끼고 청하는 과정입니다. 주님께서는 오늘도 우리 곁에서 함께 하시며, 우리가 힘을 내어 당신 곁에 머물기를 청하십니다. 주님께 기도하고 응답받으며 일치를 이루는 우리가 되기를 성부와 성자와 성령의 이름으로 기도드립니다. 아멘.

나만의 복음밥

📖 재　료 :

🥣 레시피 :

🍚 고　명 : 매일미사 (　), 복음묵상 (　), 성체조배 (　), 묵주기도 (　)

🔔 복음밥 :

240606 | 연중 제9주간 목요일 또는 성 노르베르토 주교

재 료 : 마르 12,30

레시피 : "너는 마음을 다하고 목숨을 다하고 정신을 다하고 힘을 다하여 주 너의 하느님을 사랑해야 한다."

제주도에 가면 해녀가 있습니다. 맨몸 하나로 바닷속에 들어가 자유롭게 위, 아래를 오가며 해산물을 캐내는 모습을 볼 때마다 나도 바닷속에서 자유롭고 싶다는 생각이 들었습니다. 어렴풋이 머릿속으로 생각만 하다가 기회가 닿아 강사님을 소개받고 드디어 잠수를 배우게 되었습니다. 어제는 그 네 번째 시간이었습니다. 강사님이 오라는 장소에 도착하여 들어가 보니 깊이가 어마어마한 곳이었습니다. 아래로 최고깊이가 36m이고 제가 내려가야 할 곳까지는 16m였습니다.

한 번도 내려가지 않았던 깊이이기에 물속을 보자 심장이 벌렁거리고, 두려움이 앞섰습니다. 강사님은 그런 나를 보고, 천천히 물에 적응하게 해 주었고, 계속 이런 말을 했습니다. "집중해야 합니다." 여기서 말한 강사의 집중에는 여러 가지 의미가 있습니다. '머리끝부터 발끝까지 긴장을 풀고, 숨을 쉴 때는 온몸이 산소통이 된 것처럼 곳곳에 산소를 보내야 한다는 것'이었습니다.

그런데 그게 쉽지 않은 게 물속에 들어가면 시커먼 깊이에 집중이 흐트러지고, 물속의 출렁거림에 집중이 깨집니다. 오늘 복음에서 예수님께서는 **"모든 계명 가운데에서 첫째가는 계명은 무엇입니까?"**에 대한 답으로 다음과 같이 말씀하십니다. **"너는 마음을 다하고 목숨을 다하고 정신을 다하고 힘을 다하여 주 너의 하느님을 사랑해야 한다."** 즉 이 말씀을 온 신경을 주님께 집중하라는 말씀으로 들립니다. 그 이유는 주님만을 바라보고 온전히 집중해야 하늘나라라는 목표에 가 닿을 수 있기 때문입니다.

오늘 하루를 살아가며 주님께 온전히 마음을 집중하고 싶어도 세상의 것들은 그 집중을 방해할 것입니다. 성당에 들어와서 둘러보면 나의 마음을 건드리는 사람이 보이고, 집에 들어가서 둘러보면 나의 정신을 흐트러트리는 가족과 사건과 삶이 보일 것입니다. 그럴 때 잠시 눈을 감고 내가 어디를 바라보고 있는지 돌아보며 주님으로 호흡하고 주님으로 마음을 가득 채웠으면 좋겠습니다. 그런 과정을 거쳐 주님을 바라본다면 하늘나라까지 가 닿을 수 있을 것입니다. 주님의 나라를 향해 최선을 다해 나아가는 우리가 되기를 성부와 성자와 성령의 이름으로 기도드립니다. 아멘.

나만의 복음밥

재 료 :
레시피 :
고 명 : 매일미사 (   ), 복음묵상 (   ), 성체조배 (   ), 묵주기도 (   )
복음밥 :

240607 | 지극히 거룩하신 예수 성심 대축일

재 료 : 요한 19,37
레시피 : "그들은 자기들이 찌른 이를 바라볼 것이다."

성가 중에 '예수 마음'이라는 성가가 있습니다. 한번 들어볼까요. "예수 마음 겸손하신 자여 내 마음을 내 마음을 열절케 하사 네 성심과 네 성심과 같게 하소서." 예수님의 마음을 닮는다는 것은 무엇일까요? 그것은 하느님의 아들로서 인간이 되시어 우리와 같은 삶을 살아오신 겸손을 닮는 것이라는 생각이 듭니다.

예수님께서는 자신의 삶이 앞으로 어떻게 될 것을 아시면서도 아버지 하느님의 뜻에 순종하셨습니다. 그리고 인간의 온갖 만행을 온몸으로 겪으시면서도 죽음이라는 겸손으로 부활이라는 영광을 얻으신 것을 우리는 알고 있습니다.

예수님의 삶을 바라보면서, 그분의 행적을 들으면서 우리는 예수님의 삶과 마음을 닮기를 원합니다. 하지만 닮으려고 노력하고 실천하지는 않습니다. 왜냐하면, 예수 마음을 닮게 되면 불편한 것이 너무 많이 생기고, 이 세상을 살아가는 데 있어서 예수 마음을 닮는 것은 부족하고 모자란 사람이라는 소리를 듣기 때문입니다.

그러기에 우리는 머리로는 닮기를 원하면서도, 마음으로는 막상 그 상황을 겪게 되면 닮기를 피하곤 합니다. 이런 우리가 다시 한번 예수님의 마음을 바라보고 닮을 수 있는 용기를 청하도록 예수 성심 대축일을 보냅시다. 십자가의 고통을 참을 수 있는, 억울함이 찾아와도 주님께 봉헌할 수 있는 겸손을 청하며 오늘 하루를 보냈으면 좋겠습니다. 혹시 답답함이 있다면 **"그들은 자기들이 찌른 이를 바라볼 것이다."** 라는 말씀처럼 십자가를 바라보며 마음을 다잡는 우리가 되기를 성부와 성자와 성령의 이름으로 기도드립니다. 아멘.

나만의 복음밥

- 재　료 :
- 레시피 :
- 고　명 : 매일미사 (　), 복음묵상 (　), 성체조배 (　), 묵주기도 (　)
- 복음밥 :

240608 | 티 없이 깨끗하신 성모 성심 기념일

📖 재　료 : 루카 2,51
🥣 레시피 : "“그의 어머니는 이 모든 일을 마음속에 간직하였다.”

　한 자매님께서 오셔서 이런 말씀을 하셨습니다. "신부님 저희 아이가 공부도 안 하고, 맨날 집 밖에 나가서 늦게 들어오는데, 이걸 어떻게 해야 할지 모르겠어요." 저는 자매님의 말씀을 듣고 이렇게 물어봤습니다. "자매님 어렸을 때 엄마가 잔소리하고 자매님 하시는 것 사사건건 신경 쓰면 좋으셨어요? 싫으셨어요?" 그러자 자매님은 "싫었어요."라고 답을 하셨습니다.

　저는 그 답을 듣고, "자매님이 부모가 되어보니, 어머니 마음이 어떠셨을지 느껴지지 않으세요?"라고 여쭤봤습니다. 그러자 자매님은 "네"라고 답을 하셨습니다. 저는 그 답을 듣고, 자매님이 말을 듣지 않았을 때 자매님 어머니는 어떻게 하셨어요?"라고 여쭤봤습니다. 그러자 자매님은 이렇게 답하셨습니다. "저희 어머니는 기다려 주셨어요. 제가 돌아올 때까지요." 저는 그 답을 듣고 또 이렇게 말씀드렸습니다. "자매님도 자매님 어머니가 하셨던 것처럼 기다려 주셨으면 좋겠어요. 그럼 돌아올 때가 있겠죠."

　오늘 복음에서 성가정은 파스카 축제를 마치고 돌아가는 길에 소년 예수님이 없어진 것을 알게 됩니다. 그리고 돌아가 아들을 찾았지만 사흘 동안 찾지 못했습니다. 겨우 아들을 만났을 때 소년 예수님은 이렇게 말씀하십니다. "저는 제 아버지의 집에 있어야 하는 줄을 모르셨습니까?"

　인간의 마음이라면 애타게 한 자녀를 야단쳤을 것입니다. 하지만 성모님은 "이 모든 일을 마음속에 간직하였다."라고 복음은 전합니다. 성모님의 마음은 눈앞의 모습에 즉각적인 반응을 보이는 것이 아니라 그 안에 주님의 뜻을 바라보고 기도하는 모습이라는 생각이 듭니다.

 티 없이 깨끗하신 성모 성심 기념일을 보내며, 우리도 각자의 삶에 있어서 어려움을 만났을 때 주님께 뜻을 물어보고 곰곰이 생각하며 완성해 나가는 우리가 되기를 성부와 성자와 성령의 이름으로 기도드립니다. 아멘.

나만의 복음밥

재 료 :

레시피 :

고 명 : 매일미사 (　), 복음묵상 (　), 성체조배 (　), 묵주기도 (　)

복음밥 :

240609 | 연중 제10주일

📖 재　료 : 마르 3,22

🥘 레시피 : "'그는 베엘제불이 들렸다.'고도 하고, '그는 마귀 우두머리의 힘을 빌려 마귀들을 쫓아낸다.'고도 하였다."

　공동체 내에서 가장 조심해야 하는 것은 입조심이라고 생각합니다. 제 마음에 들지 않는 누군가가 마음에 들지 않는 행동을 하면 마음속에 이상하게 불이 치솟아 오릅니다. 마음속에 연기가 가득하니 답답하고, 그 연기를 내보내기 위해 주위 사람들에게 이야기를 합니다. 좋은 이야기가 아니라 불씨와 같은 말이기에 듣는 사람의 마음에도 불이 나서 더 큰 분열의 불이 납니다. 교황님께서도 이런 분열을 주의하라는 말씀으로 '뒷담화만 하지 않아도 성인이 된다.'라고 말씀을 하셨습니다. 즉 뒷담화를 통해 상대에게 분열의 이야기를 전달하면 그것을 들은 사람은 그 상대를 보지도 않고 느끼지도 않았는데 미워하게 만들기 때문입니다.

　오늘 복음에서 율법학자들은 예수님의 행동에 대해서 물어보지도 않고, 그분의 모습이 자신과 다르다는 이유로 뒤에서 이렇게 말을 하고 다닙니다. "'그는 **베엘제불이 들렸다**.'고도 하고, '그는 **마귀 우두머리의 힘을 빌려 마귀들을 쫓아낸다**.'고도 하였다."

　이 말을 들으신 예수님께서는 사람들 마음에 타오를지도 모르는 분열의 불씨를 잠재우기 위해 이렇게 말씀하십니다. "한 집안이 갈라서면 그 집안은 버티어 내지 못할 것이다. 심지어 사탄까지도 자신을 거슬러 일어나 갈라서면 버티어 내지 못하고 끝장이 난다." 하고 말씀하십니다. 세 치 혀가 가져오는 분열은 일치의 노력을 순식간에 물거품으로 만들곤 합니다. 신앙생활 안에서 우리가 지켜야 할 것은 분열이 아니라 일치입니다. 늘 주님의 뜻을 물어보고 그 뜻이 이끄는 대로 행동한다면 우리가 머무는 모든 공동체 안에는 주님과 일치의 기쁨이 가득할 것입니다. 각자 머무는 공동체 안에서 일치의 꽃을 피우는 우리가 되기를 성부와 성자와 성령의 이름으로 기도드립니다. 아멘.

나만의 복음밥

- 재　　료 :
- 레시피 :
- 고　　명 : 매일미사 (　), 복음묵상 (　), 성체조배 (　), 묵주기도 (　)
- 복음밥 :

240610 | 연중 제10주간 월요일

재 료 : 마태 5,3
레시피 : "행복하여라!"

　예비신자 분들께 성당에 오시는 이유를 물어보면 많은 분들이 이렇게 말씀하십니다. "사는 게 힘들고 괴로운데 하느님을 믿으면 행복해진데요. 그래서 행복하고 싶어서 성당에 오게 되었어요." 실제로 하느님을 믿으면 행복해지고 자유를 얻게 됩니다. 하지만 하느님을 믿음으로서 우리는 고통을 받을 때도 있습니다.

　행복해지기 위해 믿음을 가졌는데, 이 때문에 주위 사람들에게 미움을 받을 때가 있고, 행복해지기 위해 온 성당에서 사람들의 모함을 받아 고통이 가중되는 경우도 있으며, 행복해지기 위해 하느님을 찾았는데, 마귀 같은 사람들로 인해서 믿음이 흔들릴 때도 있습니다. 이런 우리들에게 주님께서는 참 행복으로 갈 수 있는 8가지 비법을 알려주십니다. 이것을 우리는 '진복팔단'이라고 합니다.

　진복팔단을 가만히 읽어보면 하느님을 믿으면 무조건 행복해지는 것이 아님을 알 수 있습니다. 하늘나라를 얻기 위해서는 마음이 부자가 아니라 가난해야 하며, 위로를 받기 위해서는 슬퍼해야 하고, 땅을 차지하기 위해서는 교활해져야 하는 게 아니라 온유해야 합니다. 마음이 풍요롭기 위해서는 의로움을 추구해야 하고, 자비를 입기 위해서는 더 자비로워야 합니다. 하느님을 보기 위해서는 힘든 가운데에서도 마음이 깨끗해야 하고, 하늘나라에 들어가기 위해서는 의로움 때문에 사람들의 모욕을 견뎌야 합니다.

　가만히 보면 하느님을 믿으면 행복의 문이 아니라 고통의 문이 열리는 것 같습니다. 그럼에도 우리가 진복팔단의 말씀대로 살아간다면 고통으로 눈앞의 문이 닫힌 것 같을 때 주님께서 참 행복의 다른 문을 열어주시는 은총을 체험할 것입니다. 참 행복을 위해 앞으로 나아가는 우리가 되기를 성부와 성자와 성령의 이름으로 기도드립니다. 아멘.

나만의 복음밥

- 재 료 :
- 레시피 :
- 고 명 : 매일미사 (   ), 복음묵상 (   ), 성체조배 (   ), 묵주기도 (   )
- 복음밥 :

240611 | 성 바르나바 사도 기념일

재 료 : 마태 10,8
레시피 : "너희가 거저 받았으니 거저 주어라."

'맛있는 복음밥'이라는 묵상 글을 쓴 지 벌써 7년이 다 되어가고 있습니다. 처음 복음밥을 쓰게 된 계기는 통진성당에 주임 서리로 있었을 때였습니다. 7월 한더위에 머리가 길게 자란 잔디를 자르다 중지 손가락 윗부분이 절단되는 사고가 있었습니다. 방에 누워 아픈 손가락을 부여잡고, 끙끙대고 있을 때 문득 이런 생각이 들었습니다. '그래 큰일이 아니고 이 정도라서 정말 다행이다.' 그리고 그 마음을 글로 정리해서 복음에 맞게 하나씩 올리기 시작했습니다.

분명 돌아보면 아찔한 사고지만 주님께 감사한 마음을 돌리니 아프고 힘든 마음이 사라졌습니다. 오늘 복음에서 예수님께서는 다음과 같이 말씀하십니다. "너희가 거저 받았으니 거저 주어라." 주님께서 제자들에게 이 말씀을 했을 때 제자들의 마음은 어떠했을까요?

그들은 예수님의 말씀을 듣고 따르기만 했지, 본인에게 어떤 능력이 있는지, 어떤 것을 줄 수 있는지 믿지 못한 것 같습니다. 하지만 돌아보면 이 말씀은 아마 당신이 십자가 죽음이라는 큰 사건을 염두에 두고 제자들의 마음속에 그때 그 순간을 기억하며 우리가 너희에게 베풀었던 사랑을 너희도 거저 나눠 주라는 말씀처럼 들립니다.

우리가 살아가는 순간을 바라보면 다 내 힘으로 산 것 같고, 내 힘으로 이겨낸 것 같은데, 돌아보고, 기억해 보면 하느님의 은총이 아닌 게 없습니다. 자신의 힘으로 살려 할 때 우리 곁에서 함께 살아주시고, 자신의 힘으로 이겨내려 할 때 우리의 등을 밀어주시어 좀 더 쉽게 넘어가게 해 주십니다. 오늘 하루를 살아가며 주님의 은총이 내 삶에 어느 순간에 있었는지 떠올리며 보내는 우리가 되기를 성부와 성자와 성령의 이름으로 기도드립니다. 아멘.

나만의 복음밥

- 재　료 :
- 레시피 :
- 고　명 : 매일미사 (　), 복음묵상 (　), 성체조배 (　), 묵주기도 (　)
- 복음밥 :

240612 | 연중 제10주간 수요일

재   료 : 마태 5,17
레시피 : "내가 율법이나 예언서들을 폐지하러 온 줄로 생각하지 마라. 폐지하러 온 것이 아니라 오히려 완성하러 왔다."

어떤 신부님이 있습니다. 그 신부님은 교회에서 단체를 만드는 일이 아니라 단체를 없애야 하는 업무를 주로 맡곤 하였습니다. 그 신부님은 항상 자신의 그런 역할이 너무 힘들다고 말씀하셨습니다.

단체 안에는 단체 구성원이 있고, 그 사람들에게 자신이 원해서 없애는 것이 아님에도 늘 미안하다는 말을 해야 하는 심정은 어땠을까요? 생각만 해도 너무나 괴로웠을 것 같습니다. 그 신부님은 그런 역할이 주어지면 힘들어도 최선을 다해 사과하고 자신에게 주어진 일을 잘 마무리 짓고자 노력했습니다. 저는 그런 신부님과 이야기를 나누며 "마음이 많이 힘들지 않나요?"라고 여쭤봤습니다. 잠시 후 신부님은 이런 답을 하셨습니다. "처음에는 너무나 힘들었는데, 내 일이 아니라 하느님의 일이잖아. 그분이 또 다른 것을 시작하시기 위해 잘 마무리 지어드리는 것도 새로운 시작을 위한 완성이라는 생각이 들어."

오늘 복음에서 예수님께서는 제자들에게 다음과 같이 말씀하십니다. **"내가 율법이나 예언서들을 폐지하러 온 줄로 생각하지 마라. 폐지하러 온 것이 아니라 오히려 완성하러 왔다."** 예수님께서는 당신의 일을 하러 이 세상에 오신 것이 아닙니다. 오로지 아버지 하느님의 일을 완성하시기 위해 오신 것입니다. 그러기에 세상의 눈으로 볼 때는 불완전해 보여도 하느님의 눈으로 볼 때는 완성의 길을 걷는 것입니다.

우리에게도 주님께서 일상의 어려운 일을 맡길 때가 있습니다.

그 순간 나에게 왜 이런 일을 주냐고 나도 좋은 일을 하고 싶다고 따지는 것보다는, 주님의 일을 완성할 수 있게 최선을 다해 노력하는 우리가 되기를 성부와 성자와 성령의 이름으로 기도드립니다. 아멘.

나만의 복음밥

재 료 :

레시피 :

고 명 : 매일미사 (   ), 복음묵상 (   ), 성체조배 (   ), 묵주기도 (   )

복음밥 :

240613 | 파도바의 성 안토니오 사제 학자 기념일

재 료 : 마태 5,20

레시피 : "너희의 의로움이 율법 학자들과 바리사이들의 의로움을 능가하지 않으면, 결코 하늘 나라에 들어가지 못할 것이다."

미워하는 사람이 있습니다. 아직도 그 사람에 대한 미움이 풀리지 않았습니다. 제발 좀 안 봤으면 좋겠는데, 교회 안에 있는 동안 안 볼 수가 없습니다. 어디선가 그의 흔적을 보거나, 그와의 기억이 떠오르는 순간을 접하면 그때 괴로웠던 기억이 떠올라서 고통스럽습니다. 사제이기에, 하느님을 섬기는 사람이기에, 그리스도 예수님이라는 거름종이에 미움과 증오를 거르라고 이야기는 하지만 몇 해 전 그 일을 겪고 나서는 그렇게 하라는 말을 쉽게 하지 못합니다.

그 답답함을 선배 신부님께 물어봤습니다. "왜 미워하는 사람이 쉽게 용서가 되지 않을까요?" 선배는 이렇게 답을 해주셨습니다. "나도 신부가 되고 처음에는 기도라는, 그리스도라는 거름종이에 미움과 아픔과 고통을 걸러서 용서라는 맑은 물을 얻을 수 있을 거라고 생각 했는데 시간이 갈수록 미워하는 사람이 더 많아지고, 용서하지 못하는 사람이 더 많아지더라고. 그래도 그리스도를 섬기는 사람이기에 포기하지 않는 마음을 달라고 청하고 기도하고 있어."

오늘 복음에서 예수님께서 다음과 같이 말씀하십니다. **"너희의 의로움이 율법 학자들과 바리사이들의 의로움을 능가하지 않으면, 결코 하늘 나라에 들어가지 못할 것이다."** 이 말씀을 듣고 나면 저는 하늘 나라에서 멀어지는 사람처럼 느껴집니다. 그런데도 저만의 방법을 찾은 것은 그 사람을 위해 매일 기도하는 것입니다.

프란치스코 성인의 '평화의 기도'처럼 '이해받지 못하면 이해하는 것' 그렇게 하여 주님의 뜻을 완성하기를 기도드립니다. 결코, 저에게 상처를 준 사람은 변하지 않습니다. 왜냐하면, 그 꼴로 살아가는 데 불편함이 없기 때문입니다. 그럼 누가 변해야 할까요? 제가 변해야 하는 것입니다. 그런 변화의 노력이 율법 학자와 바리사이들의 의로움을 능가하는 모습이며, 하늘 나라를 향해 힘차게 도약하는 모습일 것입니다. 주님의 뜻을 향해 힘차게 나아가는 우리가 되기를 성부와 성자와 성령의 이름으로 기도드립니다. 아멘.

나만의 복음밥

- 재 료 :
- 레시피 :
- 고 명 : 매일미사 (   ), 복음묵상 (   ), 성체조배 (   ), 묵주기도 (   )
- 복음밥 :

240614 | 연중 제10주간 금요일

재 료 : 마태 5,29

레시피 : "네 오른 눈이 죄짓게 하거든 그것을 빼어 던져 버려라. 온몸이 지옥에 던져지는 것보다 지체 하나를 잃는 것이 낫다."

저는 새로운 옷이 필요하면 매장에 가서 사기보다는 인터넷으로 옷을 사곤 합니다. 자고로 옷과 신발은 직접 입어보고, 신어보고 사야 하는데 매장에서 입어보고, 직원과 감정 실랑이를 하는 시간이 싫어서 인터넷으로 보고 옷을 샀습니다. 모니터로 볼 때는 옷을 입은 사람이 멋있고, 옷의 모양도 예뻐서 저거면 되겠다 싶었습니다. 그렇게 옷을 구매하고, 며칠 뒤 배송이 되어 오면 박스를 받는 그 순간만 기쁠 뿐, 박스를 여는 그 순간부터 고통이 시작됩니다.

왜냐하면, 다섯 벌을 사면 네 벌은 팔이 길거나, 허벅지가 안 들어가거나, 목이 좁아서 문제가 생깁니다. 그러면 반송하면 되지 않나 하시는 분들이 계시겠지만, 반송하는 것 또한 귀찮아서 동기 신부들에게 입을지 의향을 물어본 후 그들도 필요가 없다고 하면 버려졌습니다.

그 이후로 저는 인터넷으로 보고 옷을 사려고 하는 생각이 들면 과감하게 컴퓨터를 꺼버리거나 자리를 떠납니다. 돈을 날리고 마음으로 고통받는 것보다 컴퓨터를 끄는 게 덜 고통스럽기 때문입니다.

우리의 마음은 더 나아가야 할 순간과 그만해야 하는 순간을 직감적으로 알게 됩니다. 그 순간 스멀스멀 올라오는 욕심과 집착이라는 것에 마음을 빼앗겨 판단이 흐려지고, 결국, 많은 것을 잃은 후에야 그러지 말아야 했음을 깨닫게 됩니다. 우리에게 그런 순간이 찾아오면 어떻게 해야 할까요?

그럴 때 주님 앞에 나아가 주님께 여쭤보는 과정을 거쳐야 한다고 생각합니다. 주님께 단 한 번이라도 여쭤본다면 주님께서는 우리가 더 나아가지 말아야 할 부분에 대해서 알려주실 것이며 하나의 지체를 잃더라도 더 많은 부분이 하늘나라에 들어갈 수 있게 도와주실 것입니다. **"네 오른 눈이 죄짓게 하거든 그것을 빼어 던져 버려라. 온몸이 지옥에 던져지는 것보다 지체 하나를 잃는 것이 낫다."** 주님께 여쭤보고 주님께서 주시는 은총을 찾아 얻는 우리가 되기를 성부와 성자와 성령의 이름으로 기도드립니다. 아멘.

나만의 복음밥

재 료 :
레시피 :
고 명 : 매일미사 (   ), 복음묵상 (   ), 성체조배 (   ), 묵주기도 (   )
복음밥 :

240615 | 연중 제10주간 토요일 또는 복되신 동정 마리아

재 료 : 마태 5,37

레시피 : "너희는 말할 때에 '예' 할 것은 '예' 하고, '아니요' 할 것은 '아니요'라고만 하여라. 그 이상의 것은 악에서 나오는 것이다."

세상에서 가장 큰 용기는 '예'라고 말할 때 '예'하고 '아니요'할 때 '아니요'라고 말하는 것입니다. 그런데 우리는 대부분 '예' 해야 할 때는 '아니요'라고 말하기도 하고 '아니요'할 때는 '예'라고 답을 하기도 합니다. 자신의 능력과 지위와 가진 것들을 유지하는 데 있어서, 자신의 의지와는 상관없는 대답을 해야 할 때가 있기 때문입니다.

저도 제가 가진 것들에 연연하며 대답을 명확하게 못할 때가 있습니다. 그런데 오늘 복음을 묵상하니 정신이 번쩍 났습니다. **"너희는 말할 때에 '예' 할 것은 '예' 하고, '아니요' 할 것은 '아니요'라고만 하여라. 그 이상의 것은 악에서 나오는 것이다."**

정확하게 대답하지 못하는 순간에 자신을 바라보면 내 것이 주님의 것이 아니라, 주님의 것이 내 것이라는 생각을 하고 있을 때가 있습니다. 주님께서는 그런 모습을 경계하라고 말씀해주시는 것 같습니다.

살다 보면 '어쩔 수 없었다.'는 말을 많이 씁니다. 어쩔 수 없이 미사에 빠지고, 어쩔 수 없이 성사를 못 보고, 어쩔 수 없이 거짓말을 합니다. 그런데 어쩔 수 없는 경우가 있을 수 있겠지만, 혹 다섯 번 어쩔 수 없었다면, 단 한 번은 주님의 것을 위해 '예'할 것은 '예'하고 '아니요' 할 것은 '아니요'라고 답을 드리는 우리가 되기를 성부와 성자와 성령의 이름으로 기도드립니다. 아멘.

나만의 복음밥

- 재　료 :
- 레시피 :
- 고　명 : 매일미사 (　), 복음묵상 (　), 성체조배 (　), 묵주기도 (　)
- 복음밥 :

240616 | 연중 제11주일

📖 재　료 : 마르 4,31-32

🥣 레시피 : "하느님의 나라는 겨자씨와 같다. 땅에 뿌릴 때에는 세상의 어떤 씨앗보다도 작다. 그러나 땅에 뿌려지면 자라나서 어떤 풀보다도 커지고 큰 가지들을 뻗어, 하늘의 새들이 그 그늘에 깃들일 수 있게 된다."

　이탈리아 말 중에 좋아하는 말이 있습니다. 'un passo avanti'라는 말입니다. 해석하자면 '한 걸음 앞으로'입니다. 무엇인가 큰일을 하기 위해서 한방을 노리는 것이 아니라 매일매일 꾸준히 한 걸음 앞으로 나가는 마음으로 행동하는 삶을 지칭하는 것입니다.

　저의 삶의 모든 것은 한 걸음 더로 방향 지워져있습니다. 매일 묵상으로 '복음밥'을 쓰는 것도 그 묵상을 영상으로 만들어 올리는 '복음밥 신부의 마음곳간'도 매일매일 한 걸음의 일부분입니다.

　신기한 것은 그렇게 한 걸음 한 걸음 걸어가다 보면 지나간 자리에 싹이 트고 열매가 맺히는 것을 볼 수 있습니다. 매일 묵상을 쓰다 보니 '내 영혼의 탈곡기'라는 책을 출판할 수 있었고, 그 책 덕에 평화방송 '행복을 여는 아침'에 고정 출연할 수 있게 되었으며, 그 덕에 여러 좋은 사람들을 만나고, '손으로 느끼는 마음곳간'이라는 책을 출판하여 그 수익금으로 많은 사람을 도와줄 수 있게 되는 것을 경험하였습니다.

　이런 '한 걸음 앞으로'의 정신을 오늘 복음을 통해 만날 수 있습니다. **"하느님의 나라는 겨자씨와 같다. 땅에 뿌릴 때에는 세상의 어떤 씨앗보다도 작다. 그러나 땅에 뿌려지면 자라나서 어떤 풀보다도 커지고 큰 가지들을 뻗어, 하늘의 새들이 그 그늘에 깃들일 수 있게 된다."**

주님께서는 우리에게 하늘나라를 이룰 겨자씨를 뿌릴 농부의 권한을 주셨습니다. 주님의 농부로 불림을 받았다면 하늘나라를 완성하기 위해 '한 걸음 앞으로'의 정신으로 씨를 뿌리며 살아야 하는 것입니다.

주님께서는 우리 모두에게 이 땅에 하늘나라를 완성할 소명을 주셨습니다. 그 소명에 맞게 살아가기 위해 주님께서는 각자의 삶 안에서 미사를 통해, 그리고 성경을 통해 주님께서 우리에게 겨자씨를 주셨습니다. 그것을 뿌리고 열매 맺어 각자의 삶의 자리를 하늘나라로 만드는 우리가 되기를 성부와 성자와 성령의 이름으로 기도드립니다. 아멘.

나만의 복음밥

- 재 료 :
- 레시피 :
- 고 명 : 매일미사 (　), 복음묵상 (　), 성체조배 (　), 묵주기도 (　)
- 복음밥 :

240617 | 연중 제11주간 월요일

재 료 : 마태 5,38-39

레시피 : "'눈은 눈으로, 이는 이로.' 하고 이르신 말씀을 너희는 들었다. 그러나 나는 너희에게 말한다. 악인에게 맞서지 마라. 오히려 누가 네 오른뺨을 치거든 다른 뺨마저 돌려 대어라."

　　교회 내 단체에서 사람을 뽑을 때, 가만히 보고 있으면 한정된 인물에게 일이 집중되는 것을 볼 수 있습니다. 그러다 보니 단체의 장을 했던 사람을 또 뽑거나, 직무가 있는데 또 직무를 주는 경우가 생깁니다. 그리고 사람을 뽑고 나면 다들, 하느님의 뜻을 이야기하며 '나는 아니니 괜찮다.'는 듯이 속을 쓸어내리는 표정을 볼 때가 있습니다. 예전에 어느 단체에서 임원을 선출하는 과정을 참관할 기회가 있었습니다. 아니나 다를까 늘 거론되는 인물이 후보에 올라왔고, 결국 했던 사람이 또 하게 되는 것을 보게 되었습니다.

　　한 형제가 선출되었고, 잠시 말없이 앉아있던 그는 늘 교회 안에서 여러 가지 일을 묵묵히 하던 분이셨습니다. 그 형제는 조용히 일어나 이렇게 말을 했습니다. "같은 일을 또 하고 그 일이 너무 힘들어 주저앉고 싶기도 하지만, 이 일로 인해 주어지는 은총이 더 많으니 힘들다는 말보다는 기쁘다는 말로 대신하겠습니다. 저를 뽑아 주셔서 감사합니다." 그 말을 듣는데 감격스러웠습니다. 저분의 저 말은 가식이 아니라 체험에서 나온 진짜구나 싶었습니다. 오늘 복음에서 예수님께서는 제자들을 파견하시며 다음과 같이 말씀하십니다.

　　"'눈은 눈으로, 이는 이로.' 하고 이르신 말씀을 너희는 들었다. 그러나 나는 너희에게 말한다. 악인에게 맞서지 마라. 오히려 누가 네 오른

뺨을 치거든 다른 뺨마저 돌려 대어라."

우리는 오른뺨을 맞으면 그 고통이 싫어서 도망을 가거나 맞서 싸우려고 합니다. 하지만 예수님의 마음을 닮고자 하는 사람이라면 오른뺨을 맞고 왼뺨을 마저 댈 수 있는 용기를 청해야 합니다. 그렇게 주어진 순간마다 주님께서 주시는 은총에 마음을 향한다면 우리가 넘을 수 없는 한계를 넘을 수 있는 기적이 일어날 것입니다. 주님이 주시는 기회를 받아들이며 영적 완성을 향해가는 우리가 되기를 성부와 성자와 성령의 이름으로 기도드립니다. 아멘.

나만의 복음밥

- 재 료 :
- 레시피 :
- 고 명 : 매일미사 (   ), 복음묵상 (   ), 성체조배 (   ), 묵주기도 (   )
- 복음밥 :

240618 | 연중 제11주간 화요일

📖 재　　료 : 마태 5,44
🥣 레시피 : "너희는 원수를 사랑하여라. 그리고 너희를 박해하는 자들을 위하여 기도하여라."

예전에 '물은 답을 알고 있다.'라는 다큐멘터리를 본 적이 있습니다. 그 안에서 컵 안에 있는 물에 긍정적인 말을 해 주었을 때는 물의 결정도 예쁘고, 무엇보다 물이 상하지 않았습니다. 반면에 물에 부정적인 말을 해 주면 물을 얼렸을 때 산산이 부서지는 결정과 물이 상하는 결과를 보게 되었습니다. 이것은 더 나아가 물로 구성된 사람에게도 해당한다고 합니다. 총 61.8%의 물로 구성된 인간에게도 부정적인 말보다 긍정적인 말을 들려주었을 때 더 좋은 결과를 얻을 수 있음을 알게 됩니다.

이 내용을 마음에 넣고 오늘 복음을 묵상하면 좀 더 깊게 와 닿습니다. 예수님께서는 제자들에게 어려운 명령을 하십니다. **"너희는 원수를 사랑하여라. 그리고 너희를 박해하는 자들을 위하여 기도하여라."** 이것은 정말 쉽지 않습니다.

우리 마음에 대못을 박은 사람을 어떻게 용서할 수 있을까요? 꼴도 보기 싫은 사람을 어떻게 바라볼 수 있을까요? 대부분의 사람은 원수를 미워하기에 그를 미워하는 부정적인 마음으로 다른 사람에게 험담합니다. 그러면 생각해봐야 합니다. 그 부정적인 말을 들은 사람들은 원하지 않아도 보지도 못한 그 사람을 원수로 만드는 결과를 가져오게 됩니다.

원수를 용서하기도 쉽지가 않는데 원수를 사랑하라는 말은 더 어렵습니다. 하지만 우리가 주님의 말씀을 듣고 묵상하고 실천하는 것은 불가능한 것을 가능하게 만들기 위함입니다. 오늘 하루를 보내며 부정적인 말보다는 긍정적인 말을 사용하여 원수를 사랑하지는 못해도 이해할 수 있는 마음, 더 나아가 죽이는 말보다는 살리는 말로 주님과 일치하는 우리가 되기를 성부와 성자와 성령의 이름으로 기도드립니다. 아멘.

나만의 복음밥

재 료 :
레시피 :
고 명 : 매일미사 (   ), 복음묵상 (   ), 성체조배 (   ), 묵주기도 (   )
복음밥 :

240619 | 연중 제11주간 수요일 또는 성 로무알도 아빠스

재 료 : 마태 6,4

레시피 : "네 자선을 숨겨 두어라. 그러면 숨은 일도 보시는 네 아버지께서 너에게 갚아 주실 것이다."

성당에서 대축일 미사를 하기 위해서는 여러 사람의 진심 어린 노력이 필요합니다. 성가대는 아름다운 성가를 위해, 제대회는 미사의 원활한 준비를 위해, 구역분과는 신자들이 미사를 잘 참석할 수 있게, 복사단은 미사를 잘 도와주기 위해, 본당의 모든 단체의 노력이 있어야 하나의 미사가 완성됩니다.

예전에 어느 성당에서 대축일 미사를 마치고 난 뒤에 감사 인사를 해야 하는데 신부님도 긴장해서 그런지 어느 단체에 대한 감사의 인사를 잊어버리고 하지 못했습니다. 신부님도 당황했지만 이미 지났기에 더 말을 하지 못하고 미사를 마치게 되었습니다. 밖에서 신자들과 인사를 나누는데, 단체 구성원 중의 한 명이 지나가며 이런 볼멘소리를 했습니다. "신부님 저희도 고생했는데, 수고했다고 한마디 해주세요." 그 말을 듣고 신부는 "고생했습니다."라는 말을 해줬습니다.

세상을 살아가다 보면 서운한 것을 쉽게 이야기하는 사람들이 있습니다. 하지만 그 말을 뱉는 순간 모든 부분과 상황이 바뀌는 것을 보게 됩니다. 그럼에도 인정받고 싶고 서운하고 답답한 것을 우리는 참지 못하고 이야기 하고 맙니다.

오늘 복음에서 예수님께서는 이런 우리들이 각자의 마음을 바라보고 주님께로 향하기를 바라며 다음과 같이 말씀하십니다. "네 자선을 숨겨 두어라. 그러면 숨은 일도 보시는 네 아버지께서 너에게 갚아 주실

것이다." 성당에서 그리고 세상에서 우리는 주님을 알리고 덕을 쌓기 위해 봉사하고 사랑을 나눕니다. 하지만 그 나눔의 결과가 인간의 입으로 돌아오지 않는다고 답답해합니다.

그럴 때마다 주님의 말씀을 기억했으면 좋겠습니다. 우리가 지금 한 봉사와 나눔이 현실에서 결실이 없으면 없을수록 하늘의 아버지께서 즐겨 받으시고, 하늘나라에 가득 쌓여 하늘나라에 갔을 때 주님께서 다 갚아 주실 것이라는 믿음으로 오늘 하루를 보내기를 성부와 성자와 성령의 이름으로 기도드립니다. 아멘.

나만의 복음밥

- 재　료 :
- 레시피 :
- 고　명 : 매일미사 (　), 복음묵상 (　), 성체조배 (　), 묵주기도 (　)
- 복음밥 :

240620 | 연중 제11주간 목요일

📖 재 료 : 마태 6,15
🥣 레시피 : "너희가 다른 사람들을 용서하지 않으면, 아버지께서도 너희의 허물을 용서하지 않으실 것이다."

어렸을 때에는 화가 나고 마음에 상처를 받는 일이 있어도 비교적 심각한 게 아니라서 웬만하면 오래가지 않고 사라졌습니다. 그런데 이 상처와 용서는 나이가 먹을수록 노화되는 피부처럼 재생되는 시간이 더디고 오래갑니다. 별것도 아닌 것에 상처를 받고 별것도 아닌 것에 오래 토라져 있곤 합니다.

가끔은 큰일이 아니라 작은 일에 토라져 있음을 알면서도 쉽사리 용서하지 못하는 저 자신을 봅니다. 고해성사를 보기 전 그 순간들을 떠올려 보면 유치한 경우도 있지만 내 잘못보다는 상대의 잘못만이 생각나기에 사제 앞에 서면 나의 잘못은 저만치 구석으로 숨겨놓고, 상대가 나에게 준 상처만을 주저리주저리 이야기할 때가 있습니다.

그렇게 나는 상대의 잘못은 용서하지 못하면서 주님 앞에서는 제 모든 죄를 용서받기를 원하곤 합니다. 이런 우리들에게 주님께서는 단호하게 말씀하십니다. **"너희가 다른 사람들을 용서하지 않으면, 아버지께서도 너희의 허물을 용서하지 않으실 것이다."**

늘 아낌없는 자비와 사랑을 이야기하시는 예수님께서도 용서에 있어서는 조건법으로 말씀하십니다. 우리가 다른 사람의 죄를 용서해야, 하늘의 아버지도 죄를 용서해 주실 것입니다. 마음에 얽혀있는 용서라는 실타래는 우리가 주도적으로 풀 수 있도록 힘을 달라고 주님께 청하는 게 맞다고 봅니다. 우리는 풀어 볼 노력도 하지 않으면서 얽힌 모습

그대로 가져가면 주님께서 풀어주실까요? 주님께서는 내가 하지 않는 것은 그대로 놔두시고 풀어진 실타래만 받아주십니다. 오늘 하루 용서라는 실타래가 보인다면 어디서부터 꼬여 있는지 확인해 봤으면 좋겠습니다. 그리고 그것을 포기하지 않고 풀 수 있는 힘을 달라고 주님께 청해봅시다. 그 기도의 시작이 용서의 완성을 이루는 하루가 되기를 성부와 성자와 성령의 이름으로 기도드립니다. 아멘.

나만의 복음밥

- 재 료 :
- 레시피 :
- 고 명 : 매일미사 (   ), 복음묵상 (   ), 성체조배 (   ), 묵주기도 (   )
- 복음밥 :

240621 | 성 알로이시오 곤자가 수도자 기념일

📖 재   료 : 마태 6,21
🍳 레시피 : "사실 너의 보물이 있는 곳에 너의 마음도 있다."

첫영성체를 마치고 저와 동생은 십정동성당 복사단에 입단했습니다. 복사단 입단에는 여러 가지 이유가 있었지만 새벽 미사를 마치고 나면 수녀님께서 주시는 간식이 어찌나 풍성하던지 그게 먹고 싶은 마음이 컸습니다. 그렇게 복사단 입단을 위해 새벽 미사를 몇 개월 이상 봉헌해서 복사단에 들어갔고, 새벽 미사를 마칠 때마다 간식을 맛나게 먹었던 기억이 있습니다. 그런데 일 년이 지나고 난 뒤 주임 신부님이 바뀌셨고, 신부님은 "복사단도 초등부의 일원인데 똑같이 해줘야 한다."라는 말씀에 간식이 초코파이 하나로 바뀌어 버렸습니다. 저는 주임 신부님의 복사단 복지정책(?)에 불만이 생겼습니다. 같은 초등부라도 새벽에 나와서 복사를 서고, 미사를 옆에서 도와드리는데, 초코파이는 너무하다 싶었습니다.

그래서 복사를 서는 것을 피하게 되었습니다. 저의 이런 모습을 수상하게 여긴 수녀님께서 면담하기를 원하셨고, 수녀님은 간식에 대해서 이야기하는 저에게 이렇게 말씀을 하셨습니다. "베드로, 우리가 성당에 나와서 하는 일들은 좋은 간식들을 먹기 위해서가 아니라, 하느님을 기쁘게 해드리기 위해서 하는 거야. 네가 지금은 어려서 잘 모르겠지만, 나중에 나이가 들면 알게 될 거야."라고 말씀하셨습니다.

오늘 복음에서 예수님께서는 다음과 같이 말씀하십니다. **"사실 너의 보물이 있는 곳에 너의 마음도 있다."** 옛 속담에 '염불에는 뜻이 없고 잿밥에만 맘이 있다.'라는 말이 있습니다. 정작 해야 하는 일에는 관심이 없고 내가 하고 싶은 일에만, 나의 목적을 이루는 데에만 관심이 있다는 말입니다.

성당에서 봉사를 하는 것은 성당 돈으로 내가 하고 싶은 꿈을 이루는 것이 아니라 도움이 필요한 사람들에게 하느님을 전하기 위함이고, 성당에서 기도하는 이유는 나의 소원을 이루기 위함이 아니고 주님의 뜻을 이 땅에 드러내기 위함입니다. 우리의 보물은 무엇인가요? 세상인가요? 하느님인가요? 그것을 명확하게 안다면 우리 마음이 어디를 향하는지 알 수 있을 것입니다. 오늘 하루 주님께서 주신 보물을 찾아 주님께 봉헌하는 우리가 되기를 성부와 성자와 성령의 이름으로 기도드립니다. 아멘.

나만의 복음밥

📖 재　료 :
🥣 레시피 :
🔔 고　명 : 매일미사 (　), 복음묵상 (　), 성체조배 (　), 묵주기도 (　)
🔔 복음밥 :

240622 | 연중 제11주간 토요일

📖 재 료 : 마태 6,34
🥣 레시피 : "내일을 걱정하지 마라. 내일 걱정은 내일이 할 것이다. 그날 고생은 그날로 충분하다."

저는 일을 진행하는 데 있어서 많이 고민하고 신중하게 결정하는 편입니다. 그렇게 한 고민이 앞으로 생길 여러 가지 변수들에 대처할 수 있는 능력을 만들어주고, 실수도 줄여줄 수 있기 때문입니다. 하지만 단점은 이렇게 고민만 하다가 정작 일은 시작도 못 하는 경우가 생기곤 합니다. 몇 해 전부터 전문적으로 헬스를 배워보고 싶었습니다. 40대 이후 급격히 빠지는 근육들을 붙잡고 싶기도 했고, 건강한 몸을 유지하는 방법을 알아두면 좋을 것 같아서였습니다.

그런데 등록을 하기 전에 전화하고 물어보고, 상담을 받으면서 가입해야지 했다가도, 마음 한구석에 이런 생각이 들었습니다. '이거 가입하면 끝까지 잘 갈 수 있을까?', '돈이 한두 푼 드는 게 아닌데, 잘 가지 못하고 돈 낭비만 하는 게 아닐까?', '집에서 유튜브를 보고하면 되지 않을까?' 이런 하지도 않아도 될 걱정을 품고 지내다 보니, 정작 등록은 하지 못하고 고민만 하고 있었습니다.

이런 저에게 먼저 등록해서 다니고 있는 신부님이 이렇게 말씀하셨습니다. "고민하다가, 그 스트레스로 근육이 더 빠지니까 먼저 등록하고 다녀. 걱정만하고 고민하면 머리가 계속 돌아가서 제대로 쉬지 못하니까 먼저 등록해봐."

예수님께서 고민만 하느라 힘들어하는 우리에게 이렇게 말씀하십니다. "내일을 걱정하지 마라. 내일 걱정은 내일이 할 것이다. 그날 고생은 그날로 충분하다." 맞습니다. 하루 살기도 힘들고 정신이 없는데, 내일 걱정까지 하면서 살아가는 게 얼마나 불필요한 일일까요?

주님께서 오늘 최선을 다해 살 힘을 주셨고, 내일이 되면 그 하루도 살 힘을 주실 텐데, '내일도 똑같은 힘을 주실까?' 걱정하면 잠도 못 자고 피곤함만 더해질 것입니다. 오늘을 살면서 내일을 걱정하는 게 이 얼마나 미련한 일인가요? 주님께서는 오늘 하루를 우리에게 주셨습니다. 그 하루 동안 살면서 내일을 걱정하지 맙시다. 지금, 이 순간에 집중한다면 주님께서는 우리 눈앞에 은총을 발견할 힘을 주실 것입니다. 주님께서 주시는 은총을 발견하고 그것에 집중하며 살아가는 우리가 되기를 성부와 성자와 성령의 이름으로 기도드립니다. 아멘.

나만의 복음밥

재 료 :
레시피 :
고 명 : 매일미사 (　), 복음묵상 (　), 성체조배 (　), 묵주기도 (　)
복음밥 :

240623 | 연중 제12주일

📖 재　료 : 마르 4,40
🥣 레시피 : "왜 겁을 내느냐? 아직도 믿음이 없느냐?"

　　사람은 숨을 얼마나 참을 수 있을까요? 어렸을 때 목욕탕이나 수영장을 가서 친구들이랑 잠수 놀이를 한 적이 있을 것입니다. 친구들이 보는 앞에서 물속에 들어가 숨을 참지 못하고 먼저 나오는 사람이 지는 놀이입니다. 보통 그렇게 놀이를 하면 대략 50초 위아래로 숨이 안 쉬어지고 답답하고 무서워서 수면 위로 올라옵니다. 그래서 저는 50초 정도 숨을 참을 수 있다고 생각을 했습니다. 그런데 지난번 아는 분을 통해서 잠수를 배울 기회가 있었습니다. 그래서 그분은 수영장에 들어가서 숨을 깊게 들이쉬고 내쉬는 법을 가르쳐 주셨고, 저에게 잠수를 해보겠냐고 물었습니다. 그분의 지도에 따라 물에 들어가서 잠수를 했는데 아니나 다를까 50초 언저리에서 답답하고 힘들어서 나왔습니다. 그런 저를 본 지인은 이런 말을 했습니다. "신부님 물속에서도 50초를 넘어서 숨을 참을 수 있는 힘이 있어요. 답답하다고 느껴지는 순간에 제가 함께 해드릴 테니까 걱정하지 마시고 숨을 참을 수 있을 때까지 참아 보세요."

　　그 말을 듣고 잠수를 시작했고, 50초를 넘자 다시 두렵고, 답답한 순간이 찾아왔습니다. 그런데 저를 지켜줄 사람이 앞에 있다는 믿음이 생기자 참을 수 있는 힘이 생겼고, 결국 저는 1분 30초까지 숨을 참았습니다. 인생에 있어서도 어려움이 닥쳐오면 우리는 숨을 참는 것을 힘들어하듯, 스스로를 한계 짓고 물 밖으로 나옵니다.

　　그러다 보니 반복되는 어려움은 피하려고 하고 마주하려 하지 않게 됩니다. 이런 모습이 풍랑에 힘들어하는 제자들과 같습니다. 이런 제자들을 향해 예수님은 이렇게 말씀하십니다. **"왜 겁을 내느냐? 아직도 믿음이 없느냐?"** 주님께서 이 말씀을 하시는 이유는 우리의 삶에 있어서 두려움이 찾아오면 피하지 말고 내가 곁에서 너의 손을 잡고 있음을 잊지 말라는 것입니다. 주님의 손을 잡고 삶의 어려움을 극복하며 앞으로 나아가는 우리가 되기를 성부와 성자와 성령의 이름으로 기도드립니다. 아멘.

나만의 복음밥

- 재 료 :
- 레시피 :
- 고 명 : 매일미사 (　), 복음묵상 (　), 성체조배 (　), 묵주기도 (　)
- 복음밥 :

240624 | 성 요한 세례자 탄생 대축일

재　료 : 루카 1,63
레시피 : "그의 이름은 요한"

　사제로 살며 보람을 느낄 때는 성사를 집전할 때입니다. 주님께서 보이지 않는 당신을 드러내시는 그 순간인 성사를 집전하며 저는 사제로서 너무 영광되다고 생각합니다. 특히, 어떤 성사를 봉헌할 때 기쁘냐고 물으시면 고해성사도 있고, 성체성사도 있고 병자성사도 있지만, 저는 '유아세례'라고 말씀드리고 싶습니다. 티 없이 순수한 아기가 제 앞에 있고, 그 아기의 이마에 성부와 성자와 성령의 이름으로 세례를 주며 세례명을 불러줄 때 그 벅참은 이루 말할 수 없습니다.

　아기가 태어나서 쪼골쪼골한 모습으로 제 앞에 있을 때와 다른 느낌으로 다가옵니다. 세례를 받으며 다시 태어나는 이 아기가 주님의 은총으로 건강하기를 바라고, 주님의 은총으로 늘 새로워지기를 바라며, 저 또한 아기를 통해 은총의 한가운데 들어와 있음을 느끼게 됩니다.

　오늘 복음에 나온 즈카르야도 같은 마음일 것입니다. 말은 못 하지만 하느님의 계획이 이루어지기를 바라며 아기의 이름을 '요한'이라고 짓습니다. 자신의 뜻을 내리고 주님의 뜻으로 **'그의 이름은 요한'**이라고 부르는 순간 그는 입이 풀리고 말을 하며 주님을 찬미했다고 복음은 전합니다.

　우리도 세례성사를 통해 주님께 각자 이름을 받았습니다. 그것을 세례명이라고 하죠. 오늘 하루 주님께서 주신 그 이름을 한번 기억해 봅시다. 주님께서 주신 거룩한 이름 안에 숨겨진 그 힘을 찾아봅시다. 우리도 기도하며 주님께서 주시는 그 이름을 부르는 순간 즈카르야처럼 입이 열리고 혀가 풀려 말을 하기 시작하면서 주님을 찬미하기 시작할 것입니다. 주님을 찬미함으로써 하늘나라의 신비를 이 땅으로 가져오는 우리가 되기를 성부와 성자와 성령의 이름으로 기도드립니다. 아멘.

나만의 복음밥

재　료 :

레시피 :

고　명 : 매일미사 (　), 복음묵상 (　), 성체조배 (　), 묵주기도 (　)

복음밥 :

240625 | 민족의 화해와 일치를 위한 기도의 날

📖 재　료 : 마태 18,19-20

🥣 레시피 : "너희 가운데 두 사람이 이 땅에서 마음을 모아 무엇이든 청하면, 하늘에 계신 내 아버지께서 이루어 주실 것이다. 두 사람이나 세 사람이라도 내 이름으로 모인 곳에는 나도 함께 있기 때문이다."

　　몇 년 전부터 신자들이 모인 곳에 새로운 풍경이 생겨났습니다. 그것은 아홉 시만 되면 한반도의 평화를 위한 주모경 바치기를 위해 알람이 울리는 것입니다. 길을 걷다가도, 회의하다가도, 밥을 먹다가도, 술자리 중에서도 각자 9시 기도를 위해 맞춰 놓은 알람이 울리면 주모경을 바치는 것입니다.

　　처음에는 좀 당황스러웠습니다. 대화 중이고, 회의 중인데, 알람은 좀 끄고 오지 울려서 회의를 멈칫하게 하는 것 때문에 불편했습니다. 그런데 문득 '한반도 평화를 위해 기도하고자 하는 마음보다 회의가 더 중요할까? 술자리, 밥자리가 더 중요할까' 싶었습니다. 당연히 기도해야 하는 시간이고 그 시간이 되면 눈치 보지 않게 제가 먼저 성호경을 긋고 기도하자고 해야겠다는 마음이 들었습니다.

　　그런 우리들의 마음이 모여서인지, 예전처럼 미사일을 쏘니, 핵은 우리의 생명 주권이니, 하는 소리가 줄어들고, 북한 때문에 마음을 졸이는 순간들이 줄어든 것 같습니다. 오늘 복음에서 예수님께서는 다음과 같이 말씀하십니다. "너희 가운데 두 사람이 이 땅에서 마음을 모아 무엇이든 청하면, 하늘에 계신 내 아버지께서 이루어 주실 것이다. 두 사람이나 세 사람이라도 내 이름으로 모인 곳에는 나도 함께 있기 때문이다."

우리는 마음을 모아 아홉 시만 되면 한반도 평화를 위해 기도를 했고, 앞으로도 마음을 모아 기도할 것입니다. 우리들의 기도가 하늘에 쌓이고 쌓여 큰 힘이 되면 북한을 가리고 있는 악의 장막을 걷어 올려, 하느님의 은총이 들어갈 수 있는 틈을 만들어주지 않을까 싶습니다. 아홉 시 기도를 많은 사람이 봉헌하고 있지는 않습니다. 그래도 이런 노력이 쌓여 통일의 순간을 빨리 다가오게 하는 우리가 되기를 성부와 성자와 성령의 이름으로 기도드립니다. 아멘.

나만의 복음밥

- 재   료 :
- 레시피 :
- 고   명 : 매일미사 (   ), 복음묵상 (   ), 성체조배 (   ), 묵주기도 (   )
- 복음밥 :

240626 | 연중 제12주간 수요일

📖 재　　료 : 마태 7,16
🥣 레시피 : "너희는 그들이 맺은 열매를 보고 그들을 알아볼 수 있다."

　　작년 8월 인천교구 공문에서 '새싹 어린이 성령 캠프' 개최 사실을 보고 엄청 반가웠습니다. 왜냐하면, 저에게 잊지 못할 신앙체험을 주었던 시간이었기 때문입니다. 4년 전 이맘때 전화 한 통을 받았습니다. "신부님, 이번 주에 새싹 어린이 성령 기도회가 있는데요 고해성사 해주실 수 있으세요." 전화를 받고 살짝 두려웠습니다. 성인들의 고해성사는 그리 어렵지 않은데 아이들은 많이 접해보지 않았기에 고해성사에서 무슨 이야기를 해야 할지 감이 오지 않았기 때문입니다. 그렇게 날짜가 되어서 고해성사하는 장소를 갔습니다. 초등학생 3학년부터 6학년으로 구성된 아이들이 경당에 모여서 참회 예절을 준비하고 있었습니다. 저도 아이들이 참회 예절 하는 모습이 보고 싶어서 경당 안에 있었는데 봉사자들의 모습이 눈에 들어왔습니다. 아이들의 눈높이에서 이야기를 듣는 모습, 떠드는 아이를 품에 안고 함께 기도를 하는 모습, 성가를 몸으로 표현하며 찬양하는 모습 등 봉사자들이 최선을 다해서 봉사하는 모습과 아이들이 봉사자들을 따라 정성스럽게 찬양을 따라 부르는 모습이 눈에 보였습니다.

　　저도 뒤에 앉아 찬양을 따라 하는데 갑자기 마음속이 울컥울컥하는 것이었습니다. 그리고 제 마음에 따뜻한 위로가 들어왔습니다. 아이들이 찬양하는 노래를 들은 것뿐이고 봉사자들이 아이들을 대하는 모습을 본 것뿐인데, 이 장소에 있는 것만으로도 마음이 뜨거워지고, 이어진 고해성사에서 아이들과 고해를 함께하며 오히려 제가 더 큰 위로를 받았습니다.

　오늘 복음에서 예수님께서는 제자들에게 다음과 같이 말씀하십니다. **"너희는 그들이 맺은 열매를 보고 그들을 알아볼 수 있다."** 저는 봉사자들의 사랑 넘치는 모습을 통해 그들이 맺은 열매를 아이들을 통해서 볼 수 있었습니다. 우리도 각자의 자리에서 주님의 봉사자로 불림을 받았습니다. 봉사자로 따스함을 가지고 가족들, 이웃들, 교우들과 함께 지낸다면 나의 모습을 본 세상 사람들이 우리를 통해 맺은 열매를 보고 우리가 주님의 사람임을 알아볼 수 있을 것입니다. 2024년 8월에도 새로운 성령의 열매를 맺을 '새싹 어린이 성령 캠프'가 주님의 뜻 안에서 잘 이루어지기를 바라고, 그들이 준비한 사랑의 열매가 아이들 안에서 열매 맺기를 성부와 성자와 성령의 이름으로 기도드립니다. 아멘.

나만의 복음밥

재　료 :
레시피 :
고　명 : 매일미사 (　), 복음묵상 (　), 성체조배 (　), 묵주기도 (　)
복음밥 :

240627 | 연중 제12주간 목요일

📖 재　　료 : 마태 7,26
🍲 레시피 : "나의 이 말을 듣고 실행하지 않는 자는 모두 자기 집을 모래 위에 지은 어리석은 사람과 같다."

　동료 신부들과 회식으로 고기를 먹었습니다. 한참을 먹다가 '고기 기름이 몸 밖으로 나가는가?, 아닌가?'에 대한 이야기가 나왔습니다. 이런저런 말이 나오다 결론은 고기 기름은 오리고기 빼고는 몸 밖으로 안 나와서 장에 쌓여 있다가, 염증으로 변해 암이 된다고 했습니다. 이 말을 듣고 어떤 신부님께서 "그러면 고기를 먹지 말아야 하는가?"라고 질문을 했습니다. 예전에 어느 고깃집에 갔는데 이런 문구를 본 적이 있습니다. '고기를 안 먹으면 오래 산다. 그러나 그렇게 해서 오래 살 필요는 없다.' 짧은 인생, 하고 싶은 대로, 먹고 싶은 대로 먹으라는 것입니다.

　고혈압, 통풍, 고지혈증 환자들에게 의사는 공통적으로 이야기합니다. "고기를 드시지 않는 게 좋습니다." 고기를 안 먹는 게 고통도 줄여주고 아픔도 줄여주는 것을 우리는 들어서 알고 있습니다. 하지만 실천하는 사람은 적습니다. 결국, 지속적으로 먹다가 안 먹는 게 아니라 못 먹게 되어 멈추게 됩니다.

　우리도 주님의 뜻을 들어서 머리로는 알고 있습니다. 하지만 실천하는 것은 어려워합니다. 주님의 뜻을 바라보면 항상 나의 뜻을 포기하길 원하시는 것처럼 들리기 때문입니다. 그러기에 주님의 목소리가 잔소리처럼 들릴 수도 있습니다. 그런데 주님께서는 당신의 뜻을 들려주시며 우리가 각자의 뜻에서　자유로워지기를 바라시는 것입니다. 자신의 뜻에서 자유로워지고 주님의 뜻에 귀를 기울이는 것, 그것이 모래 위가 아닌 반석 위에 집을 짓고 세상의 어떤 어려움에도 흔들리지 않는 우리가 되게 할 것입니다.

"**나의 이 말을 듣고 실행하지 않는 자는 모두 자기 집을 모래 위에 지은 어리석은 사람과 같다.**" 주님의 말씀을 마음속에 반석으로 삼고 그 위에 하늘나라의 집을 짓는 우리가 되기를 성부와 성자와 성령의 이름으로 기도드립니다. 아멘.

나만의 복음밥

재　료 :
레시피 :
고　명 : 매일미사 (　), 복음묵상 (　), 성체조배 (　), 묵주기도 (　)
복음밥 :

240628 | 성 이레네오 주교 학자 순교자 기념일

📖 재   료 : 마태 8,2
🍲 레시피 : "주님! 주님께서는 하고자 하시면 저를 깨끗하게 하실 수 있습니다."

　어렸을 때 부모님께 무엇인가를 사달라고 해서 한 번에 그것이 이루어진 적은 별로 없던 것 같습니다. 제가 원하는 것을 얻기 위해서는 저도 부모님이 원하시는 것을 하고 있어야 했습니다. 동생과 사이좋게 지내거나, 부모님의 심부름을 잘하거나, 공부를 열심히 하거나, 미사에 잘 나가는 것들이 반복되면 어느새 제가 원하는 것들이 이루어졌습니다.

　어렸을 때에는 부모님께서 제가 말하는 것을 한번에 안 들어주시고, 왜 항상 조건을 거셨을까 싶었습니다. 성인이 된 뒤에 돌아보니 그것은 조건이 아니라 당연히 해야 하는 것이었고, 부모님은 좋은 습관을 만들어주기 위해서 연습을 시켜준 것이었습니다. 그런 부모님께서는 좋은 습관이 몸에 익숙해졌을 때를 기다리고 기억하셨다가, 자녀의 청을 들어주셨던 것이었습니다.

　예수님께서는 당신께 다가오는 나병 환자의 모습을 보면서 그가 어떤 삶을 살아왔는지 보았을 것입니다. 나병 환자로 세상에 무시를 당하며 생긴 자격지심과 완고한 마음에 그가 자신의 마음을 내려놓기를 기다렸을 것입니다. 복음에서 나병 환자는 예수님께 이렇게 말을 합니다. **"주님! 주님께서는 하고자 하시면 저를 깨끗하게 하실 수 있습니다."** 예수님께서는 그의 말을 듣고 비로소 그가 당신의 기적을 받아들일 마음의 준비가 된 것을 보셨습니다.

　그러기에 예수님께서는 이렇게 답을 하십니다. "내가 하고자 하니 깨끗하게 되어라." 아버지 하느님께서는 우리의 청을 다 듣고 기억하고 계십니다. 다만 지금 이루어지지 않는다고 불평하고 답답해하기보다는 하루하루 충실히 당신의 뜻을 완성하기를 원하십니다. 오늘 하루 우리의 마음을 바라봅시다. 온전히 주님의 뜻을 담을 그릇이 되고자 노력을 하고 있는지, 아니면 불평만 하고 있는지, 마음을 돌이켜 주님께 향하고자 하는 이는 주님이 원하시는 때에 은총의 월계관을 받을 것입니다. 주님께 마음을 향하고 은총을 얻는 우리가 되기를 성부와 성자와 성령의 이름으로 기도드립니다. 아멘.

나만의 복음밥

- 재　료 :
- 레시피 :
- 고　명 : 매일미사 (　), 복음묵상 (　), 성체조배 (　), 묵주기도 (　)
- 복음밥 :

240629 | 성 베드로와 성 바오로 사도 대축일

📖 재　료 : 마태 16,15
🍳 레시피 : "너희는 나를 누구라고 하느냐?"

　예전에 할머니와 할아버지가 나오셔서 퀴즈를 푸는 프로그램이 있었습니다. 할아버지에게 '천생연분'이란 사자성어를 설명하는 문제가 출제되었습니다. 할아버지는 문제를 보시고 회심의 미소를 지으시며 할머니 곁에 다가섰습니다. 그리고 이렇게 설명을 했습니다. "임자 있잖아 '당신과 나 사이'" 그러자 할머니는 할아버지의 얼굴을 빤히 보시며 이렇게 답을 하셨습니다. "웬수". 기가 막혀하는 할아버지가 소리를 질렀습니다. "아니, 두 자 말고 넉 자" 그러자 할머니의 대답은 이랬습니다. "평생웬수".

　오늘 복음에서 예수님께서는 당신이 누구신지 제자들에게 물어봅니다. 예수님과 함께 다니면서 수도 없이 많은 기적과 은총의 말씀을 들으면서도 정작 제자들은 예수님에 대한 깊은 성찰이 부족했습니다. 오히려 눈에 보이는 모습에만 집중하여 예언자 가운데 한 분이 아닐까? 하고 대답을 합니다. 이런 모습을 유심히 바라본 베드로는 예수님께 자신이 평소에 생각했던 예수님에 대해 자신 있게 이야기합니다. **"스승님은 살아 계신 하느님의 아드님 그리스도이십니다."** 그의 말은 정답이었습니다. 그 답을 들은 예수님께서는 베드로에게 큰 선물인 '하늘나라의 열쇠'를 주십니다.

　주님께서는 일상 안에서 우리에게 물어보십니다. **"너희는 나를 누구라고 하느냐?"** 이 질문의 답을 한번 곰곰이 생각해 보시는 하루가 되셨으면 좋겠습니다. 우리는 주님을 내 기도를 이루어 줄 '램프의 바바'로 생각하는지? 아니면 살아계신 하느님의 아들 그리스도로 생각하고 있는지? 진실한 응답을 함으로써 하늘나라의 열쇠를 얻는 우리가 되기를 성부와 성자와 성령의 이름으로 기도드립니다. 아멘.

나만의 복음밥

📖 재   료 :

🥣 레시피 :

🔔 고   명 : 매일미사 (   ), 복음묵상 (   ), 성체조배 (   ), 묵주기도 (   )

🍚 복음밥 :

240630 | 연중 제13주일

📖 재　료 : 마르 5,34
🥣 레시피 : "딸아, 네 믿음이 너를 구원하였다."

　지금은 건강해지셨지만 작년에 아버지께서 몸이 편찮으신 적이 있었습니다. 가슴에 고름이 지속해서 나오는데 원인을 알지 못하니 아버지도 답답하고 저도 답답했습니다. 2년 전에 같은 부위에서 고름이 나와 한 번 수술을 했는데, 이번에는 좀 더 상황이 심각한 것 같았습니다. 이런 이유로 매주 화요일 아침마다 병원에 가서 소독을 하고 상처 부위를 벌려 놓아 고름을 나오게 하는데, 가끔 따라갈 때마다 아버지께 여쭤봐도 아버지께서는 아프지 않다고만 말씀하셨습니다. 그간 수도 없는 수술을 해오셨기에 그 정도는 아프지 않다고 하시는 듯해서, 지난번은 병원에 다녀오는 길에 아버지께 "정말 안 아파요?"라고 여쭤봤습니다. 아버지께서는 머쓱해하시면서 "아프지"라고 답을 하시는데 그냥 마음이 짠했습니다.
　복음을 읽고 묵상하며 성당 제대 앞에 앉아 예수님의 옷자락을 잡는 심정으로 기도하며 이렇게 말씀드렸습니다. "주님 제 믿음이 아니라 아버지, 어머니의 믿음을 보시고, 아버지의 병을 치유해 주세요. 누구보다 착하게 살아오신 아버지시고, 누구에게 해코지 한 번 하신 적이 없는 아버지신데, 매년 수술을 통해 고통을 주시는 것은 너무하다는 생각이 듭니다. 제발 병을 거두어가 주시고, 치유의 은총을 허락하여 주소서."
　저의 기도와 주위 분들의 기도 덕인지 아버지의 고름은 2년 만에 멈추게 되었습니다. 아버지께서는 이 병으로 2년간 고통을 받으셨지만, 오늘 복음에 나오는 혈루병을 앓는 여인은 12년째 고통을 받고 있습니다. 피가 멈추지 않는 병에 걸려 살아가는 이 여인은 아마 아무 힘도 없고, 살아갈 의미도 느끼지 못할 것입니다. 그런 그녀는 지푸라기라도 잡는 심정으로 예수님의 옷자락을 잡았고, 예수님께서는 그런 그녀의 믿음을 보시고 다음과 같이 말씀하시며 치유의 은총을 허락하십니다.

"딸아, 네 믿음이 너를 구원하였다."

혈루병을 앓는 여인의 간절한 기도를 통해 예수님께서 병을 거두어 가신 것처럼 아버지의 병도 주님께서 거두어가시고, 세상에 질병으로 아파하는 모든 이의 병을 주님께서 거두어 가시어, 기쁨으로 당신을 찬양할 수 있게 해주시기를 청합니다. 주님께 청하는 기도가 주님께로 닿아 은총의 열매를 맺는 우리가 되기를 성부와 성자와 성령의 이름으로 기도드립니다. 아멘.

나만의 복음밥

- 재 료 :
- 레시피 :
- 고 명 : 매일미사 (   ), 복음묵상 (   ), 성체조배 (   ), 묵주기도 (   )
- 복음밥 :

240701 | 연중 제13주간 월요일

📖 재 료 : 마태 8,20

🍲 레시피 : "여우들도 굴이 있고, 하늘의 새들도 보금자리가 있지만, 사람의 아들은 머리를 기댈 곳조차 없다."

  신자분들께 기도를 해야 한다고 말씀을 드립니다. 설사 기도를 하지 못하더라도 성전에 머물러 멈추어 바라보기를 바랍니다. 그 이유는 무엇일까요? 성당에 머무는 것은 우리 마음에 예수님께서 머물 공간을 만드는 것입니다. 주님께서 우리 마음에 계시면 죄를 피할 용기를 갖게 됩니다. 주님께서 우리 마음에 계시면 선한 일을 할 수 있는 힘이 생깁니다. 주님께서 우리 마음에 계시면 상대의 말을 귀담아들을 수 있는 여유가 생깁니다.

  하지만 우리는 대부분 주님께서 머물 공간보다는 내가 머물 공간을 만드는데 애쓰곤 합니다. 기도보다는 우리가 하고 싶은 일에 집중하고 성당보다는 여행을 통해 힘을 얻는다고 생각합니다.

  그렇게 주님을 모실 공간이 작아지고 마음 안에 내가 머물 공간이 커지면 어떻게 될까요? 자존감이 강해져서 어떤 어려움도 이겨낼 힘이 생길까요? 아닙니다. 내 안에 내가 많으면 힘든 일이 생기거나 답답한 일이 생기면 쉽게 포기하게 되고, 쉽게 화를 내게 되며, 가까운 사람에게 짜증을 내게 됩니다. 이런 우리들의 마음을 아시는 주님께서는 다음과 같이 말씀하십니다. **"여우들도 굴이 있고, 하늘의 새들도 보금자리가 있지만, 사람의 아들은 머리를 기댈 곳조차 없다."** 각자의 마음을 바라보고 우리 마음속에 주님께서 머리를 기댈 곳이 있는지 확인해 봤으면 좋겠습니다. 주님께서 머무를 공간이 없다면 주님을 위한 공간을 만들어 드리며 주님의 뜻을 따라 살아가는 우리가 되기를 성부와 성자와 성령의 이름으로 기도드립니다. 아멘.

나만의 복음밥

- 재　료 :
- 레시피 :
- 고　명 : 매일미사 (　), 복음묵상 (　), 성체조배 (　), 묵주기도 (　)
- 복음밥 :

240702 | 연중 제13주간 화요일

재 료 : 마태 8,26
레시피 : "왜 겁을 내느냐? 이 믿음이 약한 자들아!"

오늘 복음을 묵상하기 전에 마태복음 8장에 어떤 내용이 연결되어 나오는지 살펴보면 이해하는데 큰 도움이 됩니다. 마태복음 5장부터 7장까지는 산상설교가 나옵니다. 산 위에서 제자들과 사람들에게 '하느님의 자녀로서 어떻게 살아가야 하는지' 말씀하십니다. 그리고 산에서 내려오셔서 이어지는 장면이 8장의 내용입니다. 제자들이 아무리 말을 해도 갸우뚱한 모습으로 있으니 주님께서는 기적을 통해 하느님을 알게 해주시고자 하십니다. 나병 환자를 고쳐주시고, 백인 대장의 병든 종을 고치시며 베드로의 병든 장모를 치유하시어 당신을 따르는 이들이 어떤 은총을 받을 수 있는지 두 눈으로 보여주십니다.

제자들은 이 모습에 이렇게 생각을 했던 것 같습니다. '이스라엘의 메시아가 로마의 지배에서 해방해 주고, 왕으로 오시는 분이 이분이시다.' 사람의 마음속 생각을 꿰뚫어 보시는 주님께서는 제자들의 정신을 바짝 차리게 해줄 계획을 세우시고 배에 오르십니다. 그리고 곧장 배 위에서 주무십니다. 잠시 후 잠잠했던 호수 위에 폭풍우가 휘몰아치고, 배가 뒤집힐 정도의 혼란스러움이 오자 제자들은 죽을까봐 걱정이 되어 우왕좌왕하며 살려달라고 애원합니다. 그런데도 주님께서는 이 모든 풍경과 맞지 않게 편안하게 주무십니다. 제자들의 울부짖음이 커지자 예수님께서는 일어나시어 다음과 같이 말씀하십니다. **"왜 겁을 내느냐? 이 믿음이 약한 자들아!"** 그리고 바람과 호수를 꾸짖으시니 아주 고요해졌다고 복음은 전합니다.

우리도 주님을 떠올릴 때 나에게 복을 주시는 분, 평안함을 주시는 분, 행복을 주시는 분이라고 생각합니다. 하지만 가족 중에 누군가 아프고 내가 힘들어지고, 삶의 평화가 깨지고 답답한 일들이 일어나면 주님께 더 매달리기보다는 "주님 구해 주십시오. 저희가 죽게 되었습니다."라고 외칩니다. 혹시 답답한 일들이 연속해서 일어난다면 우리 삶의 자리에서 편안하게 누워계신 주님을 찾아, 그 옆에 누워봤으면 좋겠습니다. 그리고 주님 귀에 "저의 모든 고통과 아픔을 내어 맡기오니, 주님 저희를 도와주십시오."라고 속삭였으면 좋겠습니다. 주님께 온전히 몸과 마음을 내어 드림으로써 주님만을 믿고 의지하는 우리가 되기를 성부와 성자와 성령의 이름으로 기도드립니다. 아멘.

나만의 복음밥

- 재 료 :
- 레시피 :
- 고 명 : 매일미사 (   ), 복음묵상 (   ), 성체조배 (   ), 묵주기도 (   )
- 복음밥 :

240703 | 성 토마스 사도 축일

📖 재 료 : 요한 20,29
🍲 레시피 : "너는 나를 보고서야 믿느냐? 보지 않고도 믿는 사람은 행복하다."

신앙인이라는 것은 무엇일까요? 신앙인은 주님께서 가르쳐주신 바를 믿고, 믿는 바를 실천하는 사람들입니다. 하지만 우리는 들은 것만큼 살지 못하고, 배운 것만큼 실천하지 못할 때가 있습니다. 신앙이 내 발목을 잡는 것 같고 힘들게 하는 것처럼 느껴질 때 우리는 불가능을 가능하게 하는 신앙생활을 하면서도 의심하고, 포기하고, 죄에 가까이 가게 됩니다.

이 모습은 토마스 사도를 통해 볼 수가 있습니다. 예수님께서는 부활한 당신을 봐야지만 믿겠다고 하는 토마스에게 당신의 모습을 드러내시며 이렇게 말씀하십니다. **"너는 나를 보고서야 믿느냐? 보지 않고도 믿는 사람은 행복하다."**

맞습니다. 우리도 보이지 않는 하느님을 발견하기 위해 신앙을 찾았고, 그 길을 묵묵히 걸어가고 있습니다. 하지만 일상의 유혹들은 주님을 보지 못하게 우리의 눈을 가리고 의심하게 만들곤 합니다. 저는 이 세상이 '보는 것을 믿는 사람'과 '믿는 것을 보는 사람'으로 나눠져 있다고 생각을 합니다.

주님께서는 매일 미사를 통해 부활하시어 우리 가운데 계십니다. 그분은 그냥 볼 수 있는 분이 아니라, 믿어야지 볼 수 있는 분이십니다. 믿음 안에서 주님의 뜻을 발견하고, 그분을 만나는 하루가 되시기를 성부와 성자와 성령의 이름으로 기도합니다. 아울러 토마스 축일을 맞이하신 모든 사제와 수도자 그리고 평신도분들을 위해 기도합니다. 아멘.

나만의 복음밥

📖 재 료 :

🥣 레시피 :

🔔 고 명 : 매일미사 (   ), 복음묵상 (   ), 성체조배 (   ), 묵주기도 (   )

🍚 복음밥 :

240704 | 연중 제13주간 목요일 또는 포르투갈의 성녀 엘리사벳

재　료 : 마태 9,4
레시피 : "너희는 어찌하여 마음속에 악한 생각을 품느냐?"

　　성당이라는 공간은 각양각색의 다양한 사람들이 모여 사는 곳입니다. 그러다 보니 같은 일을 경험해도 느끼는 바가 다 다르고, 같은 일을 바라봐도 시선이 다 다릅니다. 즉 사제가 하느님의 일이라고 믿고 따라와 주기를 바라도 신자 중에는 기도로서 함께 따라와 주는 사람들도 있고, 의심하며 뒤에서 분란을 일으키는 신자도 있습니다. 반면에 신자들이 성당 안에서 일을 진행하려고 할 때 사제가 그 일을 믿고 따라와 주는 일도 있지만, 시작부터 안 된다며 반대하는 사제도 있습니다. 그런데 그들의 모습을 바라보면 자신의 신념을 중심에 둔 채 그 신념에 어긋나는 것이라면 무조건 반대를 합니다. 그런 반대를 하는 사람들의 면면을 살펴보면 누구보다 열심히 기도하고, 누구보다 열심히 살려고 하는 사람입니다. 하지만 그 '열심히'가 자신를 비운 '열심히'가 아니라 자신을 가득 채우고 '주님이 없는 열심히'라는 것이 문제가 됩니다. 그러기에 주님 앞에서 이 일을 통해 주님께서 무슨 일을 이루고자 하시는 것에 집중하는 것이 아니라 이 일이 안 되어야 하는 이유를 찾는 경우가 많은 것입니다.

　　오늘 복음에서 중풍 병자의 치유를 바라는 사람들은 예수님 앞에 그들을 데리고 왔습니다. 예수님께서는 그들의 간절한 마음을 보시고 치유의 은총을 주시려고 하십니다. 하지만 율법학자들은 자신들의 기준에 맞는 말과 행동이 아니라며 예수님의 은총을 막으려고 합니다. 이에 예수님께서는 다음과 같이 말씀하십니다. "**너희는 어찌하여 마음속에 악**

한 생각을 품느냐?" 사제든 수도자든 평신도든 기도하며 자신을 비우지 않고, 자신으로 막혀 있으면 은총이 흐르지 않고, 고통이 찾아옵니다. 그것이 하느님의 뜻을 바라보지 못하는 불통으로 인한 고통입니다.

오늘 하루는 자신의 생각이 아니라, 주님으로 마음을 가득 채우며 주님의 신비가 이 땅에 이루어지기를 청합니다. 그리하여 자신만이 옳다고 생각하는 교회의 모든 사람의 마음이 주님께로 향하기를 성부와 성자와 성령의 이름으로 기도드립니다. 아멘.

나만의 복음밥

- 재 료 :
- 레시피 :
- 고 명 : 매일미사 (   ), 복음묵상 (   ), 성체조배 (   ), 묵주기도 (   )
- 복음밥 :

240705 | 한국 성직자들의 수호자 성 김대건 안드레아 사제 순교자

📖 재　료 : 마태 10,19

🥣 레시피 : "사람들이 너희를 넘길 때, 어떻게 말할까, 무엇을 말할까 걱정하지 마라. 너희가 무엇을 말해야 할지, 그때에 너희에게 일러 주실 것이다."

　　김대건 안드레아 신부님은 15살의 어린 나이에 신부가 되기 위해 최방제, 최양업과 함께 마카오로 유학길에 오르셨습니다. 그 길이 얼마나 힘들고 고되었던지 함께 길을 떠난 최방제 신학생은 병에 걸려 세상을 떠나고 말았습니다. 동료가 하늘나라로 떠난 뒤에 남은 이들은 그의 몫까지 열심히 공부를 했고, 김대건 안드레아는 한국의 첫 번째 사제가 되었습니다. 1845년 고국에 돌아온 그의 마음에는 필시 하느님을 알리고 싶은 열정이 가득했을 것입니다. 매일 관원들의 눈을 피해 이동하며 신자들에게 성체를 영해주고, 수많은 사람들의 고해를 들어주면서도, 그는 한 번도 피곤한 내색을 하지 않았습니다. 하느님으로 가득 찬 그의 마음에 인간적인 어려움은 은총의 발걸음으로 바뀌었습니다.

　　김대건 신부님은 1846년 서해를 통해 선교사들의 입국로를 개척하던 중 관원에게 체포되어 관아로 압송되었습니다. 26살의 젊은 나이임에도 수려한 외국어 실력과 지리에 대한 정보, 명석함은 관리들에게 있어서 탐나는 사람이었습니다. 그래서 그는 수도 없이 배교하라는 회유를 당했습니다. 하지만 그는 단 한 번도 하느님을 외면하는 말을 하지 않았습니다.

　　어쩌면 저런 힘들고 어려운 시간 속에서 뚜렷하게 하느님을 증거하는 말을 할 수 있었을까요? 그것은 바로 그 안에 자신이 아니라 하느님이 가득 차 있기 때문인 것 같습니다. 그러기에 그런 어려움의 순간에 인간으로서 자신의 생각을 이야기한 것이 아니라 하느님의 말씀을 세상에 드러낸 것입니다.

예수님께서 말씀하십니다. **"사람들이 너희를 넘길 때, 어떻게 말할까, 무엇을 말할까 걱정하지 마라. 너희가 무엇을 말해야 할지, 그때에 너희에게 일러 주실 것이다."** 일상을 살아가다 보면 우리는 때때로 주님으로 마음을 채우기보다는 나로 마음을 채우곤 합니다. 그러기에 어려움이 닥쳐오면 주님의 말을 하기보다는 내 말을 할 때가 더 많고 무슨 말을 해야 할지 두려워할 때가 종종 있습니다. 오늘 김대건 안드레아 사제 순교자 축일을 지내며, 성인을 닮아 내 안에 주님이 계실 수 있게 자리를 내어드렸으면 좋겠습니다. 주님이 계신 곳에 당신의 영이 머물고 그 영이, 내 생각이 아니라 주님의 뜻을 이 세상에 드러낼 것입니다. 오늘 하루 김대건 신부님을 닮아 내가 아니라 주님이 활동하시게 나를 내어드리는 오늘이 되기를 성부와 성자와 성령의 이름으로 기도드립니다. 아멘.

나만의 복음밥

- 재 료 :
- 레시피 :
- 고 명 : 매일미사 (   ), 복음묵상 (   ), 성체조배 (   ), 묵주기도 (   )
- 복음밥 :

240706 | 연중 제13주간 토요일

📖 재　료 : 마태 9,17
🥣 레시피 : "새 포도주는 새 부대에 담아야 한다. 그래야 둘 다 보존된다."

　각자의 삶을 기록으로 남기는 도구로 SNS가 있습니다. 예전에는 싸이월드가 있었다면 그것이 카카오스토리에서 페이스북으로 그리고 지금은 인스타그램과 유튜브로 옮겨지고 있습니다. 저도 처음에는 그런 것들을 일상과 짧은 단상들을 올리는 도구로만 쓰고 있었습니다. 예전에 코로나-19의 기세가 컸을 때 얼굴을 보면서 했던 사업들은 이제 사양길로 접어들고 얼굴을 직접 보지 않고 하는 것들이 각광을 받는 시대가 되었습니다. 특히 미사를 통해 하느님의 말씀을 전하고 영성체를 통해 하느님을 만나는 신자들은 코로나로 인한 미사 중단과 전염에 대한 두려움으로 미사를 못 오는 분들이 많았습니다. 그때 무엇을 어떻게 해야 하는가에 대한 고민이 많았습니다. 그런 고민을 해결하기 위해 많은 신부님들과 수녀님들이 여러 SNS를 통해 하느님을 만날 수 있게 하기 위해 노력을 하셨습니다. 이것은 예전처럼 사람을 만나는 형식이 아니고, 자신이 살고 있는 교구의 신자만을 위한 것이 아니라, 한국을 큰 성당으로 보고 전 세계를 하나의 교회로 엮는 모습이었습니다.

　오늘 복음에서 예수님께서는 말씀하십니다. **"새 포도주는 새 부대에 담아야 한다. 그래야 둘 다 보존된다."** 가만히 앉아서 신자들이 찾아오기를 기다리던 시대는 이제 지났다고 봅니다. 예수님께서도 당신의 제자들에게 "너희는 세상에 나가 모든 사람에게 복음을 선포하라."라고 말씀을 하셨습니다. 전국에 있는 모든 성직자와 수도자, 그리고 자신이 알고 있는 교리를 설명할 수 있는 교리교사들이 코로나 시대에 신앙을 담는 새 부대라는 생각이 듭니다. 분명 새 포도주를 새 부대에 담으면 발효가 되어 부풀며 새 부대가 찢어지고 갈라지는 고통이 필요할 것입니다. 그 고통을 잘 이겨내고 주님의 은총을 담는 새 부대가 된다면, 주님께서는 우리를 당신의 말씀을 전하는 새 시대의 새 사도로 변화시켜 주실 것입니다. 못한다고, 모른다고 가만히 있기보다는 어떤 매체로든 한 발자국 앞으로 나아가는 우리가 되기를 성부와 성자와 성령의 이름으로 기도드립니다. 아멘.

나만의 복음밥

- 재　료 :
- 레시피 :
- 고　명 : 매일미사 (　), 복음묵상 (　), 성체조배 (　), 묵주기도 (　)
- 복음밥 :

240707 | 연중 제14주일

재　료 : 마르 6,4

레시피 : "예언자는 어디에서나 존경받지만 고향과 친척과 집안에서만은 존경받지 못한다."

　　개신교는 루터의 종교개혁 이후 루터교에서 나와 프랑스와 영국에서 여러 종파로 나뉘었고, 다시 영국에서 미국으로 건너간 다음, 조선으로 들어오며 지금의 우리나라 개신교가 되었습니다. 개신교 신자들에게 개신교라고 하면 좀 그런지, 자신들은 그리스도교를 한자로 표기했던 기독교를 사용하며 개신교라는 용어를 잘 사용하지 않습니다. 그리고 간혹 이런 분들도 만납니다. "개신교에서 가톨릭이 나온 거야." 그런 분에게 가톨릭이 먼저고 루터의 종교개혁 이후에 갈라져 나온 한 뿌리의 같은 형제라고 아무리 설명을 해도 믿지 않는 분들이 있습니다.

　　저도 고등학교 때 단체 활동을 하러 가면 12명의 그룹원 중에 1명 불교, 10명 개신교, 저 혼자 천주교였습니다. 모여서 활동을 시작하기 전에 '주님의 기도'를 하곤 했는데, 개신교의 주님의 기도문과 가톨릭의 주님의 기도는 내용은 비슷하지만, 말마디가 달라서인지, 저와 같이 시작하면 그룹원들은 헷갈린다며 저쪽에 가서 혼자 하라고 하였습니다. 밖에서 사람들을 만날 때 기도를 하거나, 봉사활동을 하면 가톨릭 신자들은 달라, 하는 소리를 듣다가도, 이상하게 그룹원으로 들어오면 같은 그룹원인 친구들은 종교만으로 저를 탐탁지 않게 여겼습니다. 그런데도 기도를 멈추지 않았고, 제가 할 수 있는 만큼 기도를 하며 친구들과 함께 지냈습니다. 친구들도 처음에나 민감했지 시간이 지날수록 종교보다는 친구의 모습으로 다가왔습니다.

"예언자는 어디에서나 존경받지만 고향과 친척과 집안에서만은 존경받지 못한다." 우리는 사회생활 안에서 개신교 신자들과 함께 있으며 부딪히는 일들이 은근히 많습니다. 같은 뿌리에서 나왔으면 같은 집안이라고 해도 되는데 그들은 가톨릭을 불편하게 말하곤 합니다. 그런 사람들을 직장 안에서 만나면 불편함이 이어집니다. 그럴 때는 우리가 아무리 무슨 일을 해도 힘이 들고 가톨릭 신자인 것을 숨기고 싶은 마음이 들기도 합니다.

그런 사람들 앞에서 예수님도 힘드셨지만 당신이 해야 할 일들을 멈추지 않으셨습니다. 우리도 그런 상황에 놓여있다고 종교를 숨기고, 감추고 아무 일도 하지 않기보다, 각자의 삶의 자리에서 할 수 있는 만큼 주님을 증거하고 살아가는 우리가 되기를 성부와 성자와 성령의 이름으로 기도드립니다. 아멘.

나만의 복음밥

재 료 :
레시피 :
고 명 : 매일미사 (   ), 복음묵상 (   ), 성체조배 (   ), 묵주기도 (   )
복음밥 :

240708 | 연중 제14주간 월요일

📖 재　료 : 마태 9,24
🥣 레시피 : "물러들 가거라."

　성전에서 기도를 하고 있으면 저도 모르게 분심이라는 것이 스멀스멀 올라옵니다. 작은 것부터 큰 것까지 주님과 일치를 이루기 위해 마음을 모으면 모을수록 분심은 주님과의 일치를 방해합니다. 그런 마음을 아시는 주님께서 오늘 복음을 통해 분심에 있는 우리들에게 분심을 쫓는 말씀을 해주십니다.

　오늘 복음에서 회당장의 딸이 죽었다는 소리에 예수님께서는 회당장의 집에 가십니다. 그리고 그 집 앞에서 피리를 불어 시끄럽게 하는 이들과 소란을 피우는 군중을 보시고 다음과 같이 말씀하십니다. 다음과 같이 말씀하십니다. "물러들 가거라." 그리고 고요한 가운데 소녀를 살려주십니다.

　정말 주님께 드려야 하는 기도가 있는데 마음속에 들어와 피리를 불고 소란을 피우는 분심이 있다면, 주님의 말씀을 따라 단호히 이 말씀을 외치면 좋을 것 같습니다. **"물러들 가거라."** 오늘 하루 이 말씀을 통해 분심을 넘어 주님과 진정한 일치를 이루는 우리가 되기를 성부와 성자와 성령의 이름으로 기도드립니다. 아멘.

나만의 복음밥

📖 재　료 :

🥣 레시피 :

🔔 고　명 : 매일미사 (　), 복음묵상 (　), 성체조배 (　), 묵주기도 (　)

🍚 복음밥 :

240709 | 연중 제14주간 화요일

📖 재　　료 : 마태 9,37
🥣 레시피 : "수확할 것은 많은데 일꾼은 적다."

　예전에 어떤 모임에서 한 형제님이 저에게 이런 하소연을 하셨습니다. "신부님, 저는 본당 사목회에서 회장단의 일원으로 열심히 일했습니다. 저희 본당이 설립된 지 얼마 안 되었기에 제 손길이 닿지 않은 곳이 없죠. 그런데 본당 신부님이 바뀌고 저는 사목회를 나오게 됐습니다. 얼마 안 있어 신부님은 본당에 제 손길이 닿았던 것들을 바꾸시는데, 제가 사라지는 것 같아서 마음이 아팠습니다. 다 제가 한 것인데, 저의 손길이 닿은 것인데, 어떻게 나에게 물어보지도 않고 할 수 있지요?" 그분의 말을 끝까지 경청하고 질문을 했습니다. "형제님이 하신 일이 하느님의 일이었어요? 아니면 형제님의 일이었어요?" 그분은 "하느님의 일이었어요."라고 답을 하셨습니다. 그 답을 듣고 저는 말을 이어갔습니다. "하느님의 일을 하신 분이 왜 인간의 일이 진행되는 것을 보고 가슴 아파하셔요. 우리는 그저 주님의 도구일 뿐이에요. 우리가 행동했던 그 순간 이미 모든것은 주님의 나라에 다 쌓였어요. 세상에 남은 것은 껍데기죠. 눈에 보이는 것이 바뀌었다고, 그것을 나와 똑같이 여기는 것은 일꾼으로 우리를 불러 주신 부르심에 내가 주인이라고 이야기하는 것과 같아요. 우리가 주님의 일꾼이라는 것을 잊지 않는 신자가 되었으면 좋겠어요."
　오늘 복음에서 예수님께서는 하느님의 일을 보고도 의심하는 사람들을 향해 이렇게 말씀하십니다. **"수확할 것은 많은데 일꾼은 적다."** 주님의 일을 해나가는 데 있어 무척 많은 손과 발이 필요합니다. 우리는 성당에서 주님의 손과 발이 되어드리겠다고 다짐을 하고 봉사를 시작합니다. 하지만 하느님의 일꾼이 되겠다고 말을 하면서도 결국 세상의 일꾼이 되고자 노력하는 모습을 보게 됩니다. 인정받지 못하는 것에 대해 가슴 아파하고, 성당에서 활동한 봉사의 결과를 자신의 업적이라고 이야기하며, 섬기러 왔다고 하면서 섬김을 받는 모습들입니다.

　오늘 하루, 우리는 주님의 부르심에 응답한 일꾼이라는 것을 잊지 않았으면 좋겠습니다. 그 부르심에 응답하며 살아간다면 우리는 땅을 보며 살지 않고 하늘을 바라보며 살게 될 것입니다. 주님께서 보여주시는 것을 있는 그대로 바라보고 살아가는 우리가 되기를 성부와 성자와 성령의 이름으로 기도드립니다. 아멘.

나만의 복음밥

- 재　료 :
- 레시피 :
- 고　명 : 매일미사 (　), 복음묵상 (　), 성체조배 (　), 묵주기도 (　)
- 복음밥 :

240710 | 연중 제14주간 수요일

📖 재   료 : 마태 10,1
🥣 레시피 : "예수님께서는 열두 제자를 가까이 부르시고 그들에게 더러운 영들에 대한 권한을 주시어, 그것들을 쫓아내고 병자와 허약한 이들을 모두 고쳐 주게 하셨다."

본당 주위에 정신이 아프신 분들이 많이 계십니다. 그분들이 종종 찾아오시어 면담을 청하면 심적으로 난감할 때가 많습니다. 제가 정신과적 부분을 잘 아는 것도 아니고, 대화의 방법 또한 달라서 그분들과 대화를 하다 보면 직선으로 가면 곡선을 만들고 내리막을 가다 보면 갑자기 오르막으로 바뀌는 체험을 하게 됩니다. 그러다 보니 빈번한 대화의 전환과 상황의 전환에 당황하여 겁을 먹곤 합니다. 그리고 속으로는 계속 '나는 전문가가 아니니까 여기까지인 거야. 다음에는 이런 상황이 생기면 피해야겠다.' 이런 생각까지 듭니다. 이런 고민을 선배신부님께 이야기하니까 저에게 이런 답을 해주었습니다. "신부는 정신과 의사가 아니라 사제예요. 이미 서품받을 때 하느님께 더러운 영을 쫓을 권한과 능력, 그리고 아픈 이를 치유할 수 있는 능력을 받았어요. 그러니 겁먹지 마시고, 예수님의 영이 함께 하심을 믿고 그 능력을 사용해 보세요."

듣고 보니 너무나 맞는 말씀이었습니다. 늘 처음 마주하는 상황에서 기도하기보다는 그 상황을 눈에 보이는 대로 바라보니 두려움이 생겼던 것이었습니다. 오늘 복음에서 **"예수님께서는 열두 제자를 가까이 부르시고 그들에게 더러운 영들에 대한 권한을 주시어, 그것들을 쫓아내고 병자와 허약한 이들을 모두 고쳐 주게 하셨다."** 그 주님의 영은 사제의 손을 통해 이어져 내려와 내 안에도 그리고 다른 사제들 안에도 머물러 있습니다.

　앞으로도 그런 상황을 수도 없이 만날 것입니다. 그때 우리 안에 계신 주님의 영을 기억하고, 그 영이 활동하실 수 있게 자신을 열어두어야겠습니다. 우리 모두도 세례를 통해 견진성사를 통해 주님의 성령을 받았습니다. 그럼 우리 안에 주님이 주신 능력을 행할 힘이 있는 것입니다. 일상 안에서 자신 있게 주님의 말씀을 선포하고 주님의 뜻을 이 땅 위에 완성하는 제자들이 되기를 성부와 성자와 성령의 이름으로 기도드립니다. 아멘.

나만의 복음밥

- 재　료 :
- 레시피 :
- 고　명 : 매일미사 (　), 복음묵상 (　), 성체조배 (　), 묵주기도 (　)
- 복음밥 :

240711 | 성 베네딕토 아빠스 기념일

📖 재   료 : 마태 10,14

🍲 레시피 : "누구든지 너희를 받아들이지 않고 너희 말도 듣지 않거든, 그 집이나 그 고을을 떠날 때에 너희 발의 먼지를 털어 버려라."

본당에 부임해서 신자들의 영적 발전을 위해, 신앙생활의 즐거움을 위해, 이런저런 기도 모임과 행사를 기획해서 진행하고 있습니다. 신자들도 기획한 행사에 참석하고, 함께 하며 영적인 즐거움과 기쁨들을 느끼는 모습을 보니 행복한 마음이 듭니다. 하지만 때로는 긴 시간 준비하고 함께하고자 초대해도, 아예 반응하지 않는 분들이 있습니다.

본당 시노드를 개최하고 준비하고 완성해 나가며 많은 분이 교회의 주인은 '우리 모두'임을 확인하고 다음에도 함께 하겠다고 말씀하셨습니다. 그러나 주일미사 중에 그 결과를 신자들의 얼굴을 바라보며 설명하고 있는데, 아무리 설명해도 눈을 꼭 감고, 참가하자고 초대해도, 깍지 낀 손을 풀지 않으며, 표정은 '저런 것 그만하고 미사나 빨리해서 끝내주지.' 하는 표정을 짓는 분들이 있어서 기운이 빠질 때가 있습니다. 예전 같았으면 그런 표정의 분들을 보면 지쳐서, 다음으로 나갈 힘이 떨어졌을 텐데, 요즘은 그런 일이 있어도 금방 털어버리고, 앞으로 나아가고자 노력합니다. 그 이유는 주님을 알리고자 하는 나의 몫인 씨 뿌리는 역할을 다했고, 주님께서는 어떤 방법이든지 그 열매를 맺고자 노력하실 것이기 때문입니다. 그러니 인간적인 불편함을 가지고 있는 것보다는, 훌훌 털어버리고, 주님의 일을 위해 앞으로 나아갈 방법을 찾는 것이 필요한 것입니다.

오늘 복음에서 예수님께서는 제자들을 파견하시며 다음과 같이 말쓰하십니다. "누구든지 너희를 받아들이지 않고 너희 말도 듣지 않거든, 그 집이나 그 고을을 떠날 때에 너희 발의 먼지를 털어 버려라." 교회 안에서 봉사나 선교를 하다 보면 기쁠 때도 있지만 허무하게 느껴질 때도 있습니다. 그런 마음이 들 때 우리의 역할을 바라봐야 합니다. 주님을 알리고 주님을 전하는 것, 그리고 그 후에 느껴지는 불편한 감정은 털어 버리는 것, 그렇게 앞으로 나아간다면 주님께서는 우리의 일 안에서 열매 맺는 생활을 완성하게 해주실 것입니다. 주님을 통해 힘을 얻고 앞으로 나아가는 우리가 되기를 성부와 성자와 성령의 이름으로 기도드립니다. 아멘.

나만의 복음밥

- 재 료 :
- 레시피 :
- 고 명 : 매일미사 (   ), 복음묵상 (   ), 성체조배 (   ), 묵주기도 (   )
- 복음밥 :

240712 | 연중 제14주간 금요일

📖 재　료 : 마태 10,22
🥣 레시피 : "끝까지 견디는 이는 구원을 받을 것이다."

철학자 니체는 이런 말을 했습니다. "먼 곳으로 항해하는 배가 풍파를 만나지 않고 조용히 갈 수만은 없다. 풍파는 언제나 전진하는 자의 벗이다. 차라리 고난 속에 인생의 기쁨이 있다. 풍파 없는 항해! 얼마나 단조로운가? 고난이 심할수록 내 가슴은 뛴다."

신자들을 통해 삶의 고통스러운 부분을 들으면 어떤 말을 해드리기보다 끝까지 들어드리려고 애를 씁니다. 그리고 종종 '고통이 없으면 참 좋겠다.'라는 생각을 해봅니다. 고통이 없으면 아프지도 않고, 고통이 없으면 힘들지도 않고, 고통이 없으면 괴롭지도 않을 것이기 때문이죠.

그런데 고통이 없으면 우리는 성장하지 못하고, 고통이 없으면 은총을 발견하지 못하며, 고통이 없으면 결국 하느님을 찾지 않을 것입니다. 고통은 맞서는 만큼 남들이 가지 못한 곳으로 우리를 인도할 것입니다. 그곳에서 우리는 끝내 하느님을 체험하게 될 것입니다.

오늘 복음에서 예수님께서는 다음과 같이 말씀하십니다. **"끝까지 견디는 이는 구원을 받을 것이다."** 오늘도 우리는 각자 인생이라는 배에 주님을 선장으로 모시고 고통이라는 바다로 나아갈 것입니다. 고통을 마주하기 힘들다고 주님이 잡고 계신 키를 빼앗지 마십시오. 주님께서 끝까지 앞으로 나아가게 키를 내어 드린다면 어느새 배는 은총의 섬에 도착해 있을 것입니다. 주님과 함께 발맞추어 나가며 고통을 넘어 은총의 열매를 맺는 우리가 되기를 성부와 성자와 성령의 이름으로 기도드립니다. 아멘.

나만의 복음밥

- 재 료 :
- 레시피 :
- 고 명 : 매일미사 (   ), 복음묵상 (   ), 성체조배 (   ), 묵주기도 (   )
- 복음밥 :

240713 | 연중 제14주간 토요일

📖 재　료 : 마태 10,30-31

🥣 레시피 : "그분께서는 너희의 머리카락까지 다 세어 두셨다. 그러니 두려워하지 마라. 너희는 수많은 참새보다 더 귀하다."

초등학교에 다닐 때 성당에서 "그분께서는 너희의 머리카락까지 다 세어 두셨다."라는 오늘 복음 말씀을 들으면 친구들과 했던 행동이 있었습니다. 그것은 바로 친구의 머리카락 개수를 세는 것이었습니다. 하나, 둘, 셋..., 백, 하다 보면 까먹고 자꾸 반복해서 잊어먹곤 했습니다. 호기로운 마음으로 반복해서 도전하지만 결국 포기했습니다. 왜냐하면, 제 힘으로는 불가능한 것이고, 과학적으로도 대략 얼마의 머리카락이 있는 것을 추측할 뿐, 정확하게 한 사람의 머릿속에 몇 개의 머리카락이 있는지 알 수 없기 때문입니다.

오늘 복음에서 예수님께서는 다음과 같이 말씀하십니다. **"그분께서는 너희의 머리카락까지 다 세어 두셨다. 그러니 두려워하지 마라. 너희는 수많은 참새보다 더 귀하다."** 자녀가 부모의 취향과 습관을 자세하게 아는 이는 거의 보지 못했습니다. 하지만 대부분의 부모는 자신의 살에서 나온 자녀의 성격과 취향, 습관 등을 파악하여 알고 있습니다. 그 이유는 자신의 자녀이기 때문입니다. 한 인간도 이런 마음인데 우리의 육신을 만드시고 영혼까지 불어넣어 주신 하느님께서도 당신 자녀의 모든 것을 알고 계실 것입니다. 이런 주님이 계심에도 우리는 주님의 존재를 인식하기보다는 각자의 어려움과 두려움과 아픔이 마음을 가려 주님께서 내 곁에 계시다는 사실을 잊을 때가 있습니다.

오늘 하루를 살아가며 이런 마음이 든다면 무작정 앞으로 가던 길을 멈추고, 잠시 나를 향해 말씀하시는 주님의 음성을 들었으면 좋겠습니다. 그 음성에 귀를 기울인다면 주님께서는 우리에게 이렇게 말씀해 주시며 힘을 주실 것입니다. "**그분께서는 너희의 머리카락까지 다 세어 두셨다. 그러니 두려워하지 마라. 너희는 수많은 참새보다 더 귀하다.**" 주님께 마음을 향하고 의탁하는 우리가 되기를 성부와 성자와 성령의 이름으로 기도드립니다. 아멘.

나만의 복음밥

재　료 :
레시피 :
고　명 : 매일미사 (　), 복음묵상 (　), 성체조배 (　), 묵주기도 (　)
복음밥 :

240714 | 연중 제15주일

재   료 : 마르 6,11

레시피 : "어느 곳이든 너희를 받아들이지 않고 너희 말도 듣지 않으면, 그곳을 떠날 때 그들에게 보이는 증거로 너희 발밑의 먼지를 털어 버려라."

도보 성지 순례를 시작할 때는 준비해온 물건들을 가지고 개운한 마음으로 앞으로 나아갑니다. 목적지는 김대건 신부님의 유해가 있는 성당까지였습니다. 처음에 시작하여 앞으로 나갈 때는 그렇게 힘들다는 생각이 들지 않았습니다. 하지만 뜨거운 햇살 아래 그늘이 없는 곳을 걸으려니 몸이 점점 무거워지고, 살짝 핑~ 돌기까지 했습니다. 이렇게 걸어서는 안 될 것 같아, 그늘에서 쉬기로 했습니다.

신발을 벗고, 가방에 준비해온 간식과 물을 마시며 잠시 앉아 있으려니 일어나기가 싫어졌습니다. 그 마음이 커지자 점점 도보 순례의 의미를 잊어버린 채 게으름이 고개를 들고 저의 길을 방해하는 것 같았습니다. 더 지체하면 순례를 위한 마음이 젖은 낙엽처럼 땅바닥에 붙어 버릴까 봐 후다닥 신발을 신고, 가방을 정리하고 마음마저 털고 일어나 길을 나섰고, 순례를 무사히 마무리 지을 수 있었습니다.

오늘 복음에서 예수님께서는 제자들을 파견하시며 다음과 같이 말씀하십니다. **"어느 곳이든 너희를 받아들이지 않고 너희 말도 듣지 않으면, 그곳을 떠날 때 그들에게 보이는 증거로 너희 발밑의 먼지를 털어 버려라."** 예수님의 말씀대로 아무것도 지니지 않고 순례를 시작하면 어떤 마음이 들까요? 배도 고프고, 춥고, 외로운 마음일 것입니다. 그러다가 우연히 발견한 집에 들어가 복음을 전하고자 하는데 그들이 받아들이지 않으면 막막해집니다. 하지만 이미 지친 몸이기에 어쩔 수 없이 그 집에 머물렀으면 하는 마음이 커질 것입니다. 주님께서 "발밑에 먼지를 털어버려라."라고 말씀하신 이유는 "주님이 아니라 세상에 의탁하고자 하는 마음마저 다 털어버려라."라는 뜻으로 생각됩니다.

우리의 일상생활 안에서 주님의 말씀을 전하고 뜻을 전하는 데 있어 편한 쪽을 찾으려고 하고, 한번 자리를 잡으면 거기에 계속 머물며 더 도전을 하지 않으려고 합니다. 이런 마음이 들 때 과감히 자리에서 일어나 발에 묻은 미련까지 털어버리고 주님의 말씀을 전하며 나아가는 우리가 되기를 성부와 성자와 성령의 이름으로 기도드립니다. 아멘.

나만의 복음밥

재 료 :
레시피 :
고 명 : 매일미사 (   ), 복음묵상 (   ), 성체조배 (   ), 묵주기도 (   )
복음밥 :

240715 | 성 보나벤투라 주교 학자 기념일

재　　료 : 마태 10,34
레시피 : "내가 세상에 평화를 주러 왔다고 생각하지 마라. 평화가 아니라 칼을 주러 왔다."

　　하느님을 알고, 신자가 되고자 성당으로 오시는 분들과 교리를 하면서 이런 질문을 던져봅니다. "어떤 이유로 성당에 오게 되셨나요?" 그러면 대부분이 "나를 만드신 분이 어떤 분인지 궁금해서요." "구원받고 하늘나라에 가고 싶어서요." "신에게 온전히 투신한다는 게 어떤 마음인지 알고 싶어서요."가 아니라 "지금 하는 사업이 잘되지 않아서 마음의 안정을 찾으려고요." "부모님과 사이가 안 좋은데 성당에 오면 마음이 편해져서 행복해지려고요." "마음이 많이 우울하고 힘든데 마음의 평화를 얻고 싶어서요."라고 답을 하십니다. 그런데 돌아보면 성당에 다니는 이유로 평화를 얻는 것만은 아님을 오늘 복음에서 예수님께서 말씀해 주십니다. "내가 세상에 평화를 주러 왔다고 생각하지 마라. 평화가 아니라 칼을 주러 왔다."

　　평화를 주셔도 모자란 데 어떻게 칼을 주시는 것일까요? 그런데 가만히 돌아보면 칼의 의미는 무엇일까요? 칼은 묶이고, 붙어서 떨어지지 않는 것을 끊는 도구입니다. 이 말씀을 돌아보면 우리가 성당에 나오는 이유가 명확해집니다. 그것은 평화를 얻기 위한 것이 아니라 하느님께로 향하는 데 있어 방해되는 것들을 끊을 힘을 키우는 것입니다. 하는 사업을 위한다는 이유로 거짓말을 하는 마음을 주님의 칼로 잘라버리고, 부모님과 사이가 안 좋게 만드는 나의 고집을 잘라버리며, 마음이 우울하기에 모든 것이 힘들다고 하는 나의 나약함을 잘라버리는 것입니다. 그렇게 주님께서 주신 칼을 잘 갈아서 사용할 힘을 달라고 청하는 것이 성당에 나오는 이유인 것입니다.

주님께서는 오늘도 성당으로 우리를 부르십니다. 그 안에는 감실이라는 숫돌이 있습니다. 그 돌 위에 주님이라는 칼을 올려놓고, 주님이 아닌 것들을 끊을 수 있게 칼을 가는 우리가 되기를 성부와 성자와 성령의 이름으로 기도드립니다. 아멘.

나만의 복음밥

- 재 료 :
- 레시피 :
- 고 명 : 매일미사 (   ), 복음묵상 (   ), 성체조배 (   ), 묵주기도 (   )
- 복음밥 :

240716 | 연중 제15주간 화요일

📖 재 료 : 마태 11,20
🥣 레시피 : "그들이 회개하지 않았기 때문이다."

 조카들을 보고 있으면 세 명이 아등바등 서로 사랑을 더 받아보겠다고 애쓰는 모습이 보입니다. 첫째는 원래 풍족히 받았던 사랑을 그대로 계속 받으려고 애쓰고, 둘째는 첫째에게 쏠리는 사랑을 자신도 받고자 애씁니다. 또, 막내는 첫째와 둘째에게 가는 사랑을 나누어 받으려고만 합니다.

 그렇게 지내다가 서로 사랑을 받고자 하는 마음이 넘치게 되면 결국 형제는 싸우게 되고, 모든 야단은 첫째가 다 받아 듣게 됩니다. 이유는 '첫째'이기 때문입니다. "너는 많은 사랑을 받았고, 첫째니까 좀 참아도 되는데 왜 그렇게 동생들한테 나눠주지 않으려고 그러느냐"는 이야기를 듣습니다. 지금이야 컷으니 그게 보이지 저도 어렸을 때는 첫째도 똑같은 자녀인데 왜 나한테만 이러나 싶었습니다. 그런데 커서 보니까, 동생보다 저는 2년이나 더 사랑을 받았기에, 그 사랑에 맞는 책임을 갖는구나 싶습니다.

 예수님께서는 코라진과 벳사이다를 야단치실 때 이런 말씀을 하십니다. "예수님께서 당신이 기적을 가장 많이 일으키신 고을들을 꾸짖기 시작하셨다." 그것은 바로 세상 사람들보다 더 많이 받았던 예수님의 사랑을 기억하고, 자신의 잘못이 있다면 그 잘못에서 돌아오라는 말씀인 것입니다. 예수님께서는 야단치는 이유를 이렇게 말씀하십니다. **"그들이 회개하지 않았기 때문이다."**

 우리 인생에서 어려움을 만난다면 주님께서 우리를 가장 사랑하셨던 순간을 떠올렸으면 좋겠습니다. 그 사랑 안에 머물렀던 순간을 기억하는 것이 주님께 돌아가는 순간이고, 그때가 회개의 때입니다. 그렇게 주님이 사랑하는 순간을 떠올리고 회개하는 것이, 심판 날에 견딜 수 있는 힘이 될 것입니다. 주님의 목소리에 귀를 기울여 우리의 마음을 강건하게 하는 오늘 하루가 되기를 성부와 성자와 성령의 이름으로 기도드립니다. 아멘.

나만의 복음밥

- 재 료 :
- 레시피 :
- 고 명 : 매일미사 (   ), 복음묵상 (   ), 성체조배 (   ), 묵주기도 (   )
- 복음밥 :

240717 | 연중 제15주간 수요일

재　　료 : 마태 11,25

레시피 : "아버지, 하늘과 땅의 주님, 지혜롭다는 자들과 슬기롭다는 자들에게는 이것을 감추시고 철부지들에게는 드러내 보이시니, 아버지께 감사드립니다."

　　아버지께서 늑막의 농양으로 문제가 있는 피부를 제거하는 수술을 받으셨을 때였습니다. 병원에 모시고 갔다가 집에 돌아오는 길에 아버지께서는 지난번 대장암과 항암치료를 마치고 얼마 안 있어 꾸셨던 꿈에 대해 말씀해 주셨습니다. 아버지의 꿈에 예수님께서 나오시어 모습은 감추신 채, 목소리로 이런 말씀을 아버지께 하셨다고 합니다. "아들아, 어둠 속에 있지 말고 빛으로 나와라, 그간 수고 많았다." 아버지는 이 말씀을 듣고 가슴이 먹먹해지고, 감사한 마음에 눈물이 펑펑 쏟아졌다고 하셨습니다.

　　아버지와 대화를 마치고 사제관으로 돌아오는데 문득 이런 생각이 들었습니다. '나도 기도를 계속하고 어머니도 기도를 계속하는데, 우리 집에서 기도를 제일 안 하는 아버지께 왜 예수님이 나타나셨을까?' 그것에 대해서 며칠간 곰곰이 생각해 봤습니다. 그러고 나서 내린 결론은 마지막 항암치료를 남겨두고 그간 몸과 마음이 지쳐있을 당신을 위해 주위에서 열심히 기도해 주는 이들이 있다는 것을 아버지께 알려주어 위로를 얻을 수 있도록 하기 위하여 나타나신 것이 아닐까 하는 생각이 들었습니다. 저에게는 나타나지 않으셨지만 예수님을 체험한 아버지를 통해 저도 예수님을 체험하고 마음이 뜨거워졌으니 결국, 저도 예수님을 체험하고, 이 말씀을 듣는 분들도 예수님을 체험하는 것입니다. 하지만 우리가 '저 사람은 기도도 안 하는데 나타나고, 나는 기도도 무지 열심히 하는데 안 나타나시네.' 하며 비교하는 순간 타인을 통해 오는 예수님조차 알아보지 못하고 느끼지도 못하는 것입니다.

오늘 복음에서 예수님께서는 다음과 같이 말씀하십니다. **"아버지, 하늘과 땅의 주님, 지혜롭다는 자들과 슬기롭다는 자들에게는 이것을 감추시고 철부지들에게는 드러내 보이시니, 아버지께 감사드립니다."** 주님께서는 당신의 모습을 미사를 통해서, 이웃을 통해서, 관계를 통해서 드러내십니다. 우리가 주님을 아는 지식이 많다고, 내가 전례를 잘 안다고, 내가 신앙을 오래가졌다고 '지혜롭다는 자와 슬기롭다는 자'가 되려 한다면 주님을 발견하지 못하고, 주위에서 다가오시는 주님도 느끼지 못할 것입니다. 그럴 때는 우리의 지식과 경험을 주님 앞에 놓아두고 겸손한 철부지로 살아간다면 동서남북 어디서든 다가오시는 주님을 느끼고 체험할 수 있을 것입니다. 철부지의 마음으로 주님을 체험하고 느끼고 사랑하는 오늘이 되기를 성부와 성자와 성령의 이름으로 기도드립니다. 아멘.

나만의 복음밥

- 재 료 :
- 레시피 :
- 고 명 : 매일미사 (　), 복음묵상 (　), 성체조배 (　), 묵주기도 (　)
- 복음밥 :

240718 | 연중 제15주간 목요일

재　료 : 마태 11,30
레시피 : "정녕 내 멍에는 편하고 내 짐은 가볍다."

　저는 밖에 나가 운동하기보다는 방에서 유튜브를 보면서 운동을 하는 것을 즐겨 합니다. 보통 헬스장에서 근육을 키울 때는 기구를 이용해서 무게를 올려가며 근육을 키웁니다. 하지만 집에서 하는 운동은 근력을 키울 수는 있지만 근육은 생각만큼 잘 커지지 않습니다.
　유튜브에서 맨몸 운동으로 근육을 키우는 방법을 찾아보니 공통적으로 이런 이야기를 합니다. "자신의 몸의 중량은 정해져 있으니 횟수를 늘려보세요. 예를 들어, 팔 굽혀 펴기를 할 때 내가 할 수 있는 최대치를 하고 마지막 한 개를 더 하는 거예요. 그러면 그 한 개가 편해질 때가 올 것이고요. 그렇게 '한 개 더, 한 개 더' 할 때마다 근육이 커지며 내가 처음에 가능할까라고 생각했던 횟수를 넘어서 더 쉽게 더 많이 할 수 있을 거예요." 실제로 가르쳐 준 대로 할 수 있을까 싶을 때까지 억지로 하나씩 더 했고, 그럴때 근육에 자극도 가고 다음에는 그 이상도 할 수 있을 것 같은 생각이 들었습니다.
　살아가다 보면 '나에게 왜 이런 어려운 일이 생길까? 내가 이 일을 넘을 수 있을까?' 하는 걱정이 우리를 휘감을 때가 있습니다. 이때 포기하고 싶은 마음이 들고 실제로 포기하기도 합니다. 저도 억지로 하라는 말을 하고 싶지는 않습니다. 하지만 분명 주님께서 우리에게 그 일을 일으키셨을 때는 그 일을 통해 우리의 영적 근육을 키울 기회를 주셨다는 것과 그것을 이길 힘이 아니라 버틸 힘을 주셨다는 것입니다. 그 일을 충실히 버텨냈을 때 다음에 그것과 비슷한 무게로 다가오는 어려움은 아무것도 아니었음을 버틴 사람들은 알 수 있습니다. 그러니 한번 버틸 수 있는 만큼 버텨보시기를 권해봅니다.

오늘 복음에서 주님께서 말씀하십니다. **"정녕 내 멍에는 편하고 내 짐은 가볍다."** 주님께서 주신 멍에를 지고 버티다 보면 다른 것보다 금방 편하고 가볍다는 것을 느끼게 될 것입니다. 오늘 하루 우리에게 주어진 어려움을 온전히 버텨 영적 근육을 성장시키는 우리가 되기를 성부와 성자와 성령의 이름으로 기도드립니다. 아멘.

나만의 복음밥

- 재　　료 :
- 레시피 :
- 고　　명 : 매일미사 (　), 복음묵상 (　), 성체조배 (　), 묵주기도 (　)
- 복음밥 :

240719 | 연중 제15주간 금요일

📖 재　료 : 마태 12,5
🍲 레시피 : "안식일에 사제들이 성전에서 안식일을 어겨도 죄가 되지 않는다는 것을 율법에서 읽어 본 적이 없느냐?"

　　교회 안에서 신자들을 만나다 보면 종종 전통이라는 말로 자신의 의견을 주장하시는 분들을 볼 수 있습니다. 무슨 일을 함께 추진해야 할 때도 그들은 전통이라는 말로 브레이크를 겁니다. "신부님! 제가 알기로는, 신부님! 제가 있을 때부터, 신부님! 제가 듣기로는, 그런 일은 없었던 것으로 알고 있는데요."

　　그 말을 듣고 존중해 주는 마음으로 받아들여 주면 본인의 말이 옳은 줄 알고 계속 그런 식으로 반응을 합니다. 그러던 어느 순간 그분께 "언제부터 그런 줄 알고 계셨어요?"라고 여쭤보면 그분은 "제가 여기에 들어왔을 때부터 안 했으니까요. 그전에도 안 했을 거예요."라고 하던지, 아니면 "제가 들어왔을 때 선배에게 들었어요."라고 하며 명확한 근거가 없는 말을 합니다. 우리가 정확하게 삼아야 할 근거는 무엇일까요? 그것은 바로 성경입니다. 교회 안에서 사람들이 모여 활동하고 기도하고, 봉사하는 것은 내 개인적인 이익과 욕망을 채우고 업적을 만들려는 것이 아니라. '하느님의 나라를 이 땅에 만들기 위해서'입니다. 성경을 잘 읽고 이해하고, 변화되었다면 자신이 들은 전통을 이야기 하는 것이 아니라 성경에서 이야기하는 전통 즉, 하느님에게서 오는 사랑을 이야기할 것이라는 생각이 듭니다.

　　오늘 복음에서 바리사이들은 율법이라는 기준으로 예수님의 제자들이 한 행동을 판단하고 전통에 어긋난다고 이야기합니다. 이에 예수님께서는 다음과 같이 말씀하십니다. **"안식일에 사제들이 성전에서 안식일을 어겨도 죄가 되지 않는다는 것을 율법에서 읽어 본 적이 없느냐?"** 교회 안에서 행동할 때, 공동체가 한마음으로 행동할 때 판단의 기준으로 삼아야 하는 것은 우리가 알고 있는 전통이 아니라 성경임을 잊지 않는 하루가 되었으면 좋겠습니다. 그것을 잊지 않는다면 전통 너머 있는 하느님의 사랑과 그 사랑을 통해 이 세상에 드러날 하느님의 나라를 완성하게 될 것입니다. 우리 모두 공동체의 걸림돌이 아니라 디딤돌이 되는 오늘을 살기를 성부와 성자와 성령의 이름으로 기도드립니다. 아멘.

나만의 복음밥

- 재 료 :
- 레시피 :
- 고 명 : 매일미사 (　), 복음묵상 (　), 성체조배 (　), 묵주기도 (　)
- 복음밥 :

240720 | 연중 제15주간 토요일

📖 재　료 : 마태 12,20
🥣 레시피 : "그는 올바름을 승리로 이끌 때까지 부러진 갈대를 꺾지 않고 연기 나는 심지를 끄지 않으리니"

억울한 일을 당하면 보통 어떻게 하시나요? 대부분은 억울함이 마음속에서 불처럼 타올라서 혼자 뜨거움을 견디지 못해 다른 이들에게 억울함의 불을 전합니다. 그렇게 가까운 사람들을 만나 하소연하고, 험담하며 억울함의 불을 나누고 하얗게 태웁니다. 그리고 곧 아무것도 남아있지 않는 허무함에 이야기를 하고도 허탈해합니다. 왜 그렇게 마음속에 들어갔다 나온 것처럼 잘 아냐고요?

저도 그렇게 사니 잘 압니다. 그래도 시간이 갈수록 조금씩, 조금씩 달라집니다. 그것은 우리가 주님을 믿고 그분의 말씀과 모습 안에서 답을 찾으려 하기 때문입니다. 그러기에 우리를 일컬어 '신앙인'이라고 하는 것입니다.

억울하기로 하면 누가 제일 억울할까요? 아마 예수님께서 제일 억울하지 않을까 싶습니다. 아버지 하느님의 명을 받들어 하고 싶은 것도, 할 수 있는 것도 많았음에도, 침묵을 지키고, 버티며, 아버지의 때가 오기를 기다리셨습니다. 예수님께서 보여주신 침묵의 인내와 끈기를 오늘 복음은 잘 묘사합니다. **"그는 올바름을 승리로 이끌 때까지 부러진 갈대를 꺾지 않고 연기 나는 심지를 끄지 않으리니"** 올바름을 승리로 이끌기 위해 내가 인내하고 있다는 것조차 세상에 드러내고 싶지 않기에 갈대를 꺾는 소리도 주의하고 연기 나는 심지의 불꽃을 죽이기 위해 손가락으로 비비는 소리까지 조심하심을 보게 됩니다. 저는 이것이 주님이 보여주신 참 인내의 진정한 모습이 아닌가 싶습니다. 세상 사람들이 알아주기를 바라는 인내가 아니라, 주님만이 들을 수 있게 행동하는 것, 우리가 그런 주님의 모습을 따르기에 우리는 주님의 이름에 희망을 걸게 되는 것입니다.

오늘 하루, 우리의 억울함을 풀기위하여 세상 사람들을 찾아다니려 하고 있다면, 그 발걸음을 잠시 성당으로 향하여 주님께 그 억울함을 드러내는 하루가 되기를 바라겠습니다. 그렇게 하여 주님께서 주시는 평화가 마음에 가득해 지기를 성부와 성자와 성령의 이름으로 기도드립니다. 아멘.

나만의 복음밥

- 재 료 :
- 레시피 :
- 고 명 : 매일미사 (   ), 복음묵상 (   ), 성체조배 (   ), 묵주기도 (   )
- 복음밥 :

240721 | 연중 제16주일

📖 재　료 : 마르 6,34

🍲 레시피 : "예수님께서는 배에서 내리시어 많은 군중을 보시고 가엾은 마음이 드셨다. 그들이 목자 없는 양들 같았기 때문이다. 그래서 그들에게 많은 것을 가르쳐 주기 시작하셨다."

　　하느님께서는 한 인간이 사제가 될 때 기도와 강복으로 당신의 영을 부어주십니다. 그러기에 사제로 제대 위에 설 때는 인간이 아니라 그리스도의 모습으로 미사를 봉헌하는 것이고, 성당 안에서는 아프고 힘들고 답답해하는 분들이 안수를 청할 때 그들의 병고가 치유되기를 바라는 마음으로 기도해 줘야 합니다.

　　저도 사제서품을 통해 주님의 영을 받았고, 그 영을 신자들을 위해 사용해야 하는 것은 당연합니다. 신부가 돼서부터 지금까지 한 번도 거절하지 않은 것이 하나 있습니다. 그것은 안수 요청입니다. 세상의 삶에서 지치고 힘들어 성전에 찾아오거나, 수술을 앞두고 불안해하시는 모습을 보면 공감하는 마음이 들며 저렇게 열심히 사시는데, 하느님이 저들의 병고를 거두어 가시기를 바라는 마음이 커집니다. 그러기에 안수 요청을 하면 어떤 일보다 우선으로 해드립니다. 왜냐하면, 아파본 적이 있었기에 아플 때 기다리는 게 힘들다는 것을 알기 때문입니다.

　　예수님께서도 그런 마음이셨을 것 같습니다. 가난과 굶주림으로 힘들어하는 사람들이 예수님이라는 희망 하나를 바라보며 당신을 따라왔을 때 배에서 내려 그들의 얼굴을 바라보며 가엾은 마음이 드셨을 것입니다. 그 모습을 복음은 다음과 같이 이야기합니다. "**예수님께서는 배에서 내리시어 많은 군중을 보시고 가엾은 마음이 드셨다. 그들이 목자 없**

는 양들 같았기 때문이다. 그래서 그들에게 많은 것을 가르쳐 주기 시작하셨다."

신자가 되기 위해 세례를 받거나 사제가 되기 위해 서품을 받는 것, 이 모든 것은 예수님의 마음을 닮기 위한 길이라는 생각이 듭니다. 오늘 하루 '나의 눈이 예수님의 눈이라면, 나의 마음이 예수님의 마음이라면, 나의 몸이 예수님의 몸이라면 어떻게 했을까?'라고 생각하며 살아간다면 일상에서 만나는 모든 사람을 주님의 사랑 안에서 대할 수 있을 것입니다. 주님의 사랑을 통해 사랑을 세상에 드러내는 우리가 되기를 성부와 성자와 성령의 이름으로 기도드립니다. 아멘.

나만의 복음밥

- 재 료 :
- 레시피 :
- 고 명 : 매일미사 (   ), 복음묵상 (   ), 성체조배 (   ), 묵주기도 (   )
- 복음밥 :

240722 | 성녀 마리아 막달레나 축일

재 료 : 요한 20,16
레시피 : "라뿌니"

　신자 분들과 대화를 나누다 보면 기도에 대한 이야기를 할 때가 있습니다. 그분들의 공통점은 신앙생활을 하면 할수록, 기도를 하면 할수록, 쉬워지는 것이 아니라 더 어려워지고 잘 안된다고 말씀하십니다.
　그렇다면 저는 어떨까요?
　지난번 어느 성당에 미사를 부탁받고 갔는데 부제님이 실습을 나와 있었습니다. 부제님은 미사 준비를 하며 저에게 이렇게 말을 했습니다. "신부님 너무 떨려요. 심장이 쿵쾅거려요." 부제의 모습을 바라보면서 제가 부제 실습할 때가 생각이 났습니다. 하느님만 생각하면 가슴이 쿵쾅거리고, 미사를 봉헌하면서 늘 가슴 벅찬 감동이 밀려왔던 순간들이 저도 있었습니다.
　그런데 지금은 예전만큼 심장이 쿵쾅거리며 뛰지 않습니다. 왜 그럴까요? 그것은 제 마음의 집을 주님을 위해 내어 드려야 하는데, 그 안을 주님이 아니라 내가 원하고, 바라고, 생각하는 것들로 가득 채우고 있었기 때문이었습니다. 그런 것들을 비우지 못하고 있으니, 제 눈에는 주님이 아니라 일이 보이는 것이고, 주님을 찾으면서도 일도 함께 찾고 있기에 주님께서 나를 부르셔도 듣지 못하고 있었던 것이었습니다.
　기도는 어려운 것이 아닙니다. 주님께서 저를 부르시고 저는 그 소리에 응답하는 것이 기도입니다. 그런데 기도가 잘되지 않는다면, 나의 마음속을 바라봐야 합니다. '무엇으로 가득 채우고 있는지? 무엇을 버리지 못하고 있는지?' 우리가 그것들을 바라보고 비워나간다면, 주님께서 다가오시어 우리의 이름을 부르실 때 우리의 마음은 떨리고 설레며, 주님을 **"라뿌니"**, 스승님이라고 부르게 될 것입니다. 오늘 하루 주님을 부르며 주님을 발견하고 주님과 함께 기도를 봉헌하는 우리가 되기를 성부와 성자와 성령의 이름으로 기도드립니다. 아멘.

나만의 복음밥

- 재 료 :
- 레시피 :
- 고 명 : 매일미사 (   ), 복음묵상 (   ), 성체조배 (   ), 묵주기도 (   )
- 복음밥 :

240723 | 연중 제16주간 화요일 또는 성녀 비리지타 수도자

📖 재　　료 : 마태 12,50
🥣 레시피 : "하늘에 계신 내 아버지의 뜻을 실행하는 사람이 내 형제요 누이요 어머니다."

　예전에 한 달 피정을 마치는 신부님들을 응원하러 수원의 말씀의 집을 다녀온 적이 있었습니다. 도착해서 기다리고 있던 신부님들 얼굴을 바라보니 하느님을 온전히 느낀 사람들처럼 환했습니다. 식사를 하며 신부님들께 "피정하면서 어떤 게 제일 힘들었고 어떤 게 제일 좋았는지?" 물어봤습니다. 저의 질문에 신부님들은 "매일 정해진 기도를 해야 하는 게 힘들었고, 그 기도를 마칠 때 제일 좋았다."라고 말씀하셨습니다.

　그 말을 들으며 제가 한 달 피정할 때가 생각났습니다. 매일 주어지는 기도 주제가 있었고, 한 주제마다 준비 기도, 본 기도, 마침 기도까지 시간이 솔찬히 걸렸습니다. 처음에는 해야 하니까 적응해야 하니까 무작정 했는데, 뒤로 갈수록 힘들었던지 꾀가 났습니다. 그런데 이 피정이 독특한 것은 제 뜻을 세우려 하면 할수록 잔머리를 쓰면 쓸수록 영성 신부님과 면담을 할 때 기도가 잘 되었는지 아닌지 드러나게 됩니다.

　꾀를 부리다 면담에 들어가면 신부님께서는 어김없이 이렇게 말씀하셨습니다. "베드로, 하느님의 뜻을 알려면, 너의 뜻을 내려놔야 해. 네 뜻을 지키려고 하면 할수록 주님의 뜻은 보이지가 않게 돼." 그런데 면담을 하면 할수록 내 뜻은 내가 하고 싶은 것만 하려 하고, 주님의 뜻은 내가 하기 싫은 것을 향하고 있으니, 그 마음을 줄타기하며 피정을 진행하다 주님의 뜻을 겨우 물어볼 준비가 됐을 때 피정이 아쉽게 끝난 기억이 납니다.

세례를 받았을 때 우리는 주님을 아버지라고 고백합니다. 하지만 때때로 아버지 하느님을 내가 필요할 때, 내 뜻을 실현할 도구로 삼을 때가 종종 있습니다. 이런 우리들에게 주님께서는 참 자녀가 되는 방법을 다시금 알려 주십니다. **"하늘에 계신 내 아버지의 뜻을 실행하는 사람이 내 형제요 누이요 어머니다."** 오늘 하루를 살아가며 내 뜻을 이루기 위해 주님의 자녀가 되었는지 주님의 뜻을 이루기 위해 자녀가 되었는지 돌아보면 좋을 것 같습니다. 자신의 뜻은 내려놓고, 주님의 뜻을 이루며 살아가는 우리가 되기를 성부와 성자와 성령의 이름으로 기도드립니다. 아멘.

나만의 복음밥

- 재 료 :
- 레시피 :
- 고 명 : 매일미사 ( ), 복음묵상 ( ), 성체조배 ( ), 묵주기도 ( )
- 복음밥 :

240724 | 연중 제16주간 수요일

재 료 : 마태 13,9

레시피 : "귀 있는 사람은 들어라."

지난번에 이런 이야기를 들었습니다. 고해소에 어떤 자매님이 들어오셔서 고해성사를 하기 시작하였습니다. "신부님 저는 얼굴이 너무 예뻐서 아침마다 거울을 보고 깜짝깜짝 놀라요. 이렇게 이쁜 것도 죄인가요?" 그 말을 듣고 있던 신부님께서 고해소 커튼을 살짝 올려서 자매님의 얼굴을 바라보시곤 이렇게 말씀하셨습니다. "자매님 착각은 죄가 아닙니다."

우리는 살아가며 내가 보고 싶은 대로 보고 내가 듣고 싶은 대로 듣습니다. 그러다 보니 주님께 청하는 기도도 내가 원하는 답이 나오지 않으면 주님께 쉽게 실망하고, 돌아서게 되곤 합니다.

그 이유에 대해 주님께서는 씨 뿌리는 사람의 비유를 통해 말씀하십니다. 그리고 마지막 말씀으로 **"귀 있는 사람은 들어라."**라고 하십니다. 이 말씀의 뜻은 "너의 마음 밭이 돌 밭인지, 가시덤불인지 확인하고, 주님의 말씀이 잘 심어질 수 있게 너의 마음의 밭을 곱게 갈아 놔라."라고 말씀하시는 것 같습니다.

오늘 하루를 시작하며 우리 마음 밭은 어떤 상태인지 바라보셨으면 좋겠습니다. 그리고 주님의 말씀이 들어와 많은 열매를 맺을 수 있는 비옥하고 좋은 밭으로 바꾸는 우리가 되기를 성부와 성자와 성령의 이름으로 기도드립니다. 아멘.

나만의 복음밥

- 재　료 :
- 레시피 :
- 고　명 : 매일미사 (　), 복음묵상 (　), 성체조배 (　), 묵주기도 (　)
- 복음밥 :

240725 | 성 야고보 사도 축일

📖 재   료 : 마태 20,27
🥣 레시피 : "너희 가운데에서 첫째가 되려는 이는 너희의 종이 되어야 한다."

　신앙(信仰)이란 말의 한자 뜻은 '믿을 신(信)' 자에 '우러를 앙(仰)'이 합쳐진 단어입니다. 그 뜻은 '스스로 믿고 받들어 공경하는 마음을 갖는다.'라는 말로, 무조건 복종하는 반항심이 없는 노예 상태를 말합니다. 즉 스스로 결정하여 주님의 종으로 그분의 뜻을 실천하며 살아가는 주님의 종이 되는 것을 신앙이라고 합니다. 그런데 우리는 신앙, 신앙심에 대해서 입으로 이야기하면서 이 뜻을 정확하게 이해하고 사용하는 경우는 거의 없습니다.

　성당을 다니고 의례 사람들이 신앙이라 말을 하기에, 신앙에 대해서 입으로 이야기는 해도 정작 신앙을 몸으로 살지 못하는 경우가 있습니다. 특히 성당 안에서 봉사하면서 우리에게 불편한 부분이 생긴다면 참지 못하고 이야기하는 분들을 볼 때마다 정말 신앙이라는 것을 생각한다면 저렇게 행동하지 않았을 텐데 아쉽습니다. 하느님의 뜻을 따른다고 하면서도 그 뜻이 나와 다를 때는 주님의 뜻보다는 자신의 뜻을 우선시하는 경우를 보게 됩니다.

　오늘 복음에서 예수님께서는 자기 뜻대로 주님의 뜻을 파악하고자 하는 제자들에게 올바른 신앙을 갖는 법을 다음과 같이 말씀하십니다. **"너희 가운데에서 첫째가 되려는 이는 너희의 종이 되어야 한다."**

　'주님의 종이 되어야지' 라고 말로만 하는 것이 아니라 매 순간 진정 주님의 종으로 살아가기를 바랍니다. 생각은 수도 없이 종이 되어야지 하면서도 종이 되어야 하는 순간 주인이 되고자 애쓰는 제 모습을 봅니다. 신앙이라는 말을 쓰기 위해 자신의 의지를 내려놓고 진심으로 주님의 뜻으로 살아가는 우리가 되기를 성부와 성자와 성령의 이름으로 기도드립니다. 아멘.

나만의 복음밥

- 재　료 :
- 레시피 :
- 고　명 : 매일미사 (　), 복음묵상 (　), 성체조배 (　), 묵주기도 (　)
- 복음밥 :

240726 | 복되신 동정 마리아의 부모 성 요아킴과 성녀 안나 기념일

재　료 : 마태 13,23

레시피 : "좋은 땅에 뿌려진 씨는 이러한 사람이다. 그는 말씀을 듣고 깨닫는다. 그런 사람은 열매를 맺는데, 어떤 사람은 백 배, 어떤 사람은 예순 배, 어떤 사람은 서른 배를 낸다."

하느님의 은총을 발견하는데 있어서 농사만 한 것이 없습니다. 왜냐하면, 농사를 지어보면 자연의 흐름 안에 숨겨놓은 주님의 마음을 느낄 수 있기 때문이죠.

저도 작년 여름, 작은 텃밭을 만들어 상추를 심어 한철 잘 먹고 밭을 갈아줬습니다. 그 이유는 그간 상추 재배를 위해 놔두어 딱딱하게 굳어버린 땅에 숨을 불어넣어, 새로 심을 농작물이 뿌리를 잘 내리고 열매를 잘 맺게 하기 위함입니다.

오늘 복음에서 예수님께서는 다음과 같이 말씀하십니다. **"좋은 땅에 뿌려진 씨는 이러한 사람이다. 그는 말씀을 듣고 깨닫는다. 그런 사람은 열매를 맺는데, 어떤 사람은 백 배, 어떤 사람은 예순 배, 어떤 사람은 서른 배를 낸다."**

이와 같이 우리가 주님의 말씀을 잘 듣기 위해서는 우리 마음의 땅이 어떤 상태인지 살펴봐야 합니다. 관리를 하지 않아 돌처럼 딱딱한 상태로 놓여있는지, 아니면 주님의 말씀을 잘 심기 위해 때때로 잘 갈아놓았는지, 우리 마음 밭이 굳은 상태로 있다면 미사를 봉헌해도 좋은 말씀을 들어도 말씀은 마음 밭에 스며들지 못하고 뿌리내리지 못할 것입니다. 반면, 주님을 만나기 위해 마음 땅을 곱게 잘 갈아놓았다면 주님의 말씀이 내 마음에 놓이는 순간, 뿌리를 내리고 자라나 어떤 사람은 백

배, 어떤 사람은 예순 배, 어떤 사람은 서른 배를 내게 될 것입니다.

오늘 하루 내 마음 밭을 바쁘고 힘들다는 핑계로 딱딱하게 굳게 놔두었는지 아니면 주님의 말씀을 잘 받아들이기 위해 갈아놓았는지, 돌아보았으면 좋겠습니다. 마음의 상태를 바라보고, 잘 갈아두어 주님의 말씀이 백 배, 예순 배, 서른 배의 열매를 맺는 우리가 되기를 성부와 성자와 성령의 이름으로 기도드립니다. 아멘.

나만의 복음밥

재 료 :
레시피 :
고 명 : 매일미사 (   ), 복음묵상 (   ), 성체조배 (   ), 묵주기도 (   )
복음밥 :

240727 | 연중 제16주간 토요일

📖 재　　료 : 마태 13,29-30

🥣 레시피 : "아니다 너희가 가라지들을 거두어 내다가, 밀까지 함께 뽑을 지도 모른다. 수확 때까지 둘 다 함께 자라도록 내버려 두어라. 수확 때에 내가 일꾼들에게, 먼저 가라지를 거두어서 단으로 묶어 태워 버리고 밀은 내 곳간으로 모아들이라고 하겠다."

　　교회 공동체 내에서 문제가 생기면 이것을 해결하기 위해 보통 두 가지 길을 선택해야 합니다. 한 가지는 문제를 일으킨 당사자를 불러서 문제의 이유를 물은 다음에 책임을 지라고 하는 것입니다. 그런데 이 방법은 문제 해결은 되지만 사람을 잃어버리게 됩니다. 다른 한 가지는 문제가 일어난 원인도 알고 그 문제를 일으킨 당사자도 누군지 알지만 그를 위해 기도하고, 더욱 친절하게 대해 주는 것입니다. 그러면 그 사람에게서 두 가지 반응이 일어나는데 하나는 기도와 사랑을 통해 그 사람이 성화되어서 스스로의 문제를 고쳐나가거나 다른 하나는 자기 스스로의 부족한 면을 공동체가 보는 가운데 드러내서 그 자리를 떠나게 되는 상황입니다.

　　주님께서 복음을 통해 말씀하시는 바도 이와 같은 것 같습니다. "아니다 너희가 가라지들을 거두어 내다가, 밀까지 함께 뽑을지도 모른다. 수확 때까지 둘 다 함께 자라도록 내버려 두어라. 수확 때에 내가 일꾼들에게, 먼저 가라지를 거두어서 단으로 묶어 태워 버리고 밀은 내 곳간으로 모아들이라고 하겠다." 가라지 하나를 꺼내자고 다른 좋은 것을 상하게 하는 것보다는 가라지가 스스로 가라지 임을 드러낼 때까지 기다리라는 것, 그 기다림이 기도가 아닐까 싶습니다.

분명 우리가 사는 공동체에도 가라지가 있습니다. 그것이 다른 사람일 수도 있고, 나 일 수도 있습니다. 우리는 삶에서 어떤 열매를 맺고 있는지 바라봐야 합니다. 좋은 열매를 맺고 있는지 아니면 가라지처럼 주변을 힘들게 하고 정작 자기는 열매를 맺지 못하고 있는지?

　우리가 가라지인지, 좋은 씨인지는 자신이 들여다보면 보일 것입니다. 오늘 하루 주님께서 우리 마음속의 나쁜 가라지를 뽑으실 수 있도록 드러내는 용기를 청하는 우리가 되기를 성부와 성자와 성령의 이름으로 기도드립니다. 아멘.

나만의 복음밥

📖 재　료 :
🥣 레시피 :
🔔 고　명 : 매일미사 (　), 복음묵상 (　), 성체조배 (　), 묵주기도 (　)
🔔 복음밥 :

240728 | 연중 제17주일

📖 재　료 : 요한 6,15
🥣 레시피 : "예수님께서는 그들이 와서 당신을 억지로 모셔다가 임금으로 삼으려 한다는 것을 아시고, 혼자서 다시 산으로 물러가셨다."

　　인천교구 부제들은 지금 실습 중입니다. 저도 15년 전에 주안3동 성당에서 부제 실습을 했습니다. 기존에 있던 성당을 떠나 새로운 성당과 낯선 사람들이 있는 곳에 파견된다는 것은 떨림과 두려움을 함께 주었습니다. 다행히 좋은 주임신부님을 만나 함께 뜻깊은 시간을 보냈습니다. 실습 기간 중 저에게 주어진 임무는 미사 때 강론을 하는 것이었습니다. 신자들을 위해 열심히 준비를 했고, 강론을 하고 자리에 앉으면 주임신부님은 그때마다 "너무 좋아. 잘 들었어."라고 칭찬해 주셨습니다. 또 밖에 나오면 신자들은 "부제님, 강론이 너무 좋아요. 이런 강론을 들을 수 있어서 정말 행복해요."라는 말씀을 하셨습니다.

　　매번 강론할 때마다 칭찬을 들었는데, 그 칭찬은 어느 순간 저에게 독이 되었습니다. 왜냐하면, 어느 순간부터 주임신부님의 칭찬이나 신자들의 칭찬을 듣지 않으면 마음이 불안해졌기 때문입니다. 그때에 오병이어의 기적이 담긴 복음을 읽었는데 저는 오병이어의 기적보다 이 말씀이 더 눈에 들어왔습니다.

　　"예수님께서는 그들이 와서 당신을 억지로 모셔다가 임금으로 삼으려 한다는 것을 아시고, 혼자서 다시 산으로 물러가셨다."

　　예수님은 강론을 잘하는 것을 넘어 오천 명이나 되는 사람들을 배불리 먹이는 기적을 행하셨습니다. 그런 예수님을 향한 칭찬이 얼마나 컸을까요? 예수님께서는 그런 인간적인 말들에 휘둘리는 것을 원하지 않으셨습니다. 그것이 결국에는 하느님의 소리를 듣는데 장애가 된다는 것을 아셨기 때문입니다. 그러기에 혼자서 다시 산으로 즉, 하느님의 음성을 들을 수 있는 곳으로 가셨음을 복음을 통해 알 수 있습니다.

그 후로 사람들의 칭찬이 들리면 "들어주셔서 감사합니다."라는 인사만 드리고, 꼭 잠시 성전에 머물며 "이런 강론을 하게 해주심에 감사드립니다."라고 주님께 감사의 말씀을 드렸습니다.

우리 삶의 기운은 인간의 칭찬에서 오는 것이 아니라 하느님의 도우심이라는 것을 잊지 않는다면 인간의 입을 바라보는 것이 아니라 주님의 마음을 생각하게 될 것입니다. 주님의 말씀에 귀를 기울이며 살아가는 우리가 되기를 성부와 성자와 성령의 이름으로 기도드립니다. 아멘.

나만의 복음밥

- 재 료 :
- 레시피 :
- 고 명 : 매일미사 (   ), 복음묵상 (   ), 성체조배 (   ), 묵주기도 (   )
- 복음밥 :

240729 | 성녀 마르타와 성녀 마리아와 성 라자로 기념일

📖 재　료 : 요한 11,26
🍲 레시피 : "너는 이것을 믿느냐?"

　　그리스도교에서 믿음에 대한 응답은 기쁨도 아니요, 희망도 아니요, 영광도 아닙니다. 믿음에 대한 확실한 응답은 기쁨과 희망, 영광 가운데에서는 할 수가 없습니다. 그러면 언제 믿음에 대한 응답을 할 수 있을까요? 그것은 바로 고통을 마주할 때입니다. 우리가 예수님을 믿는 대부분의 이유는 기쁨과 희망과 영광을 얻기 위해서입니다. 하지만 고통이 다가오거나 고통을 마주하면 고통 안에 무엇이 담겨 있는지 확인하기보다는 이런 고통을 주신 주님은 진짜 하느님이 아니라며 피하려고 합니다.

　　오늘 복음을 통해 바라보는 마르타의 모습은 우리의 모습과 닮아 있습니다. 오빠의 죽음이라는 고통을 마주하기 싫어하는 마르타! 그런 오빠를 되살려 주러 오신 주님께 투정을 하는 마르타! 주님은 영광만을 주시는 분이라는 생각에 주님의 말씀을 못 알아듣는 마르타! 그럼에도 마르타는 주님께 물어보기를 멈추지 않습니다. 그런 그녀를 주님께서는 일깨워 주십니다. 그리고 마르타에게 물어보십니다. **"너는 이것을 믿느냐?"**

　　저는 복음을 묵상하면서 그 질문 앞에 이런 말이 있음을 보게 되었습니다. **"(고통을 넘어 영광이 있음을) 너는 이것을 믿느냐?"** 우리가 보통 주님을 찾을 때를 떠올려 봅시다. 그때는 즐겁고 행복할 때가 아니라 고통스럽고 괴로울 때가 더 많습니다. 그 순간 주님께서는 우리에게 물어보실 것입니다. **"너는 이것을 믿느냐?"** 그때 마르타와 같은 대답을 하는 우리가 되기를 바라봅니다. **"예, 주님! 저는 주님께서 이 세상에 오시**

기로 되어 있는 메시아시며 하느님의 아드님이심을 믿습니다." 주님께 참다운 응답으로 매일 매일 기적을 체험하는 우리가 되기를 성부와 성자와 성령의 이름으로 기도드립니다. 아멘.

나만의 복음밥

- 재 료 :
- 레시피 :
- 고 명 : 매일미사 (　), 복음묵상 (　), 성체조배 (　), 묵주기도 (　)
- 복음밥 :

240730 | 연중 제17주간 화요일

재 료 : 마태 13,41-42

레시피 : "그들은 그의 나라에서 남을 죄짓게 하는 모든 자와 불의를 저지르는 자들을 거두어, 불구덩이에 던져 버릴 것이다."

저에게 어떤 분이 여쭤봅니다. "이 세상에 불의를 저지르는 사람과 다른 사람을 죄짓게 하는 사람들은 잘 살고 그들에게 당하는 사람들은 못 사는데, 하느님은 왜 이런 것들을 그냥 보고 계시나요?"

'욕먹으면 오래 산다.'라는 속담이 있는 것처럼 살다 보니 착하게 살고 타인의 마음에 기쁨을 주는 이들은 하느님께서 금방 데려가시고, 자신이 하고 싶은 대로 다 하고, 타인의 마음에 고통을 주는 사람들은 오래 사는 것을 봅니다. 제가 하느님이라면 죄짓는 사람들을 더 빨리 데려가서 빨리 불구덩이에 넣어, 고통받게 할 텐데 하느님은 왜 그러실까 싶습니다. 그런데 오늘 복음을 묵상하다 보니 이런 생각이 들었습니다. 인간과 하느님이 바라보는 시간은 다릅니다. 인간에게 100년은 길지만, 하느님께 100년은 순간입니다. 그러기에 인간의 시간으로 생각하면 이해가 안 되는 것이 하느님의 시간으로 생각하면 이해가 됩니다. 즉, 착하게 사는 사람들, 타인에게 기쁨과 행복을 주는 사람을 일찍 데려가시는 이유는 더러운 세상에서 더 죄를 짓는 것보다 빨리 하늘나라에서 주님과 함께 머물게 하기 위함입니다. 반면에 죄를 짓는 사람을 오래 살게 하는 것은 그들에게 회개할 시간을 주기 위함이며, 이승에서 잠깐의 즐거움을 누리고 지옥에서 영혼이 녹아 없어질 때까지 고통받게 하심이 아닐까 싶었습니다.

오늘 복음에서 주님께서는 다음과 같이 말씀하십니다. "**그들은 그의**

나라에서 남을 죄짓게 하는 모든 자와 불의를 저지르는 자들을 거두어, 불구덩이에 던져 버릴 것이다." 저는 주님의 이 말씀을 굳게 믿습니다. 그러기에 생각나는 대로 이야기하고 자신의 감정대로 행동하는 사람들을 만나고, 경험할 때마다, 그들이 회개하여 행동이 달라지기를 바라며 화살기도를 합니다. 그 화살이 그들의 돌과 같은 마음에 실금을 만들어 주님의 은총을 체험하여 불지옥을 피하기를 바라봅니다. 오늘 하루 우리를 힘들게 하는 이들이 있다면 그들의 마음에 화살기도를 던져, 변화되기를 청하는 하루를 보내기를 성부와 성자와 성령의 이름으로 기도드립니다. 아멘.

나만의 복음밥

- 재 료 :
- 레시피 :
- 고 명 : 매일미사 (　), 복음묵상 (　), 성체조배 (　), 묵주기도 (　)
- 복음밥 :

240731 | 성 이냐시오 데 로욜라 사제 기념일

📖 재　　료 : 마태 13,44

☕ 레시피 : "하늘 나라는 밭에 숨겨진 보물과 같다. 그 보물을 발견한 사람은 그것을 다시 숨겨 두고서는 기뻐하며 돌아가서 가진 것을 다 팔아 그 밭을 산다."

생활의 달인이라는 방송을 보면 반복되는 생활 속의 습관이 몸에 배어서 거의 눈을 감고도 할 수 있는 경지에 이른 달인들을 보게 됩니다. 그들의 행동을 보면 입이 떡 벌어질 정도의 능력과 기술을 지니고 있음에 감탄을 금치 못하게 됩니다. 특히 산에서 약초를 캐는 사람들의 모습을 보면서 무척 놀라웠습니다. 방송국 관계자들과 함께 산을 오르는데, 그들은 아무것도 모르고 지나가는 길에서도 달인은 약초와 독초를 구별하고, 심지어 산삼까지도 발견하는 모습을 보게 됩니다. 놀란 방송국 관계자가 "제 눈에는 다 똑같은데 어떻게 그런 것들을 구별할 수 있나요?"라고 질문했습니다. 이 질문에 달인은 "약초에 대해서 공부하고 오래 바라보니 구별하고 찾을 수 있는 능력이 생겼어요."라고 답을 하셨습니다.

오늘 복음에서 예수님께서는 **"하늘 나라는 밭에 숨겨진 보물과 같다. 그 보물을 발견한 사람은 그것을 다시 숨겨 두고서는 기뻐하며 돌아가서 가진 것을 다 팔아 그 밭을 산다."**라고 말씀하십니다. 주님께서는 우리의 일상 안에 수도 없이 많은 보물을 숨겨 놓으셨습니다. 하지만 그것을 발견할 능력이 있는 사람만이 보물인 줄 알게 될 것입니다. 저는 그 보물을 찾은 사람들을 신앙인이라고 말하고 싶습니다. 하느님께 참 은총이 있음을 발견하고, 하느님께 참 생명이 있음을 발견하며, 하느님께 참 구원이 있음을 발견한 사람들, 그들은 그 은총과 생명과 구원을 얻기 위해 자신의 시간과 제물을 주님을 위해 봉헌하고, 주님 안에 머물고자 합니다.

주님께서는 오늘도 우리의 일상 안에 하늘 나라의 보물을 숨겨 놓으셨습니다. 우리가 그것을 발견하고자 애쓴다면 주님께서는 어느새 우리를 달인으로 만들어 주실 것입니다. 주님의 나라를 구하고, 발견하고 머무는 은총의 달인이 되기를 성부와 성자와 성령의 이름으로 기도드립니다. 아멘.

나만의 복음밥

재　료 :
레시피 :
고　명 : 매일미사 (　), 복음묵상 (　), 성체조배 (　), 묵주기도 (　)
복음밥 :

240801 | 성 알폰소 마리아 데 리구오리 주교 학자 기념일

📖 재   료 : 마태 13,47
🥣 레시피 : "하늘 나라는 바다에 던져 온갖 종류의 고기를 모아들인 그물과 같다."

가을이 되어 고구마 추수 때가 되면 한 형제님에게서 연락이 옵니다. 강화도 하점에서 고구마 농사를 지으시는 분인데, 형제님 댁 고구마는 너무 맛있어서, 둘이 먹다가 하나가 죽어도 모를 정도입니다. 추수 때가 되어 형제님께 연락이 오면 큰 차를 가지고 댁으로 찾아갑니다. 도착해서 형제님을 따라 비닐하우스에 들어가니 고구마가 산처럼 쌓여 있었고, 하나같이 다 맛있어 보였습니다. 형제님은 박스에 고구마를 담기 시작했는데, 어떤 것은 던져 버리고, 어떤 것은 박스 안에 넣고 계셨습니다. 저는 궁금해서 여쭤봤습니다. "형제님 제 눈에는 다 똑같은 고구마인데, 어느 것은 박스에 넣고 어느 것은 밖으로 던져버리시는 이유가 있나요?" 저의 물음에 형제님은 이렇게 답하셨습니다. "신부님 고구마가 다 한 땅에서 자라도 먹을 수 있는 것과 먹지 못하는 고구마가 생기더라고요. 어떤 부위에는 곰팡이가 슬고 어떤 부위에는 바람이 들어가 색이 변하고, 그런 것은 팔 수 없으니까요. 다 골라내서 버려요."

오늘 복음에서 예수님께서는 **"하늘 나라는 바다에 던져 온갖 종류의 고기를 모아들인 그물과 같다."**라고 말씀하십니다. 그 안에 물고기가 있다고 다 먹을 수 있는 게 아니라 좋은 물고기, 나쁜 물고기가 있고, 나쁜 것들은 그물에 담기지 못하고 버려진다고 말씀하십니다. 물고기도 잡힐 때까지 준비된 물고기가 그물에 들어가는 것이고, 고구마도 추수될 때까지 준비된 고구마가 상자에 담길 수 있는 것입니다. 즉, 완료되는 순간까지 어려움을 겪는 가운데에서도 최선을 다한 것들이 하느님 마음에 드는 좋은 것들로 거듭나는 것입니다. 물고기와 고구마와 마찬가지로 인간도 자기 삶에서 다가오는 여러 가지 고통 가운데에서 하느님의 은총을 담고 완성하도록 노력해야 한다고 봅니다. 그 노력의 발걸음을 멈추지 않을 때, 주님의 손으로 떠 올려 하늘나라에 들어가게 될 것입니다. 주님의 포근한 두 손에 담겨 완성의 발걸음을 향해 나아가는 우리가 되기를 성부와 성자와 성령의 이름으로 기도드립니다. 아멘.

나만의 복음밥

- 재 료 :
- 레시피 :
- 고 명 : 매일미사 ( ), 복음묵상 ( ), 성체조배 ( ), 묵주기도 ( )
- 복음밥 :

240802 | 연중 제17주간 금요일

📖 **재 료** : 마태 13,56-57

🍲 **레시피** : "저 사람이 어디서 저 모든 것을 얻었지? 그러면서 그들은 그분을 못마땅하게 여겼다."

1,990~2,000년까지는 싸이월드가 있었고, 2,000~2,010년까지는 네이버 블로그가 있었는데, 2,010년~현재에는 무엇이 이 시대의 미디어를 이끌어 가고 있나요? 바로 여러분이 보고 있는 유튜브입니다. 개인이 방송의 주인공이 되어, 프로그램을 만들고 구독자들이 보는 광고로 수익을 얻는 구조입니다.

그러다 보니 사람들의 호기심을 자극하는 프로그램일수록 구독자가 늘고, 그렇게 소득을 얻은 사람들 중에는 일 년에 20억을 번 사람도 있다고 합니다. 그런데 구독자 중 일부는 유튜브를 재미있게 보면서도, 유튜브 영상을 만드는 사람들이 적은 노동으로 많은 돈을 버는 것처럼 보여 그들에게 샘을 내며 도리어 나쁜 말을 하기도 합니다. 그렇게 샘을 내는 사람들의 모습을 본 미디어 전문가가 이런 말을 했습니다.

"유튜버들이 프로그램을 만들기 위해 얼마나 많은노력을 하는지 안다면 그런 시샘은 하지 않을 것입니다. 유튜브는 누구에게나 문이 열려 있습니다. 그것은 누구나 시작 하면 돈을 벌 수 있는 기회가 생기게 된 것이죠. 그렇다면 욕을 하고 있을 그 시간에 유튜버에 한번 도전해보는 게 어떨까요?"

참 신기하게도 사람들은 자신이 이루지 못한 것을 이루는 사람을 보면 칭찬하고, 응원하기보다는 부러워합니다. 그리고 그 부러움이 커지면 시기와 질투를 하다 흠집을 찾으려고 노력합니다.

예수님의 고향 사람들도 그런 마음이었던 것 같습니다. 똑같은 동네에서 똑같이 크고 똑같은 밥을 먹고 살았는데, 사람을 치유하고, 말씀에 권위가 있는 예수님의 모습에 칭찬해주고 응원해주기보다는 이렇게 말을 합니다. **"저 사람이 어디서 저 모든 것을 얻었지? 그러면서 그들은 그분을 못마땅하게 여겼다."** 예수님께서 하느님의 아들이었기에 뛰어난 부분도 있었지만, 우리보다 하느님께 더 많이 기도하고, 더 많이 매달리고, 더 많이 애원하셨습니다. 주님께서는 오늘도 우리에게 예수님과 닮을 수 있는 기회를 주셨습니다. 그것의 시작은 예수님 고향 사람들처럼 샘내는 것이 아니라, 칭찬과 응원의 말을 하는 것입니다. 그 마음의 시작이 더 큰 열매를 맺는 오늘이 되기를 성부와 성자와 성령의 이름으로 기도드립니다. 아멘.

나만의 복음밥

- 재 료 :
- 레시피 :
- 고 명 : 매일미사 (   ), 복음묵상 (   ), 성체조배 (   ), 묵주기도 (   )
- 복음밥 :

240803 | 연중 제17주간 토요일

재　료 : 마태 14,2
레시피 : "그 사람은 세례자 요한이다. 그가 죽은 이들 가운데에서 되살
　　　　아난 것이다. 그러니 그에게서 그런 기적의 힘이 일어나지."

지난번 동기 신부 중에 한 명이 이런 말을 했습니다 "우리가 나이를 먹을수록 누구에게 힘을 얻을 수 있겠어? 동기들한테 얻어야지. 우리는 서로가 하는 일을 지지해주고, 응원해주고 힘을 주자고." 우리가 살아가다 보면 마음을 지키기 위해 힘이 필요하다는 것을 느낄 때가 있습니다. 마음에 힘이 있으면 타인의 고통에 함께 아파해 줄 수 있고, 타인의 기쁨에 더 기뻐해 줄 수 있습니다. 하지만 마음에 힘이 없으면 타인의 고통에는 '내가 더 힘들어' 하고 타인의 기쁨에는 비아냥대곤 합니다.

내 마음에 힘이 있는지 없는지를 확인하는 방법은 다음과 같습니다. 일상 안에서 짜증이 늘었거나, 불평의 말이 많거나 화를 잘 낸다면 내 마음에 힘이 떨어졌다는 증거입니다.

헤로데는 하느님을 대신해서 이야기하는 요한의 말 대신에 세상의 말인 헤로디아의 말에 귀를 기울이면서 마음에 힘이 떨어졌습니다. 그러기에 불의한 줄 알면서도 불의한 행동을 하고 그 뒤로 자신이 죽인 세례자 요한의 이야기만 들어도 놀라고 깎아내리는 것입니다. **"그 사람은 세례자 요한이다. 그가 죽은 이들 가운데에서 되살아난 것이다. 그러니 그에게서 그런 기적의 힘이 일어나지."**

그러면 마음의 힘은 어디서 충전할 수 있을까요? 그것은 바로 기도 안에서, 주님 안에서 충전할 수 있습니다. 자신의 삶보다 타인의 삶에

집중하고 있음을 느낀다면, 아무리 바쁜 일이 있더라도 먼저 주님께로 달려가야 할 때임을 알아야 합니다. 그러면 주님께서 우리의 마음에 들어오시어 이렇게 말씀해 주실 것입니다. "많이 힘들었지? 많이 괴로웠지? 나한테 다 털어놔, 내가 너의 고통을 가져가고, 그 안에 사랑으로 가득 채워줄게."

오늘 하루 주님 안에 머물며 주님을 통해 타인의 고통에 함께 슬퍼하고, 타인의 기쁨에는 누구보다 기뻐할 수 있는 마음의 힘을 충전하는 우리가 되기를 성부와 성자와 성령의 이름으로 기도드립니다. 아멘.

나만의 복음밥

- 재 료 :
- 레시피 :
- 고 명 : 매일미사 (　), 복음묵상 (　), 성체조배 (　), 묵주기도 (　)
- 복음밥 :

240804 | 연중 제18주일

재 료 : 요한 6,29
레시피 : "하느님의 일은 그분께서 보내신 이를 너희가 믿는 것이다."

교회는 성직자와 수도자만으로 돌아가지 않습니다. 그 안을 구성하고 있는 신자 한 명, 한 명이 머물고, 살고, 봉사할 때 교회가 세워지며 움직이는 것입니다. 평일이든 주말이든 성당에 나와 하느님의 일을 완성하기 위해 봉사하는 분들을 보면 감사한 마음이 절로 나옵니다.

그런데 간혹 성당에서 봉사를 하면서 그것이 하느님의 더 큰 영광을 위해서가 아니라, 자신의 더 큰 영광을 위해서 활동하시는 분들이 계시고, 자신을 통해 예수님을 드러나게 하려는 게 아니라 자신이 드러나게 활동하는 봉사자들이 있습니다. 그들은 보통 봉사를 하고나면 이런 말을 합니다. "내가 이 시간에 돈을 벌었으면 얼마를 벌었을 텐데, 여기서 봉사하는 거 고마워 해야해!", "내가 없는 시간 쪼개서 봉사하는 건데 나를 이렇게 대우하면 안 되지."

오늘 복음에서 예수님의 기적을 보고 따라오는 군중이 예수님께 이런 질문을 합니다. **"하느님의 일을 하려면 저희가 무엇을 해야 합니까?"** 이 말에 예수님께서는 이렇게 답을 하십니다. **"하느님의 일은 그분께서 보내신 이를 너희가 믿는 것이다."**

우리가 성전에 나와 미사를 봉헌하고 봉사를 하는 것은 자신의 영광을 드러내고 기도가 이루어지게 하기 위해서가 아니라, 하느님이 보내신 분을 믿음으로써 그분의 영광이 세상에 드러나도록 도구가 되기 위한 것임을 잊지 말고 예수님께 집중하라는 것입니다.

오늘도 주님께서는 우리에게 생명의 빵으로 다가오십니다. 그 생명의 빵을 통해 우리가 주님을 믿고 따르는 이유를 명확하게 알고 성실히 따라가는 우리가 되기를 성부와 성자와 성령의 이름으로 기도드립니다. 아멘.

나만의 복음밥

재 료 :

레시피 :

고 명 : 매일미사 (   ), 복음묵상 (   ), 성체조배 (   ), 묵주기도 (   )

복음밥 :

240805 | 연중 제18주간 월요일

📖 재　　료 : 마태 14,15
🥣 레시피 : "여기는 외딴곳이고 시간도 이미 지났습니다. 그러니 군중을 돌려보내시어, 마을로 가서 스스로 먹을거리를 사게 하십시오."

　　교회 안에는 여러 가지 피정과 교육이 있습니다. 그것 중에는 개방적인 프로그램도 있고, 비밀이 필요한 프로그램도 있습니다. 비밀이 필요한 프로그램은 그 안에서 주는 영적인 자산이 많기에 알고 들어가는 것보다는 모르고 들어가기를 권장합니다. 그러기에 자신이 체험한 프로그램 내용을 공유하지 말라고 말합니다. 하지만 이것을 자신이 이해하고 싶은 대로 이해하는 사람들이 있습니다. 그들에게 주위의 사람들이 그 프로그램에 관해서 물어보면 이렇게 답을 합니다. "체험 안 한 사람은 알 필요도 없어요. 체험 안 한 사람은 여기 들어오면 안 돼요." 이런 말들을 하다 보니 결국 영적 프로그램을 체험하지도 않았는데, 그 프로그램에 대해서 부정적인 생각이 먼저 생기고, 부정적인 말을 하게 만드는 결과를 가져옵니다.

　　오늘 복음에서 몸과 마음이 아파 예수님을 찾아온 사람들이 치유를 받고, 저녁때가 되었습니다. 제자들은 예수님 곁을 떠나지 않고 머물러 있는 사람들을 보고 그들에게 예수님을 더 깊게 느끼게 해주기는커녕 자신들의 안위를 생각하며 예수님께 이렇게 말을 합니다. **"여기는 외딴곳이고 시간도 이미 지났습니다. 그러니 군중을 돌려보내시어, 마을로 가서 스스로 먹을거리를 사게 하십시오."**

　　눈앞에 생명의 빵이 있음에도 제자들은 그것을 보지 못하고 은총이 흘러서 사람들에게 가지 못하게 막아 버립니다. 우리도 신앙생활을 하면서 내가 느낀 예수님을 나만 느끼려고 하는지? 아니면 이웃들도 함께 느낄 수 있는 통로가 되고 있는지 살펴봤으면 좋겠습니다.

우리가 마음을 열고 좀 더 친절하고 다정하게 주님을 알린다면 우리를 통해 더 많은 사람들이 예수님을 체험할 수 있게 될 것입니다. 오늘 하루 주님의 은총을 더 많이 볼 수 있게 도와주는 은총의 돋보기가 되기를 성부와 성자와 성령의 이름으로 기도드립니다. 아멘.

나만의 복음밥

재 료 :
레시피 :
고 명 : 매일미사 ( ), 복음묵상 ( ), 성체조배 ( ), 묵주기도 ( )
복음밥 :

240806 | 주님의 거룩한 변모 축일

📖 재 료 : 마르 9,7
🥣 레시피 : "이는 내가 사랑하는 아들이니 너희는 그의 말을 들어라."

성체조배라는 말은 원래 '이른 아침 성체 안의 예수님께 드리는 경배'입니다. 이를 원론적인 개념으로 말하면 '성체 안에 현존하는 예수님께 대해 존경과 애정을 가지고 대화함'입니다. 이 성체조배는 계응이 있는 미사가 아니라 혼자 침묵 가운데 머물며 성체를 바라봐야 하기 때문에 그 순간을 어렵게 여겨 이런 질문을 할 때가 있습니다. "신부님 성체조배를 할 때 예수님께 무슨 말씀을 드려야 할지 모르겠어요."

지금은 많이 나아졌지만 성체조배를 하면서 어쩔 줄 몰라 했던 시기가 있었습니다. 부제품을 앞두고 한 달 피정을 하는데, 하루에 기도 주제를 적게는 3개, 많게는 5개를 받았습니다. 기도 주제를 풀어가는 방법은 성체 앞에 머물며 복음을 묵상하고 주님과 대화를 하는 것이었습니다. 긴 시간 한 곳만 바라보며 기도를 하는 것이 익숙지가 않았던 저는 계속 성체를 바라보며 저의 이야기만 했고, 그 이야기를 묵상 노트에 적어서 영성 면담 신부님과 면담을 했습니다. 그런데 어느 순간부터 신부님께서 이런 말씀을 하셨습니다. "베드로, 네 이야기를 쓰지 말고 예수님의 말씀을 잘 들어봐, 천천히 고요한 그 순간에, 예수님을 느끼는 가슴이 뛰는 그 순간에 너를 내려놓고 주님의 목소리를 들으려고 노력해봐!"

그 말씀을 듣고 나니 기도하는 순간마다 무엇을 어떻게 해야 할지 몰라 저에게 말씀하시는 주님의 소리는 들으려고 하지 않고, 저의 이야기만 반복했던 것 같았습니다. 그 이후부터는 성체조배를 할 때 처음에 저의 이야기를 드리고 나서 계속 주님의 소리를 듣고자 노력합니다. 내가 이야기하지 않아도 주님께서는 우리가 무슨 말을 할지 무엇을 원하는지 알고 계십니다. 그런 주님께 나의 이야기를 하고자 부단히 애를 쓰지 말고, 들으려고 노력한다면 주님께서 우리에게 이렇게 말씀하실 것입니다. **"이는 내가 사랑하는 아들이니 너희는 그의 말을 들어라."** 오늘 하루 주님 앞에 머물며 주님의 음성을 듣고 주님의 사람으로 변화되는 우리가 되기를 성부와 성자와 성령의 이름으로 기도드립니다. 아멘.

나만의 복음밥

재 료 :

레시피 :

고 명 : 매일미사 (   ), 복음묵상 (   ), 성체조배 (   ), 묵주기도 (   )

복음밥 :

240807 | 연중 제18주간 수요일

📖 재　　료 : 마태 15,28
🍲 레시피 : "아, 여인아! 네 믿음이 참으로 크구나. 네가 바라는 대로 될 것이다."

　예전에 아버지의 병환으로 함께 병원을 다니며 진료받는 모습을 지켜보니 참 담담하리만큼 아무 말 없이 계신 것을 보게 됩니다. 의사 선생님 앞에 가서도 하는 말을 잘 듣고만 계시지 다른 이야기는 하지 않으셨습니다. 어느 날 차를 타고 오면서 아버지께 여쭤봤습니다. "아버지 그래도 성모병원이니까 신부 부모라고 하면 좀 더 잘해주지 않을까요?" 아들의 말에 잠시 후 아버지는 이렇게 답을 하셨습니다. "나도 그런 생각을 안 해본 건 아니지만, 예전에 입원했을 때 어떤 신부님 아버지가 신부가 벼슬인 것처럼 '신부 아버지'라는 이야기를 의사와 간호사한테 계속하더라고, 그런데 그게 썩 보기 좋지 않아서, 그냥 가만히 있어요. 아마 이야기하지 않아도 기록이 있을 테니 그것을 보고 잘해주면 감사한 것이고, 아무 말이 없어도 치료는 잘 받고 있으니 내가 할 일을 주님께서 알아서 해 주시길 차분히 기도하고 있는 것이죠." 그런데 정말 신기한 건, 아버지는 병원에 갈 때마다 치료고, 수술이고, 수납이고 모든 게 잘 되었습니다.

　오늘 복음에서 예수님께서는 가나안 여인의 믿음을 시험하십니다. 특히 그녀의 자존심을 건드리며 말씀하십니다. 그것은 이방 신을 섬기는 그녀의 마음을 비우고 겸손하게 주님으로 채울 수 있게 이끄시는 것입니다. 그녀는 예수님을 기다리며 겸손한 말로 주님께 고백합니다. **"강아지들도 주인의 상에서 떨어지는 부스러기는 먹습니다."** 내가 내 힘으로 하고자 하는 것이 아니라 주님께 간절한 마음으로 청하고 고백하고 기다릴 때 주님께서는 다음과 같은 답을 주실 것입니다. **"아, 여인아! 네 믿음이 참으로 크구나. 네가 바라는 대로 될 것이다."**

우리도 삶에서 주님께 바라는 것이 있다면, 스스로의 힘으로 그것을 구하기 위해 아등바등하고 세상의 것으로 마음을 채우기보다는 주님께 마음을 향하고, 주님께서 이루어 주시도록 기다리는 것이 필요합니다. 그런 마음의 겸손함으로 주님을 가득 채울 때 주님께서는 우리의 믿음을 보시고, 당신 자녀들이 청하는 것을 완성해 주실 것입니다. 주님께 마음을 향하고 그 안에 머물며 주님의 뜻을 완성하는 우리가 되기를 성부와 성자와 성령의 이름으로 기도드립니다. 아멘.

나만의 복음밥

재 료 :
레시피 :
고 명 : 매일미사 ( ), 복음묵상 ( ), 성체조배 ( ), 묵주기도 ( )
복음밥 :

240808 | 성 도미니코 사제 기념일

📖 재   료 : 마태 16,23
🍲 레시피 : "사탄아, 내게서 물러가라. 너는 나에게 걸림돌이다. 너는 하느님의 일은 생각하지 않고 사람의 일만 생각하는구나."

고해성사를 본 후 우리는 마음이 깨끗해 졌음을 감사하지만 얼마 못 가서 다시금 죄를 짓습니다. 그때마다 우리는 '이렇게 반복되는 죄를 짓는데 고해성사를 봐서 뭐 하나' 하는 생각을 할 때가 있습니다.

군대에서 사격을 하기 전 영점사격이라는 것을 합니다. 총을 세 번 쏴서 표적지 가운데에 들어갈 수 있게 만드는 과정입니다. 그것을 어떤 사람은 한 번에 해내지만, 어떤 사람은 반복해서 해도 안 되는 사람이 있습니다. 그래도 영점사격을 반복하며 하다 보면 어느새 가운데로 조정되어 있는 것을 보게 됩니다. 주님께서도 고해성사를 통해 죄를 뉘우쳤어도, 다시금 죄를 지을 것을 아십니다.

예수님께서는 베드로를 통해 우리들의 모습 안에 베드로의 모습이 있음을 알려주십니다. 주님을 사랑한다고 했다가도 자신의 것을 생각하느라 금방 핀잔을 듣기도 하고, 십자가 아래 누구보다 먼저 있겠노라 했지만 누구보다 먼저 도망을 갔던 베드로, 예수님께서는 그런 베드로가 인간적인 나약함이 들 때마다 돌아올 수 있는, 그리고 그런 나약함에 빠지지 않을 수 있는 말씀을 들려 주십니다. **"사탄아, 내게서 물러가라. 너는 나에게 걸림돌이다. 너는 하느님의 일은 생각하지 않고 사람의 일만 생각하는구나."**

이 말씀은 베드로에게 하시는 말씀이 아니라 베드로의 내면에 머물며 베드로를 죄짓게 하는 사탄에게 하시는 말씀입니다. 우리의 삶에서도 베드로와 같이 주님께 가까이 갔다가 멀어지기도 합니다. 우리 마음이 나약해져 주님의 목소리보다 사탄의 목소리에 귀 기울이려 할 때 각자의 마음을 향해 주님께서 들려주신 말씀을 사탄에게 외쳤으면 좋겠다. **"사탄아, 내게서 물러가라. 너는 나에게 걸림돌이다. 너는 하느님의 일은 생각하지 않고 사람의 일만 생각하는구나."** 주님의 이름을 부르짖음으로써 죄에서 멀어지는 우리가 되기를 성부와 성자와 성령의 이름으로 기도드립니다. 아멘.

나만의 복음밥

- 재 료 :
- 레시피 :
- 고 명 : 매일미사 (   ), 복음묵상 (   ), 성체조배 (   ), 묵주기도 (   )
- 복음밥 :

240809 | 연중 제18주간 금요일

재 료 : 마태 16,26

레시피 : "사람이 온 세상을 얻고도 제 목숨을 잃으면 무슨 소용이 있겠느냐?"

예전에 병자성사를 부탁 받고 병원으로 향했습니다. 도착하니 가족들이 나와 있었고, 그들의 인도로 병실로 들어갔습니다. 그분이 계신 곳은 일인실로 넓고 쾌적해 보였습니다. 성사를 위해 가족들이 잠시 나가고 둘만의 시간이 주어졌습니다. 한참을 이야기 나누는데 그분이 이렇게 말씀을 하셨습니다. "신부님 돈만 좇아서 살다가 불치병에 걸리고 죽음을 준비하고 있으니, 허탈해도 이렇게 허탈할 수가 없어요. 불안한 가족관계, 많은 재산, 이런 것을 남기고 가려니 불안해서 눈을 감기가 두렵습니다." 형제님의 이야기를 들으면서 이런 말씀을 드렸습니다. "지금은 눈에 보이는 것에 집중할 때가 아닙니다. 눈에 보이는 것은 더 이상 아무것도 아닌 게 되어가고 있다는 것을 형제님이 더 잘 아시게 된 것 같습니다. 그럼 지금부터는 눈에 보이지 않는 것에 집중하셔요. 그것이 형제님을 영원히 살게 해 줄 것입니다." 그렇게 형제님과 병자성사를 마치고 얼마 뒤, 형제님은 세상을 떠나 하느님 품으로 가셨습니다. 이런 대화 내용을 쓰는 이유는 복음을 묵상하다 보니 저도 말한 대로 살지 못하는 제 모습이 보여서입니다.

오늘 복음에서 예수님께서는 다음과 같이 말씀하십니다. **"사람이 온 세상을 얻고도 제 목숨을 잃으면 무슨 소용이 있겠느냐?"** 아침에 눈을 뜨며 오늘 하루는 주님의 것만을 바라보고 영적 생명을 얻을 방법을 생각해야 합니다. 하지만 얼마 지나지 않아, 우리가 하고 있는 일 안에서 명예, 관심, 욕구, 이런 세상적인 것에 관심을 기울이며 찾아다니는 모습을 보입니다. 이것은 비단 저만의 모습이 아니라 우리 모두에게 나타나는 모습이라는 생각이 듭니다. 주님의 것을 찾는 것은 지루하고, 답답하고, 멀게만 느껴지는데, 세상적인 것은 잡으려고 하면 잡히고, 찾으려고 하면 찾아질 것 같이 보이기 때문입니다. 그런데 결국 마지막 순간에 다다르면 눈에 보이는 것을 쫓았던 손은 허망을 잡지만 눈에 보이지 않는 것을 쫓았던 손은 희망을 잡습니다. 오늘 하루 다시 한번 눈에 보이는 것이 아니라 눈에 보이지 않는 것을 쫓고 바라보는 우리가 되기를 성부와 성자와 성령의 이름으로 기도드립니다. 아멘.

나만의 복음밥

재 료 :
레시피 :
고 명 : 매일미사 ( ), 복음묵상 ( ), 성체조배 ( ), 묵주기도 ( )
복음밥 :

240810 | 성 라우렌시오 부제 순교자 축일

재　료 : 요한 12,24
레시피 : "밀알 하나가 땅에 떨어져 죽지 않으면 한 알 그대로 남고, 죽으면 많은 열매를 맺는다."

일을 하나 보면 저의 생각이 맞다고 여겨질 때가 있습니다. 이리 생각해 보고 저리 생각해봐도 모든 이를 위하는 것 같고 그 결정이 좋은 방향으로 가는 것 같다고 생각되는 순간이 있습니다. 그런 순간에 있다면 잠시 시간을 두고 같이 일하는 사람들이 어떤 이야기를 하는지 들어봐야 합니다. 왜냐하면, 저의 생각이 전적으로 맞는 것은 아니기 때문입니다.

오늘 복음에서 예수님께서는 우리들의 완고한 마음을 향해 다음과 같이 말씀하십니다. **"밀알 하나가 땅에 떨어져 죽지 않으면 한 알 그대로 남고, 죽으면 많은 열매를 맺는다."** 씨앗이 열매를 맺을 때는 딱딱한 껍질을 열고 거기서 뿌리가 나와 더 많은 열매를 맺습니다. 제 마음의 완고함을 한 번 접는 것, 그것은 열매를 맺을 때의 씨앗과도 같다는 생각이 듭니다.

주님께서는 우리가 어떤 결정을 하든지 기다려 주십니다. 완고하게 있고자 하면 완고한 한 알 그대로, 열매를 맺고자 한다면 아브라함처럼 세상의 별처럼 수많은 빛과 은총으로 열매를 맺게해 주실 것입니다. 오늘 하루만이라도 나의 완고함을 누르고 주위의 말을 들음으로써 작은 열매라도 맺는 우리가 되기를 성부와 성자와 성령의 이름으로 기도드립니다. 아멘.

나만의 복음밥

- 재 료 :
- 레시피 :
- 고 명 : 매일미사 (   ), 복음묵상 (   ), 성체조배 (   ), 묵주기도 (   )
- 복음밥 :

240811 | 연중 제19주일

재 료 : 요한 6,48
레시피 : "나는 생명의 빵이다."

주변 사람들을 가만히 보고 있으면 사람을 흩어버리는 사람이 있고, 사람들을 모으는 사람이 있습니다. 사람을 흩어버리는 사람은 누구에게든, 어느 사람에게든 빼 먹을 게 없나 하고 바라봅니다. 반면에 사람을 모으는 사람은 누구에게든, 어느 사람에게든 밥이 되어주는 모습을 볼 수 있습니다.

사람을 모으는 사람들의 특징은 다음과 같습니다. 머릿속으로 계산하는 사람들에겐 계산하게 놔두고, 자신을 바보 취급하는 사람들에게는 바보가 되어주며, 늘 달라고 하는 사람들에겐 거저 주는 모습을 보입니다. 그렇게 주변 사람들에게 늘 밥이 되어주기에, 그들을 만나는 모든 사람들이 그 사람 주변으로 모이게 되는 것입니다.

예수님께서도 우리에게 밥이 되어 주십니다. 우리가 당신을 원하면, 늘 당신 안에 머물 수 있게 그리고 주님을 모심으로써 위로를 얻을 수 있는 밥이 되어주십니다. 그런 주님께서 이렇게 말씀하십니다. "**내가 생명의 빵이다.**" 생명의 빵이신 주님을 받아 모신 우리도 미사를 마치면서 사제의 입을 통해 이런 소릴 듣습니다. "**미사가 끝났으니 가서 복음을 전합시다.**" 이 말씀 안에 감춰진 뜻은 "**너희도 주님처럼 가까운 사람들에게 밥이 되어 주어라.**" 입니다.

이번 한 주를 보내며 상대가 나에게 머리를 굴리는 것이 보여도, 계산하는 것이 느껴져도, 나를 무시하는 것 같아도, 밥이 한번 되어 봅시다. 그렇게 밥이 된다면 우리도 주님처럼 이렇게 말하는 날이 올 것입니다. "내가 너에게 생명의 밥이다." 말씀을 삶으로 실천하여 주님의 뜻을 이루는 양식이 되어주는 우리가 되기를 성부와 성자와 성령의 이름으로 기도드립니다. 아멘.

나만의 복음밥

- 재　료 :
- 레시피 :
- 고　명 : 매일미사 (　), 복음묵상 (　), 성체조배 (　), 묵주기도 (　)
- 복음밥 :

240812 | 연중 제19주간 월요일

📖 재　료 : 마태 17,22-23
🥣 레시피 : "사람의 아들은 사람들의 손에 넘겨져 그들 손에 죽을 것이다. 그러나 사흘날에 되살아날 것이다."

　예비신자가 세례를 받고 신자가 된 뒤에는 십일조에 해당하는 교무금을 책정합니다. 자신의 형편에 맞게 한 달을 살면서 하느님께 받은 은총에 감사하는 마음으로 봉헌하는 것이죠. 새 신자들은 처음 하는 것이기에 이걸 어떻게 해야 하나 궁금해서 주위 신자들에게 물어봅니다. 그럼 두 가지 형태의 답이 나오죠. 한쪽은 이렇게 말을 합니다. "하느님께 감사한 만큼, 마음이 움직이는 만큼 봉헌하셔요. 그러면 주님께서 그 이상으로 더 채워주십니다." 다른 한쪽은 이렇게 말을 합니다. "세상에 돈 쓸 일이 얼마나 많은데 봉헌도 하고, 단체 회비도 내고, 교무금까지 하면 힘드니까 적당히 해."

　여기서 질문을 하나 하겠습니다. "봉헌은 왜 하는 것일까요?" 봉헌의 개념은 세상의 주인이시고, 나를 만들어 주신 하느님께 내가 가지고 있는 것 중에 제일 소중한 것을 드리는 것입니다.

　오늘 복음에 예수님께서는 다음과 같이 말씀하십니다. **"사람의 아들은 사람들의 손에 넘겨져 그들 손에 죽을 것이다. 그러나 사흘날에 되살아날 것이다."** 즉, 예수님은 십자가 죽음을 통해 당신의 소중한 목숨으로 우리가 내야 할 죄의 세금을 대신 내주신 것입니다. 우리는 그런 예수님의 모범을 미사를 통해 매 순간 경험함으로써 그것에 대한 감사를 드리고 있는 것입니다. 그것은 꼭 돈이 아니어도 됩니다. 어떤 사람은 시간을, 어떤 사람은 노동을, 어떤 사람은 마음을, 주님께로 향하는 것입니다. 그것 또한 진정한 봉헌이 되는 것입니다.

　누군가 나를 위해 목숨을 내어주었다면 우리는 어떤 마음이 들까요? 자신의 모든 것을 내어주고 싶은 마음이 들것입니다.

　오늘 하루도 예수님께서는 십자가 죽음으로 우리 죄를 대신하여 돌아가시고 부활하시어, 여러분 한 분 한 분에게 성체라는 사랑을 주십니다. 그것을 받아 모시며, 주위 교우들에게 주님의 사랑을 드러낼 봉헌거리를 찾는 우리가 되기를 성부와 성자와 성령의 이름으로 기도드립니다. 아멘.

나만의 복음밥

- 재　료 :
- 레시피 :
- 고　명 : 매일미사 (　), 복음묵상 (　), 성체조배 (　), 묵주기도 (　)
- 복음밥 :

240813 | 연중 제19주간 화요일

📖 재　료 : 마태 18,4
🥣 레시피 : "누구든지 이 어린이처럼 자신을 낮추는 이가 하늘 나라에서 가장 큰 사람이다."

　　지난주 금요일부터 토요일까지 여름 신앙 학교가 있었습니다. 로마서 1장 6절의 말씀을 주제로 캠프를 했습니다. 금요일에는 교리와 실습이 있었고, 토요일은 물놀이를 하면서 캠프를 진행했습니다. 성당 주차장에 큰 풀장을 설치하고 아이들과 행복한 시간을 보냈습니다. 오전 프로그램을 마치고 점심때였습니다. 6살짜리 민채 엘리사벳이 자기 옆에 앉아서 밥을 먹으라고 저를 불렀습니다.

　　어찌나 떼를 쓰던지 결국 아이 옆에 앉아서 밥을 먹었습니다. 아이는 밥을 먹는 저를 보면서 김이 떨어지면 자신의 김을 주고 자신의 몫으로 나온 닭갈비도 살만 골라서 제 밥 위에 올려주었습니다. 보통 이 나이 때의 아이들은 자신의 것이 중심이기에 항상 자기 것을 먼저 챙깁니다. 그래서 민채에게 "밥 안 먹고 신부님 다 주면 너는 뭐 먹니?"라고 물었습니다. 제 물음에 민채는 "신부님 주는 게 그냥 좋아서요."라고 답을 했습니다. 민채의 답을 듣고 생각해 봤습니다. '나는 살면서 그냥 주는 것이 좋은 사람이 몇 명이나 있을까?' 특히 삶의 제일 첫 자리에 두는 주님을 위해서 내가 좋아하는 것, 행복해하는 것을 제일 먼저 드리고 있나 생각해 봤습니다.

　　오늘 복음에서 **"하늘나라에서 큰 사람이 누구입니까?"** 하는 질문에 다음과 같이 답하십니다. **"누구든지 이 어린이처럼 자신을 낮추는 이가 하늘 나라에서 가장 큰 사람이다."** 신앙인으로 자신을 낮춘다는 것은 무엇일까요? 그것은 바로 자신을 제일 위에 놓는 것이 아니라, 주님을 항상 자신 위에 놓는 것을 의미하는 것 같습니다.

일상 안에서 주님보다 내가 더 커지려 할 때 어린이와 같이 마음을 낮추고 제가 가진 제일 좋은 것을 봉헌하는 우리가 되었으면 좋겠습니다. 그런 겸손함으로 하늘나라를 구해 얻는 우리가 되기를 성부와 성자와 성령의 이름으로 기도드립니다. 아멘.

나만의 복음밥

- 재 료 :
- 레시피 :
- 고 명 : 매일미사 ( ), 복음묵상 ( ), 성체조배 ( ), 묵주기도 ( )
- 복음밥 :

240814 | 성 막시밀리아노 마리아 콜베 사제 순교자 기념일

재 료 : 마태 18,20
레시피 : : "두 사람이나 세 사람이라도 내 이름으로 모인 곳에는 나도 함께 있기 때문이다."

공동체를 힘들게 하는 사람이 있으면 우리는 어떻게 해야 할까요? 지속적인 대화와 인내로 힘들게 하는 사람의 마음이 돌아오기를 기다리며 사람을 모아 기도를 할 것인가요? 아니면 몇 번의 대화를 통해 변화되지 않을 것을 단정하고, 본인의 답답함을 해결하지 못해, 사람들을 모아 걱정해 주는 척 험담을 할 것인가요? 우리는 그 사람을 위해 기도해야 함을 알면서도 전자보다는 후자의 모습을 취할 때가 종종 있습니다. 마음을 모아 기도하기보다는 걱정해 주는 척, 사랑하는 척, 관심이 있는 척하는 험담이 훨씬 쉽기 때문입니다.

이런 우리에게 예수님께서는 포기하지 말고, 나와 함께 하자고 말씀하십니다. 분명 우리의 마음에 불을 지른 사람을 용서하는 것이 쉽지는 않을 것입니다. 마음에 화상이 생겨 그 부위가 욱신대고 볼 때마다 흉한 그 상처를 보면, 상처를 준 사람이 생각나서 불편한 마음이 생깁니다. 그래서 그를 위해 기도를 하라고 하면 잘되지 않는 것이 당연합니다. 그럼에도 그의 회개를 위해 개인이 아니라 함께 모여 기도로서 청하라고 하심은, 기도를 통해 상처의 치유와 침묵의 은총 그리고 이웃의 회개가 함께 이루어질 것이기 때문입니다.

오늘 복음에서 예수님께서는 이런 우리를 위해 다음과 같이 말씀하십니다. "두 사람이나 세 사람이라도 내 이름으로 모인 곳에는 나도 함께 있기 때문이다." 우리가 주님의 이름으로 모여 있다면 주님께서는 눈에 보이지 않지만 그곳에 우리와 함께 계십니다. 그 안에서 기도를 하면 상처에서 헤어나지 못하는 우리를 위해 기도해 주실 것이고, 회개가 필요한 이를 위해 기도한다면 그의 회개를 위해 함께 기도해 주시며 그 기도가 이루어지게 해 주실 것입니다. 오늘도 주님께서는 우리와 연결된 사람과 공동체 안에 함께 계십니다. 우리 마음의 답답함을 풀기 위해 그 관계를 이용하기보다는 주님과 함께 주어진 어려움을 해결하기 위해 기도하는 하루를 보내시기를 성부와 성자와 성령의 이름으로 기도드립니다. 아멘.

나만의 복음밥

- 재 료 :
- 레시피 :
- 고 명 : 매일미사 ( ), 복음묵상 ( ), 성체조배 ( ), 묵주기도 ( )
- 복음밥 :

240815 | 성모 승천 대축일

📖 재　료 : 루카 1,42
🥣 레시피 : "당신은 여인들 가운데에서 가장 복되시며 당신 태중의 아기도 복되십니다."

　지난번 어떤 분께서 저에게 "신부님은 말을 참 맛깔나게 하는 것 같아요. 어디서 배우셨어요?"라고 물어봤습니다. 그 질문을 듣고 저의 어휘력과 문장력은 어디서 왔는지 곰곰이 돌아봤습니다. 저의 언어를 만들어 주신 분은 어머니셨습니다.

　어렸을 적부터 어머니께서는 주변 사람들에게 말씀을 참 따뜻하게 하셨습니다. 힘들어하는 이에게는 응원의 말을 전하고 슬퍼하는 이에게는 위로의 말을 전했습니다. 어머니께서는 제가 무엇인가를 할 때도 그것이 나쁜 것이 아니라면, 힘을 내어 할 수 있도록 응원의 말씀을 해주셨습니다. 그런 어머니의 말씀이 지금의 저를 형성했고, 저 또한 어머니와 비슷한 말을 쓰고 있음을 발견할 수 있었습니다.

　오늘 복음에서 엘리사벳은 주님의 은총과 기적을 먼저 체험한 자로서 그녀의 마음 안에는 성모님을 위해 전해줄 주님의 말씀이 가득했습니다. 어린 나이에 임신을 한 성모님은 혼란스러운 마음에 엘리사벳을 찾아왔습니다. 주님의 말씀을 마음에 간직하고 있어도 눈에 보이지 않기에 불안한 마음은 어쩔 수 없었을 것입니다. 주님께서는 마리아의 마음을 알고 엘리사벳의 입을 통해 성모님의 마음에 주님의 말씀을 담아주셨습니다. **"당신은 여인들 가운데에서 가장 복되시며 당신 태중의 아기도 복되십니다."** 그 말씀은 성모님의 마음에 담아져 많은 열매를 맺고 하늘로 올라가는 영광까지 얻게 되었습니다.

우리에게 신앙의 언어를 만들어 주시는 분은 주님이십니다. 복음 말씀을 들으면 주님께서는 우리에게 은총의 말씀을 담아주실 것입니다. 오늘 하루 우리가 만나는 이웃에게 우리 마음에 담긴 주님의 말씀을 전하는 우리가 되기를 성부와 성자와 성령의 이름으로 기도드립니다. 아멘.

나만의 복음밥

- 재 료 :
- 레시피 :
- 고 명 : 매일미사 (   ), 복음묵상 (   ), 성체조배 (   ), 묵주기도 (   )
- 복음밥 :

240816 | 연중 제19주간 금요일

재 료 : 마태 19,8

레시피 : "모세는 너희의 마음이 완고하기 때문에 너희가 아내를 버리는 것을 허락하였다. 그러나 처음부터 그렇게 된 것은 아니다."

국민 애처가 하면 누가 떠오르시나요? 저는 최수종 배우가 떠오릅니다. 그가 예전에 한 프로그램에서 결혼 25주년인데 한 번도 안 싸웠다고 말을 했습니다. 그리고 자신의 비결을 이렇게 알려주었습니다. "저는 늘 장인어른의 입장에서 아내를 바라봅니다. 딸을 바라보는 아빠의 마음이니 부족한 것은 덮어주고, 잘 난 것은 키워주게 됩니다." 그의 말을 듣고 생각해 보니 맞는 말이었습니다. 부부가 관계 안에서 아들을 키우는 엄마의 마음으로 남편을 바라보고, 딸을 키우는 아빠의 마음으로 아내를 바라보는 것, 그렇다면 부족한 것은 덮어주고, 좋은 것은 자랑하고 싶은 마음이 크지 않을까요? (설마 속으로 '신부님은 결혼 안 해보셔서 그래요.' 하는 마음을 갖는 분은 없겠죠?)

하지만 우리가 살고 있는 이 시대는 서로의 마음을 알아 달라고 입으로 이야기하면서 귀는 닫고 지냅니다. 그러기에 부부 사이에서도, 사회에서도, 참지 못하고, 이해하지 못하고 불편한 상황이 생기면, 이해하려 노력하기보다는 마음이 맞지 않는다는 핑계로 헤어지려 하거나 안 보면 된다고 생각합니다.

예수님께서도 당신의 시대 안에서 그리고 오늘을 살아가는 우리가 이해하지 않고 살아가는 마음을 꿰뚫어 보시고 이렇게 말씀하십니다. "모세는 너희의 마음이 완고하기 때문에 너희가 아내를 버리는 것을 허락하였다. 그러나 처음부터 그렇게 된 것은 아니다."

그럼 어떻게 완고한 마음을 넘어 사랑의 마음으로 서로를 바라볼 수 있을까요? 그것은 장인어른의 마음으로 부인을 바라보는 최수종처럼, 신앙을 가지고 있는 우리들은 하느님의 마음으로, 성모님의 마음으로, 성인들의 마음으로 내가 만나는 사람들을 바라봤으면 좋겠습니다. 우리가 하느님과 성모님과 성인들의 마음을 닮고자 노력하고 그 눈으로 세상을 바라본다면 우리는 완고한 마음을 조금이나마 누그러트릴 수 있을 것입니다. 오늘 하루 내 입장에서 완고하게 세상을 바라보는 것보다 주님의 눈으로 세상을 바라보도록 노력하는 우리가 되기를 성부와 성자와 성령의 이름으로 기도드립니다. 아멘.

나만의 복음밥

- 재　료 :
- 레시피 :
- 고　명 : 매일미사 (　), 복음묵상 (　), 성체조배 (　), 묵주기도 (　)
- 복음밥 :

240817 | 연중 제19주간 토요일

📖 재　　료 : 마태 19,14
🥣 레시피 : "어린이들을 그냥 놓아두어라."

　부모님 댁에 가끔 밥을 먹으러 가면 조카들이 와 있곤 합니다. 어머니께서 2주에 한 번 동네 목욕탕에 데리고 가서 때도 밀어주고, 맛난 간식도 사주고, 하고 싶다는 것을 자유롭게 하게 놔두십니다. 그러기에 조카들은 할머니 집에 오는 것을 싫어하지 않습니다. 어머니의 모습을 보면서 저의 어렸을 때를 떠올려 바라봅니다. 그때 어머니는 저와 동생을 키우는데 지금처럼 여유롭지 못했습니다. 주변에서 학원을 보내야 한다면 학원을 보내고, 운동을 해야 한다면 운동을 시키셨습니다. 그것을 같이 하지 않으면 뭔가 뒤처지는 느낌이 드시는지, 놓아두지 않으시고 옥죄려고 하셨습니다.

　그런데 저와 동생을 한번 키우고 나니 지금의 손녀들은 그냥 놓아두십니다. 어머니께 "손녀들에게 편하게 해주는 것처럼 우리에게도 편하게 해 줬으면 좋지 않았을까요?"라고 여쭤봤습니다. 어머니는 저의 질문에 이렇게 답을 하셨습니다 "그땐 나도 부모라는 게 처음 이어서 잘 몰랐는데, 한번 키워보니, 뭔가를 해야 한다는 마음에서 자유로워졌고, 놓아두어도 잘 크는구나 싶어."

　오늘 복음에서 예수님께서는 제자들이 예수님의 마음을 모른채 자신들의 경험에 따라서 아이들을 판단하자 이렇게 말씀하십니다. **"어린이들을 그냥 놓아두어라."**

　저도 제 경험을 믿을 때가 있습니다. 그러기에 사람이든 도구든, 관계든 처음 경험하는 부분에 있어서는 놓아두지 못하고 움켜쥐려는 모습을 보일 때가 있었습니다. 그런데 지나고 보니 사람이든 도구든, 관계든 움켜쥐려고 할 때 보다 놓아두려고 할 때 모든 게 자유로워지는 것을 느끼게 되었습니다.

잠시 눈을 감고 우리가 아직도 움켜쥐려고 하는 것이 무엇인지 살펴봅시다. 오늘 하루 움켜쥐려고 하는 것이 있다면 내려놓고, 예수님의 뒤를 따라가며 예수님의 손을 잡고 놓지 않는 우리가 되기를 성부와 성자와 성령의 이름으로 기도드립니다. 아멘.

나만의 복음밥

- 재　료 :
- 레시피 :
- 고　명 : 매일미사 (　), 복음묵상 (　), 성체조배 (　), 묵주기도 (　)
- 복음밥 :

240818 | 연중 제20주일

📖 재　　료 : 요한 6,51
🍲 레시피 : "나는 하늘에서 내려온 살아 있는 빵이다. 누구든지 이 빵을 먹으면 영원히 살 것이다. 내가 줄 빵은 세상에 생명을 주는 나의 살이다."

　부활 시기가 시작되면 한 주간은 예수님께서 생명의 빵 타령을 하시고 한 주간은 박해에 대해 대비하라는 말씀을 하십니다. 매일 묵상하고 강론을 써야 하는 신부들로서는 비슷한 복음이 반복해서 나오는 것이 어려움으로 다가올 때가 있습니다. 이것에 대해서 동기 신부에게 다음과 같이 말을 했습니다. "매번 똑같은 이야기가 나오니 강론 쓰는 게 여간 어려운 게 아니네." 그러자 그 동기 신부는 이런 답을 주었습니다. "어떤 집에 가면 가훈이라는 게 있잖아. 그건 평생에 걸쳐서 지켜야 하는 중요한 것이니까, 써서 붙이고 부모님도 계속 말씀하시는 것 같아. 부활 후에 예수님께서 제자들에게 박해에 대비하라고 말씀하시고 사랑하라고 말씀하시고 생명의 빵을 소중히 여기라고 하는 말씀은 정말 중요하니까 우리 마음속에 새기라고 일주일 내내 귀에 딱지가 앉을 정도로 이야기하시는 게 아닌가 싶어."
　동기 신부의 말을 듣고 주님의 마음으로 복음을 보지 못하고, 강론의 대상으로 생각했던 제 부족한 모습을 돌아보게 되었습니다. 어려서도 부모님이 반복적으로 말씀하시는 것은 중요한 것이고 지키면 좋은 것을 얻을 수 있음에도, 이상하게 반복적으로 이야기하시면 좋게 듣기보다는 불편하게 듣고, 삐뚤어지려는 마음을 갖게 되는 것 같습니다.
　주님께서는 오늘도 요한복음을 통해 우리가 꼭 지키고 기억해야 할 말씀을 하십니다. "나는 하늘에서 내려온 살아 있는 빵이다. 누구든지 이 빵을 먹으면 영원히 살 것이다. 내가 줄 빵은 세상에 생명을 주는 나의 살이다." 주님의 말씀을 마음으로 기억함으로써 풍성한 열매를 맺는 우리가 되기를 성부와 성자와 성령의 이름으로 기도드립니다. 아멘.

나만의 복음밥

- 재　료 :
- 레시피 :
- 고　명 : 매일미사 ( ), 복음묵상 ( ), 성체조배 ( ), 묵주기도 ( )
- 복음밥 :

240819 | 연중 제20주간 월요일

📖 재　료 : 마태 19,21

🥣 레시피 : "네가 완전한 사람이 되려거든 가서 너의 재산을 팔아 가난한 이들에게 주어라. 그러면 네가 하늘에서 보물을 차지하게 될 것이다. 그리고 와서 나를 따라라."

　　미션이라는 영화가 있습니다. 예수회 선교사 가브리엘 신부가 아마존에 들어가 여러 어려움을 딛고 원주민들을 선교하는 내용입니다. 그 안에 나오는 여러 장면 중 가장 기억에 남는 장면은 멘도사가 회개하는 장면입니다. 그는 원주민을 잡아 노예로 팔아넘기는 일을 합니다. 그러던 어느 날 그의 동생과 자신의 애인의 불륜을 목격하고 결투 끝에 동생을 죽이고 맙니다. 그는 식음을 전폐하고 죽음을 기다리며, 죄의식에 시달리던 중 가브리엘 신부로부터 선교지로 가서 함께 봉사하며 죄를 씻기를 권유받습니다. 그는 원주민을 잡아 노예로 팔았던 전력이 있기 때문에 그 죄를 참회한다는 의미에서 자신이 그간 누리고 있었던 부와 권력이 상징인 금, 은, 갑옷 등을 몸에 칭칭 감고 고행을 하듯 길을 나섭니다. 힘겹게 길을 나서 마을에 도착한 그를 가브리엘 신부가 환영해 주는데, 멘도사는 진정한 참회의 눈물을 흘립니다.

　　오늘 복음에서 예수님께서는 영원한 생명을 얻는 방법을 물어보는 사람에게 이렇게 말씀을 하십니다. **"네가 완전한 사람이 되려거든 가서 너의 재산을 팔아 가난한 이들에게 주어라. 그러면 네가 하늘에서 보물을 차지하게 될 것이다. 그리고 와서 나를 따라라."** 결국, 영원한 생명을 얻는 방법을 물어 본사람은 슬퍼하며 떠나갔습니다. 자신의 재물을 얻는 일에는 열심이었지만 재물을 포기하고, 즉, 자신이 누리던 것을 포기하고, 사랑을 실천하는 것에는 힘들어했기 때문입니다. 영화 '미션'에 나온 멘도사처럼 우리도 삶의 순간순간에 주님의 뜻을 물어볼 때가 있습니다. 그 순간 주님께서는 항상 우리가 놓기 힘든 것을 놓으라고 말씀하십니다. 어떤 사람은 시간을, 어떤 사람은 재산을, 어떤 사람은 권력을 내려 놓으라고 말씀하십니다. 그것을 자신 있게 내려놓는 사람은 영원한 생명을 얻을 것이고, 그것을 내려놓지 못하는 사람은 슬퍼하며 떠나갈 것입니다. 오늘 하루를 보내며 우리는 주님을 위해 내가 아끼는 것을 내려놓을 준비가 되어있는지 돌아보는 하루가 되기를 성부와 성자와 성령의 이름으로 기도드립니다. 아멘.

나만의 복음밥

재　료 :
레시피 :
고　명 : 매일미사 (　), 복음묵상 (　), 성체조배 (　), 묵주기도 (　)
복음밥 :

240820 | 성 베르나르도 아빠스 학자 기념일

📖 재　료 : 마태 19,24
🍲 레시피 : "부자가 하느님 나라에 들어가는 것보다, 낙타가 바늘구멍으로 빠져나가는 것이 더 쉽다."

　　미사 전에 이런저런 상황을 살펴보기 위해 성전을 왔다 갔다 할 때가 있습니다. 늘 나오시는 분들은 그 자리에 잘 계시는지, 못 나오신 분들은 없는지, 에어컨은 잘 나오는지, 창문은 잘 닫혀있는지 등을 확인하기 위해 성당 내부를 왔다 갔다 합니다. 그러다 신자분들을 보면 여러 모습이 있음을 봅니다. 어떤 분들은 묵주를 잡고 열심히 기도하시고, 어떤 분들은 매일미사를 열심히 읽고 묵상하고 계십니다. 그런데 어떤 분들은 핸드폰을 열심히 보고 계십니다. 제대 위에서 보면 다 보이기에, 그런 분들은 보통 한 번만 보는 게 아니라 미사를 시작하고 끝날 때까지 핸드폰을 보고 계십니다. 왜 저는 미사에 집중하지 않고, 그 사람만 보고 있느냐고 말씀하시는 분들도 계시겠지만 얼굴에서 빛이 나니 안 볼 수가 없습니다. 그래서 지난번에 뭘 보는지 궁금해서 성당 내부를 다니다가 슬쩍 봤습니다. 근데 그분이 보고 있는 것은 다른 게 아니라 주식 상황이 나와 있는 시세판이었습니다. 주식이라는 것이 살 때와 팔 때를 알아야 수익을 창출하는 것이니 단 한순간도 놓칠 수가 없고, 온 마음이 거기에 가 있으니 미사 때도 그것을 보고 있는 것입니다.

　　미사에 빠지면 죄라고 하니 어쩔 수 없이 나와서 주식창을 불편하게 쳐다 보는 모습을 보니, 그냥 집에서 아니 유아방에 들어가서 편하게 하라고 하고 싶은 심정이었습니다. 그의 마음속에 주님이 계신 걸까요? 몸이라도 와있으니 안정감을 느끼는 것일까요?

오늘 복음에서 예수님께서는 다음과 같이 말씀하십니다. **"부자가 하느님 나라에 들어가는 것보다, 낙타가 바늘구멍으로 빠져나가는 것이 더 쉽다."** 여기서 부자는 꼭 돈이 많은 사람을 의미하지 않습니다. 가진 게 너무 많아 주님께 마음을 쏟지 못하는 사람들을 의미합니다. 가진 것이 많을수록, 지켜야 할 것이 많을수록 주님 생각을 덜 하게 되는 것은 사실이라고 생각합니다. 저도 하루를 살면서 주님 생각을 얼마나 하고 있는지 돌아봤습니다. 결론은 나 또한 하늘나라라는 바늘구멍을 통과하기 힘들 것 같다는 생각이 들었습니다. 오늘 하루 내 마음속에 가득 찬, 내가 쥐고 있는 것들을 놓아두고 그 안을 주님으로 채우는 우리가 되기를 성부와 성자와 성령의 이름으로 기도립니다. 아멘.

나만의 복음밥

- 재 료 :
- 레시피 :
- 고 명 : 매일미사 (   ), 복음묵상 (   ), 성체조배 (   ), 묵주기도 (   )
- 복음밥 :

240821 | 성 비오 10세 교황 기념일

재　　료 : 마태 20,15
레시피 : "내 것을 가지고 내가 하고 싶은 대로 할 수 없다는 말이오?"

　작년에 SNS에 정치 관련 글을 쓴 적이 있었습니다. 어느 정치인이 수해 복구 현장을 가서 비가 와야 사진이 잘 나오니 비가 왔으면 좋겠다는 헛소리를 한 일이 있었습니다. 그것에 대해서 사람으로서의 염치가 없고, 위정자로 자질이 없는 사람은 다시는 정치인을 하면 안 된다는 것에 대해서 언급했습니다. 그 뒤에 저의 글에는 악플이 달렸습니다. 악플의 주된 내용은 '신앙 가스라이팅'이었습니다.

　"신부가 사랑을 이야기해야 하는데, 그런 작은 잘못을 한 사람을 용서하지 못하고 많은 사람이 보는 자리에서 비난해도 되느냐?" "신부가 자꾸 정치 이야기를 하니 성당에 다니기 싫다." "신부는 정치 이야기에 신경 끄고 그냥 미사나 하는 게 어떠냐?"

　누누이 이야기하지만 예수님께서도 사회의 불의와 공정하지 못한 것에 대해서 이야기하셨습니다. 그런데 신기한 건 그 시대에도 돈에, 정치에, 권력에 눈이 먼 사람들은 예수님의 말이 자신들의 마음을 건드리니, '없애 버릴 구실을 찾았다.'라고 성경에 나와 있습니다. 우리는 늘 주님께서 내가 잘못해도, 모자라도, 흠이 있어도, 그런 모자람과 잘못과 흠을 고칠 생각보다는 하느님이니까, 예수님이니까, 성령님이니까, 무조건 내 기도를 들어 주시고 남들보다 잘 살게 해주시길 바랄 때가 있습니다.

　그런데 그게 가능할까요? 저는 아니라고 봅니다. 왜냐하면, 주님께서는 당신만의 셈이 있으시고, 그 셈에 따라 진행하시는 분임을 오늘 복음에서 이야기해줍니다.

"내 것을 가지고 내가 하고 싶은 대로 할 수 없다는 말이오?"

우리는 오늘 하루도 주님 포도밭의 일꾼으로 살아갑니다. 그 포도밭의 다른 이름은 교회, 공동체, 가정입니다. 그 안에서 일하면서 내가 이만큼 했으니 주님께서 이만큼 들어주셔야 한다는 생각보다는 주님 말씀에 귀를 기울이고, 주님의 입장에서 생각하며 부족한 점은 고치고, 주님께서 원하시는 대로 이루어 주시기를 청한다면 주님께서 이루어 주시는 대로 기쁘게 받을 것입니다. 주님의 뜻을 온전히 받아들이는 우리가 되기를 성부와 성자와 성령의 이름으로 기도드립니다. 아멘.

나만의 복음밥

재 료 :
레시피 :
고 명 : 매일미사 (　), 복음묵상 (　), 성체조배 (　), 묵주기도 (　)
복음밥 :

240822 | 복되신 동정 마리아 모후 기념일

📖 재　료 : 마태 22,14
🥣 레시피 : "사실 부르심을 받은 이들은 많지만 선택된 이들은 적다."

　　통진성당에 주임 서리로 있었을 때 기억이 나는 한 어르신이 있습니다. 그분은 제가 부임했던 2월부터 임기가 끝나는 8월까지 성당에 오실 때마다 단 한 번도 양복을 안 입으신 적이 없습니다. 항상 정갈하고 깨끗하게 다림질된 양복을 입고 깨끗한 구두를 신고, 성당에 오셨습니다. 저는 그분의 모습을 바라보다 7월 말, 한 여름에도 양복을 입고 성당에 오시는 어르신을 보고 여쭤봤습니다. "어르신! 성당에 오실 때 매번 양복을 예쁘게 입고 오시는데요. 지금 같이 더운 날에는 시원하게 입고 오셔도 돼요." 저의 말을 들으신 어르신은 이렇게 답을 하셨습니다. "신부님, 저는 미사를 올 때마다 대통령의 만찬에 초대되었다는 마음으로 준비를 해요. 그 영광스러운 자리에 불림을 받았는데 옷부터 가지런히 입고 준비하면 마음도 준비가 되고요. 가는 발걸음과 오는 발걸음이 너무나 행복하답니다."

　　오늘 복음에서 예수님께서는 혼인 잔치에 초대되었지만 준비 없이 들어온 이를 향해 이렇게 말씀하십니다. **"사실 부르심을 받은 이들은 많지만 선택된 이들은 적다."** 어르신의 그 말씀을 듣고 미사를 봉헌하기 전에 어떤 준비를 통해 주님을 만나러 가는지 저의 모습을 돌아봤습니다. 주님께서는 매일 은총 잔치인 미사에 저를 초대해 주시는데도 저는 그 초대를 번거로워한 적도 있었고, 더위에 내 편의를 먼저 생각한 적도 있었습니다. 누구나 다 참석할 수 있는 미사, 그러나 미사의 소중함을 잘 느끼지 못하고 우리는 그 소중함을 순간순간 잊고 살아갑니다.

오늘도 주님께서는 우리를 당신의 잔치에 초대하십니다. 그 초대에 임할 때 하늘 대통령이 나를 부른다는 마음으로 하나하나 준비해 봅시다. 그럼 어느 순간 우리는 마음부터, 옷매무새, 그리고 행동까지 준비하며 주님의 잔치에 들어갈 것입니다. 주님의 잔치에 머물며 은총의 양식을 먹는 우리가 되기를 성부와 성자와 성령의 이름으로 기도드립니다. 아멘.

나만의 복음밥

- 재 료 :
- 레시피 :
- 고 명 : 매일미사 ( ), 복음묵상 ( ), 성체조배 ( ), 묵주기도 ( )
- 복음밥 :

240823 | 연중 제20주간 금요일 또는 리마의 성녀 로사 동정

재 료 : 마태 22,39
레시피 : "네 이웃을 너 자신처럼 사랑해야 한다."

며칠 전부터 배가 살살 아팠습니다. 다가오는 강의, 특강, 행사 등등 신경이 예민해져 있는 시기이기 때문에 배가 아프면 그러려니 합니다. 그런데 이번에는 조금 더 아리게 아픕니다. 걱정이 됩니다. 누워서 배도 만져보고, 밥을 먹고 음식이 위에서 잘 내려가는지 움직임도 살펴봅니다. 대장의 섬모를 타고 소화가 잘 되는지 막히는 느낌은 없는지, 계속 군데군데 쿡쿡 눌러 봅니다. 결국, 병원을 갔습니다. 병원에서 듣는 늘 똑같은 말 "신경성 위염입니다."

집으로 돌아오면서 이런 생각이 들었습니다. 몸이 아플 때 어떻게 아픈지 살펴보고 헤아려보고, 병원에까지 가는 정성으로, 이웃의 마음을 바라보려고 하고 있을까? 매번 이웃과의 관계에 있어서 어려움을 이야기하면서 정작 내 몸을 헤아리는 것만큼 이웃의 마음을 헤아리지 않고 있음을 다시금 깨닫습니다.

"**네 이웃을 너 자신처럼 사랑해야 한다.**" 오늘 하루 각자의 몸을 살피는 정성으로 이웃의 마음을 살피는 우리가 되기를 성부와 성자와 성령의 이름으로 기도드립니다. 아멘.

나만의 복음밥

- 재　료 :
- 레시피 :
- 고　명 : 매일미사 (　), 복음묵상 (　), 성체조배 (　), 묵주기도 (　)
- 복음밥 :

240824 | 성 바르톨로메오 사도 축일

📖 재 료 : 요한 1,47
🍲 레시피 : "저 사람은 거짓이 없다."

    고해성사를 할 때였습니다. 한 자매님께서 들어오셔서 말씀하시는데, 목소리가 이상했습니다. 저는 한참을 듣다 "자매님 목소리가 이상해요?"라고 여쭤봤습니다. 제 말에 자매님은 "혹시 신부님이 제 목소리를 아실까 부끄러워서 그랬어요. 죄송합니다."라고 답을 하셨습니다. 자매님의 말씀을 듣고 이렇게 답을 해드렸습니다. "자매님, 고해성사는 저에게 보이기 위한 성사가 아니라, 제 뒤에 계신 주님께 드리는 성사예요. 그러니 불편해하지 마시고 자매님이 가지고 있는 불편함을 주님께 다 드러내셔요. 그럼 주님께서 다 받아주시고, 마음의 짐을 다 가져가시고, 은총으로 채워주실 거예요. 그러니 편하게 하셔요." 제 말에 자매님은 결심을 하신 듯 편안하게 성사를 보셨고, 그 진지함과 솔직할 수 있는 용기를 주신 주님께 감사의 기도를 드리게 되었습니다.

    오늘 복음에서 예수님께서는 나타나엘을 보시고 이렇게 말씀하십니다. "**저 사람은 거짓이 없다.**" 나타나엘은 예수님을 바라보는데 있어서 속이지 않고, 감추지 않고 있는 그대로의 마음을 드러냈습니다. 그런 솔직함을 주님께서는 알고 계셨고, 나타나엘을 향해 앞으로 있을 일들, 즉 순교의 순간에 "하느님의 천사들이 사람의 아들 위에서 오르내리는 것을 보게 될 것이다."라고 말씀하셨습니다.

    바르톨로메오 사도 축일을 지내며 우리가 그의 삶에서 배워야 할 것은, 주님을 바라보는 데 있어서 솔직한 마음, 거짓 없는 삶입니다. 주님께 나아가는 데 있어서 감춘다고 모르실까요? 아닙니다. 다 아시고, 바라보십니다. 그러기에 솔직히 자신을 보여드리고, 주님께 인정받는 자녀로 거듭나는 것이 중요합니다. 오늘 하루 주님의 작은 제자로 거듭나기를 바라며 주님 보시기에 솔직하고 당당한 모습으로 나아가기를 성부와 성자와 성령의 이름으로 기도드립니다. 아멘.

나만의 복음밥

- 재 료 :
- 레시피 :
- 고 명 : 매일미사 (   ), 복음묵상 (   ), 성체조배 (   ), 묵주기도 (   )
- 복음밥 :

240825 | 연중 제21주일

📖 재   료 : 요한 6,68
🥄 레시피 : "주님, 저희가 누구에게 가겠습니까? 주님께는 영원한 생명의 말씀이 있습니다."

나이가 들어갈수록 부모님과 함께 하는 시간이 필요하다는 것을 깨닫게 됩니다. 나에게 남은 시간이 언제까지인지도 모르고, 부모님께 남은 시간도 언제까지인지 모르기에, 나에게 주어진 시간에 최선을 다하는 것이 중요하다고 생각합니다.

그래서 지난 주일에 부모님을 모시고 드라이브를 갔습니다. 평소에 제가 맛있다고 생각한 곳에서 점심을 먹고 내가 즐겨가던 카페에서 커피를 마시며 이런저런 이야기를 나누었습니다. 한참을 재미나게 이야기 하다가 어머니께서 '~라면 타령'을 하기 시작하셨습니다. "우리가 20년 전에 집을 샀더라면, 우리가 15년 전에 땅을 샀더라면, 우리가 10년 전에 사업을 바꿨더라면" 한참 어머니의 '~라면 타령'을 듣다가 저는 이런 생각이 들었습니다. '그때 먹지 못한 라면은 아무 소용이 없구나.'

오늘 복음에서 제자들도 예수님을 따라야 하는지, 말아야 하는지 기로에 서게 됩니다. 제자들은 예수님께서 드러내시는 여러 가지 기적을 보면서 그들은 예수라는 사람에게 인생을 투자할 가치가 있다고 생각이 들었던 것 같습니다. 하지만 눈으로 보이는 기적은 알아보면서, 말씀으로 다가오는 주님은 도대체 이해하지 못하고 결국 예수님을 떠나게 됩니다. 그리고 예수님께서는 남은 열두 제자에게 **너희도 떠나고 싶으냐?**"라고 물으십니다. 이에 베드로는 이렇게 말을 합니다. **"주님, 저희가 누구에게 가겠습니까? 주님께는 영원한 생명의 말씀이 있습니다."**

분명 베드로도 떠날 수 있었을 것입니다. 그럼에도 그가 남아있는 이유는 '그때 내가 예수님께 남아있었더라면'이라는 식은 라면이 아니고, 뜨겁고 살아 숨 쉬는 예수님과 함께 살기를 원했기 때문입니다. 우리는 짧은 생을 살아가면서 식은 라면을 많이 만들기만 합니다. '기도 좀 했더라면', '사랑을 나누었더라면', '짜증을 안 냈더라면'.

오늘 하루를 살며 주님께서는 우리에게도 묻습니다. **"너희도 떠나고 싶으냐?"** 그 말씀을 듣고 주님을 떠나지 말고 영원한 생명을 주시는 주님 안에 머물며 은총을 듬뿍 받으며 사는 우리가 되기를 성부와 성자와 성령의 이름으로 기도드립니다. 아멘.

나만의 복음밥

- 재　료 :
- 레시피 :
- 고　명 : 매일미사 (　), 복음묵상 (　), 성체조배 (　), 묵주기도 (　)
- 복음밥 :

240826 | 연중 제21주간 월요일

재 료 : 마태 23,13

레시피 : "불행하여라, 너희 위선자 율법 학자들과 바리사이들아! 너희가 사람들 앞에서 하늘 나라의 문을 잠가 버리기 때문이다. 그러고는 자기들도 들어가지 않을 뿐만 아니라, 들어가려는 이들마저 들어가게 놓아두지 않는다."

    부모님과 동생네 가족과 함께 호텔 식당에서 저녁을 먹은 적이 있었습니다. 가족이 호텔 입구에서 모여 식당으로 들어가기 위해 문으로 들어갈 때였습니다. 회전문이었는데, 막내 조카가 제가 들어간 칸에 딱 들어왔습니다. 막내는 까르르 웃으면서 회전문을 밀려고 손을 댔습니다. 그러자 문이 멈춰버렸고 조카는 문에 머리를 콩하고 찍었습니다. 막내는 아프면서도 재미가 있었는지 회전문이 움직이면 손을 대고 떼었다가 다시 대고, 못하게 하고 싶었지만 그렇게 하면 엄청난 생떼에 저녁을 못 먹을 수 있기에 기다려 줬습니다. 그렇게 금방 나올 수 있는 회전문을 5분이나 걸려서 나왔습니다.

    아이와 회전문 안에 있으면서 문득 사제로서의 모습이 보였습니다. 사제는 하늘나라로 들어가는 회전문에 신자들과 함께 들어가서 문이 잘 돌아 하늘나라로 들어가게 해야 하는 사명이 있습니다. 그런데 사제라는 이름의 권위로 회전문에 손을 대어 문을 못 돌게 하는 것은 아닌가 싶었습니다.

    오늘 복음에서 예수님께서는 신자들을 하늘나라로 가지 못하게 방해하는 사제들을 향해 이렇게 말씀하십니다. "**불행하여라, 너희 위선자 율법 학자들과 바리사이들아! 너희가 사람들 앞에서 하늘 나라의 문**

을 잠가 버리기 때문이다. 그러고는 자기들도 들어가지 않을 뿐만 아니라, 들어가려는 이들마저 들어가게 놓아두지 않는다." 하늘나라에 들어가고 못 들어가고는 사제가 판단하는 것이 아니라 하느님이 판단하시는 것입니다. 그러기에 신자들이 하늘나라로 가는 회전문에 손을 대지 말고 그 문이 잘 돌 수 있게 하는 것이 사제의 역할 같습니다.

오늘 하루 사제라는 이름의 권위는 내가 잘나서 주어진 것이 아니라 하느님이 주신 이름임을 기억하는 하루를 보내고 싶습니다. 그리고 세상의 모든 사제들이 그리스도를 모범으로 하여 살아갈 수 있게 신자분들의 기도를 부탁드립니다. 아멘.

나만의 복음밥

재 료 :
레시피 :
고 명 : 매일미사 (   ), 복음묵상 (   ), 성체조배 (   ), 묵주기도 (   )
복음밥 :

240827 | 성녀 모니카 기념일

재 료 : 마태 23,26
레시피 : "눈먼 바리사이야! 먼저 잔 속을 깨끗이 하여라. 그러면 겉도 깨끗해질 것이다."

　자동차가 예전에는 시동을 켜면 '부릉부릉' 소리가 났는데 요즘 시동을 켜면 '그릉그릉' 소리가 납니다. 지난번에 소리가 거슬려서 정비소에 다녀왔는데 저의 이야기를 들은 정비사는 브레이크 쪽의 문제를 이야기하셨고, 저는 브레이크 라이닝과 패드를 갈았습니다.

　갈고 한동안은 소리가 안 났는데, 다시 예전의 고양이가 위협할 때와 같은 '그릉그릉' 하는 소리가 났습니다. 어제는 동기 신부의 어머님 장례식장에서 빈소를 지키다가 자동차에 대해 잘 아는 동기 신부에게 '그릉그릉' 하는 소리의 원인에 대해 물어보니 그 친구는 이것저것을 살펴보고 이런 말을 해줬습니다. "브레이크 쪽에 문제가 없으면 엔진 쪽에 문제가 있을 수 있어, 10만 킬로미터 가까이 운행했으니 엔진에 때도 많이 끼었을 거야. 한번 엔진 안쪽을 청소해주면 소리는 안 날 것 같아." 자동차 보닛을 열어보면 밖에서 오는 먼지들로 지저분해 보이지만 그 먼지가 내부에 문제를 주는 경우는 적습니다. 대부분의 문제는 안쪽에 보이지 않는 곳에서 생기죠. 그러기에 내부의 문제를 해결하면 자연스럽게 여러 가지 문제도 해결되곤 합니다.

　오늘 복음에서 예수님께서는 옳지 못한 삶을 사는 바리사이들을 향해 다음과 같이 말씀하십니다. "눈먼 바리사이야! 먼저 잔 속을 깨끗이 하여라. 그러면 겉도 깨끗해질 것이다." 우리는 무슨 문제가 생기면 외적인 곳에서 그 문제의 답을 찾으려 할 때가 있습니다. '내 말투가 잘못되었나.', '내 행동이 잘못되었나.'. 그런데 진짜 문제는 정작 그런 말투와 행동이 나오게 된 나의 속은 바라보려 하지 않는 것입니다. 오늘 하루 외적인 문제가 있다면 밖에서 답을 찾기보다는 안에서 답을 찾아보는 우리가 되기를 성부와 성자와 성령의 이름으로 기도드립니다. 아멘.

나만의 복음밥

- 재　료 :
- 레시피 :
- 고　명 : 매일미사 (　), 복음묵상 (　), 성체조배 (　), 묵주기도 (　)
- 복음밥 :

240828 | 성 아우구스티노 주교 학자 기념일

재 료 : 마태 23,27

레시피 : "불행하여라, 너희 위선자 율법 학자들과 바리사이들아! 너희가 겉은 아름답게 보이지만 속은 죽은 이들의 뼈와 온갖 더러운 것으로 가득 차 있는 회칠한 무덤 같기 때문이다."

나이가 들어갈수록 제가 무엇을 받았는지 무엇을 나눌 수 있는지 고민하는 시간이 많아집니다. 박사가 된다는 것의 의미는 모든 것을 다 아는 척척박사로 공부를 그만해도 된다는 뜻이 아니라 혼자 공부할 수 있다는 것을 증명 받은 것입니다. 이처럼 신부가 되었다는 것은 완전체가 되었다는 것이 아니라, 이제 스스로 기도하고, 영적인 것을 공부할 수 있음을 의미한다고 생각합니다. 그런데 신부가 되고 난 뒤 제 삶을 돌아보면 제 안에 좋은 것을 담기 위해 무엇인가를 끊임없이 배우고, 연구하고, 기도하는 게 아니라, 제 안에 있는 것들을 하나씩 빼먹다가 그 밑천이 조금씩 드러나고 있는 게 느껴집니다. 밑천이 드러날수록 생각은 유연하기보다는 고루해지고, 제 삶에서 다가오는 하느님을 느끼지 못하고 다른 이들이 느끼는 하느님을 찾으며, 여유롭지 못하고, 고집만 세어지는 것을 느끼게 됩니다.

예수님께서 이런 나의 모습을 보시고 오늘 복음을 통해 이렇게 말씀하십니다. "불행하여라, 너희 위선자 율법 학자들과 바리사이들아! 너희가 겉은 아름답게 보이지만 속은 죽은 이들의 뼈와 온갖 더러운 것으로 가득 차 있는 회칠한 무덤 같기 때문이다."

우리도 세례성사와 견진성사를 받은 것으로 완전한 신자가 된 것이 아니라 그 순간부터 주님을 따르기 위한 발걸음이 시작된 것입니다. 주님을 찾기 위해 끊임없이 노력하지 않는다면 겉은 세례성사를 받은 지 10년, 20년 되어도 그 안에는 하느님이 없는 속 빈 강정 같은 완고한 신앙인의 모습으로 살아갈 것입니다. 오늘 하루 우리의 마음을 돌아보고, 자기만 앞세우는 이기심으로 가득한 모습이 보인다면 그것을 비우고 주님으로 가득 채우는 우리가 되기를 성부와 성자와 성령의 이름으로 기도드립니다. 아멘.

나만의 복음밥

재 료 :

레시피 :

고   명 : 매일미사 (   ), 복음묵상 (   ), 성체조배 (   ), 묵주기도 (   )

복음밥 :

240829 | 성 요한 세례자의 수난 기념일

📖 재 료 : 마르 6,26
🥣 레시피 : "임금은 몹시 괴로웠지만, 맹세까지 하였고 또 손님들 앞이라 그의 청을 물리치고 싶지 않았다."

무엇인가를 한결같이 쭉 한다는 것은 어려운 일입니다. 그것은 마치 물 잔 가득 물을 채우고 100미터 앞에 있는 다른 물 잔에 물을 옮기는 것과 같습니다. 제가 요즘 그 상황입니다. 복음밥을 쓰기 시작한 지 벌써 6년째 되어가고 있습니다. 누가 시켜서 한 일도 아니고 저 스스로가 저의 삶을 바로잡기 위해 시작한 일입니다. 그렇게 마음속의 그릇에 주님의 말씀을 넣고 앞으로 가는 시간에 여러 가지 일이 있었습니다. 삶을 흔드는 사람도 만나고, 기도하고 싶어도 마음이 무너지는 상황도 만났습니다. 그때 잔에 담겨 있는 물을 한두 방울 흘리기 시작했고, 점점 잔에 있는 물은 줄어들기 시작했습니다. 어느 날 문득 들고 가는 물 잔을 바라봤는데 반밖에 남아있지 않아서 마음에 들지 않았고, 그냥 쏟아버리고 멈출까 하는 유혹이 찾아 왔습니다.

성당에 앉아 주님께 지금 하고 있는 이것을 계속해야 하냐고 여쭤봤습니다. 그러자 주님께서 이렇게 말씀하시는 것 같았습니다. "베드로야 흘렸다고 생각하는 것은 너의 착각이다. 내가 보기에 너는 잘하고 있다. 그러니 지금과 같은 발걸음을 멈추지 마라."

헤로데 왕도 세례자 요한의 말을 듣고 늘 마음을 다잡았습니다. 하지만 자신의 마음속에서 한두 방울씩 흘리기 시작한 양심이 없어지는 것을 보게 되었고, 힘을 내어 세례자 요한을 지지하기보다는 결국 세례자 요한을 죽여서 자신의 잔을 깨버리는 상황을 만들었습니다. "**임금은**

몹시 괴로웠지만, 맹세까지 하였고 또 손님들 앞이라 그의 청을 물리치고 싶지 않았다." 주님의 것과 주님의 것이 아닌 일을 결정을 하는 것은 한순간이라는 생각이 듭니다. 그 상황이 다가왔을 때 인간적인 눈으로 주님을 바라보려 하지 말고 주님의 눈으로 모든 것을 바라보려 했으면 좋겠습니다. 그런 발걸음이 이어질 때 우리는 주님께서 맡기신 일을 완수할 수 있을 것입니다. 주님의 뜻을 따르고 그 뜻을 기억하고 완수하는 우리가 되기를 성부와 성자와 성령의 이름으로 기도드립니다. 아멘.

나만의 복음밥

재 료 :
레시피 :
고 명 : 매일미사 ( ), 복음묵상 ( ), 성체조배 ( ), 묵주기도 ( )
복음밥 :

240830 | 연중 제21주간 금요일

📖 재 료 : 마태 25,4
🍲 레시피 : "슬기로운 처녀들은 등과 함께 기름도 그릇에 담아 가지고 있었다."

지난번 부모님을 모시고 여행을 갔습니다. 여행을 준비하는 데 있어서 관건은 짐을 얼마나 줄이는가입니다. 일박 이일의 여행이었기에 옷짐은 얼마 안 되었지만, 세면도구를 넣어야 할지 말지 고민이 되었습니다. 좋은 숙소이기에 수건과 칫솔, 치약, 면도기가 있을 것이라는 강한 확신이 들었습니다. 저는 결국 가방 안에 속옷과 책 한 권만 넣고 그대로 여행을 출발하여 부모님을 모시고 숙소에 도착했습니다. 부모님을 방에 모셔다드리고 저도 제방으로 들어왔습니다. 짐을 풀고 화장실에 들어가서 세면도구를 살피는데 수건만 있고 다른 것은 없었습니다. 알고 봤더니 숙소에서는 비용 절감을 위해 칫솔, 치약, 면도기는 비싼 값에 따로 팔고 있었습니다. 결국, 제 눈에 비싸게 느껴져 숙소 밖을 나가 사야지 하고 나갔다가, 칫솔과 치약과 면도기를 겨우 100원 정도 저렴하게 샀습니다. 여행 짐을 줄이고자 하는 마음만 앞서 정작 필요한 세면도구를 챙기지 못한 어리석음이 미련하게 생각되었습니다.

오늘 복음에서 예수님께서는 열처녀의 비유를 들며 슬기로운 처녀들의 모습을 이렇게 말씀하십니다. "슬기로운 처녀들은 등과 함께 기름도 그릇에 담아 가지고 있었다."

우리는 성전에서 주님께 기도를 할 때 어떤 것들을 준비해야 할까요? 정작 주님이 준비하라는 것은 뒤로하고, 자신 마음대로 판단하고 생각하고 줄이고 간추려서 주님을 만날 준비를 하지는 않나요? 그리고

'주님은 다 들어주실 거야?'라며 마음에 위안을 삼고 있지는 않은지 바라봐야 합니다. 정작 필요한 것은 챙기지 않고 필요 없는 것을 챙기는 우리가 아니라 주님께서 필요로 하는 것이 무엇인지 바라보고, 챙기는 슬기로운 우리가 되기를 성부와 성자와 성령의 이름으로 기도드립니다. 아멘.

나만의 복음밥

📖 재　　료 :
🥣 레시피 :
🍚 고　　명 : 매일미사 (　), 복음묵상 (　), 성체조배 (　), 묵주기도 (　)
🔔 복음밥 :

240831 | 연중 제21주간 토요일

📖 재　료 : 마태 25,23

🥣 레시피 : "잘하였다, 착하고 성실한 종아! 네가 작은 일에 성실하였으니 이제 내가 너에게 많은 일을 맡기겠다."

지난번 정부 쪽에서 기초 기반 사업 관련 일을 하시는 분과 이야기를 나누다 이런 말씀을 들었습니다. "예전에 우리나라에서는 15년 단위, 10년 단위로 연구가 진행되었어요. 그렇게 꾸준히 연구해야 기반 사업이 준비되고, 우리 기술이 되거든요. 그런데 정권을 잡는 사람들이 자신들이 일궈놓고 남 좋은 일 하는 게 싫으니, 단기간에 성과를 낼 수 있는 사업만 해요. 그러니 산업이 발전을 이루지 못하고 늘 그 자리에 있는 거예요."

그분 말씀을 듣고 보니 그것은 정권을 잡은 사람만이 아니라, 하느님의 일을 하는 우리 안에서도 빈번하게 일어나는 일임을 볼 수 있었습니다. 큰 계획을 이루기 위해 사람을 교육하고, 행사를 진행하며 성장을 하는 것이 아니라, 본인이 있을 때 눈에 드러나는 성장을 이루고 싶어 합니다. 그러다 보니 작은 일들이 모여서 큰일을 이루는 것이 아니라, 큰일을 진행하다가 작은 일로 마무리 되는 경우가 허다하고, 사람이 바뀌거나 단체장이 바뀌면 그 일들도 흐지부지되어 사라집니다.

주님께서 우리에게 원하시는 것은 무엇일까요? 우리는 주님의 공간에서 무엇을 하는 사람들일까요? 우리가 무슨 업적을 세워야 한다면 눈에 보이는 일들이 아니라 하늘나라를 이 땅에 세워야 합니다. 그것은 하루아침에 이루어지는 것이 아니라, 우리와 같은 사람들이 눈에 보이지 않는 이웃사랑과 하느님 사랑, 그리고 기도를 꾸준히 할 때 누군가를 하늘나라와 만나게 하는 것이라고 생각합니다.

오늘 복음에서 예수님께서는 이렇게 말씀하십니다. "**잘하였다, 착하고 성실한 종아! 네가 작은 일에 성실하였으니 이제 내가 너에게 많은 일을 맡기겠다.**" 눈에 보이는 일들은 세상 누구나 할 수 있습니다. 하느님의 종들인 우리가 할 일은 누구나 하지 못하는 하느님의 자녀만이 할 수 있는 일을 해 나가야 합니다. 그 작은 일, 눈에 보이지 않는 하느님의 일을 묵묵히 해나가며 세상 사람이 아니라 하느님에게 칭찬받는 우리가 되기를 성부와 성자와 성령의 이름으로 기도드립니다. 아멘.

나만의 복음밥

재　료 :
레시피 :
고　명 : 매일미사 (　), 복음묵상 (　), 성체조배 (　), 묵주기도 (　)
복음밥 :

240901 | 연중 제22주일

📖 재   료 : 마르 7,8
🥄 레시피 : "너희는 하느님의 계명을 버리고 사람의 전통을 지키는 것이다."

예전에 본당 신부님 중에 제일 무서웠던 몇몇 신부님이 기억납니다. 미사 때 떠들면 제대 앞으로 나오라고 해서 볼이 떨어져라 잡아 당기고, 미사가 끝날 때까지 손을 들고 있으라는 분, 미사가 시작되면 성당 문을 걸어 잠그고 못 들어오게 하시는 분도 계셨습니다. 신자들도 미사 때 하느님의 신비가 온 세상에 드러나는 순간이니 떠들면 안 되고, 말씀을 먼저 읽고, 준비해야 하니 당연히 미사 시간에 늦게 오면 안 되는 줄 압니다. 그런데 그 모습을 떠올려 보면 미사에 왔다는 생각보다는 감옥에 온 것 같은 느낌이 들었습니다.

시간이 흘러 신학교에 가고 신부가 되고 난 뒤 신자들과 이야기를 나누며 깨달은 바가 있습니다. '아이 때의 신앙교육이 중요한 것은 알지만 그게 정확하게 지켜지는 가정은 별로 없으며, 그러기에 아이들은 성당에 오는 것이 놀이의 한 부분이 될 수도 있다는 것, 그리고 신자들이 주말 한가운데 시간을 내어 미사를 오기까지 상당히 많은 준비를 해야 한다는 것'입니다.

오늘 복음에서 예수님께서는 다음과 같이 말씀하십니다. **"너희는 하느님의 계명을 버리고 사람의 전통을 지키는 것이다."** 하느님의 계명은 하느님 사랑과 이웃사랑을 가르치고, 배우며, 나누는 것입니다. 하지만 어느 순간 인간이 만든 틀과 생각들이 하느님의 사랑을 배우고 느끼는 데 장애를 만들기도 합니다. 이것은 사제의 모습에서도, 봉사를 오래 한 분들의 모습에서도, 그리고 기도를 열심히 하신다는 분들의 모습 안에서도 볼 수 있습니다. 복음을 듣는다는 것, 그것은 한쪽 귀로 듣고 반대쪽 귀로 보내는 잔소리가 아니라, 한쪽 귀로 듣고 마음으로 내려, 주님의 사랑이라는 열매를 맺을 수 있게 해야 합니다.

우리 모두 하느님의 계명을 사람이 만든 전통을 지키는데 사용하지 말고, 하느님의 계명을 하느님 나라를 완성하는데 사용하는 우리가 되기를 성부와 성자와 성령의 이름으로 기도드립니다. 아멘.

나만의 복음밥

- 재 료 :
- 레시피 :
- 고 명 : 매일미사 (　), 복음묵상 (　), 성체조배 (　), 묵주기도 (　)
- 복음밥 :

240902 | 연중 제22주간 월요일

📖 재　료 : 루카 4,24
🥣 레시피 : "어떠한 예언자도 자기 고향에서는 환영을 받지 못한다."

　　대화에는 맥이 있습니다. 그 맥을 잘 찾는 사람은 상대의 숨겨져 있는 아름다움이라는 금맥을 발견할 수 있습니다. 반면에 그 맥을 잘 못 찾는 사람은 자신이 보고 싶은 것만 보고, 자신이 듣고 싶은 것만 듣고, 자신이 하고 싶은 말만 합니다. 그러기에 대화의 맥을 못 찾는 사람과 있으면 답답한 마음에 빨리 그곳을 벗어나고 싶은 마음이 듭니다.

　　예수님께서는 고향 사람들과 서로 대화의 맥을 찾으며 기쁨과 은총을 나누고 싶으셨습니다. 하지만 그들은 예수님과 대화의 맥을 찾으려 하기보다 자신들이 보고 싶은 것만 보고, 하고 싶은 이야기만 하며 대화의 맥을 찾지 못합니다. 예수님께서는 결국 그들의 완고한 마음을 보시고 이렇게 말씀하십니다. **"어떠한 예언자도 자기 고향에서는 환영을 받지 못한다."**

　　예수님과 우리와의 사이에도 대화의 맥이 있습니다. 혼자 일방적으로 찾으려고 하면 그 맥은 보이지 않을 것입니다. 오늘 하루 주님을 자신의 기준으로 판단하기보다는 무슨 말씀을 하시는지 귀 기울여 듣고 그 말씀에 맞게 행동하는 우리가 되었으면 좋겠습니다. 그렇다면 주님께서는 우리 곁을 떠나지 않고 그 안에 머물며 각자에게 필요한 은총을 찾아 주실 것입니다. 주님과 대화의 금맥을 찾아 은총을 얻는 우리가 되기를 성부와 성자와 성령의 이름으로 기도드립니다. 아멘.

나만의 복음밥

- 재　료 :
- 레시피 :
- 고　명 : 매일미사 (　), 복음묵상 (　), 성체조배 (　), 묵주기도 (　)
- 복음밥 :

240903 | 성 대 그레고리오 교황 학자 기념일

📖 재   료 : 루카 4,35
🍲 레시피 : "마귀는 그를 사람들 한가운데에 내동댕이치기는 하였지만, 아무런 해도 끼치지 못하고 그에게서 나갔다."

사람들에겐 좋은 습관도 있지만 나쁜 습관도 있습니다. 좋은 습관은 몸으로 익히기 어렵지만 나쁜 습관은 몸으로 익히기 쉽습니다. 그러기에 우리는 좋은 습관보다는 나쁜 습관을 더 많이 익히곤 합니다. 그러면 나쁜 습관은 어디에서 오는 것일까요? 저는 그것이 마귀에게서 온다고 봅니다. 왜냐하면, 나쁜 습관을 통해, 내 마음을 반으로 나누고, 공동체를 나누고, 갈라지게 만들기 때문입니다. 우리는 나쁜 습관을 고치기를 원합니다. 하지만 그것이 쉽지 않음을 압니다. 왜냐하면, 나쁜 습관을 버리면, 거기서 오는 편안함에서 멀어진다는 생각이 들기 때문입니다. 그런데 오늘 복음 말씀을 듣고 보니 나쁜 습관을 버리도록 노력해야겠다는 생각을 하게 됩니다.

복음은 이렇게 말을 합니다. **"마귀는 그를 사람들 한가운데에 내동댕이치기는 하였지만, 아무런 해도 끼치지 못하고 그에게서 나갔다."** 맞습니다. 마귀는 육신이 없기에 우리에게 육적인 해를 끼칠 수 없습니다. 단, 우리가 나쁜 습관을 버렸을 때 '힘들지는 않을까?', '아프지는 않을까?', '괴롭지는 않을까?' 하는 영적인 걱정으로 나쁜 습관을 버리지 못하게 방해합니다.

우리가 가지고 있는 나쁜 습관을 한번 바라봅시다. 그리고 그것을 고치고 싶다면 우리의 마음에 주님을 초대해 봅시다. 그러면 주님께서 우리 마음에 오시어 우리 안에 머물며 힘들게 하는 나쁜 습관이라는 마귀를 쫓아내 주실 것입니다. 나쁜 습관을 버려도 아무런 해를 입지 않으니 두려워하지 말고, 걱정하지 말고 자신 있게 나아가 봅시다. 그럼 어느 순간 주님으로 가득한 우리를 발견하게 될 것입니다. 오늘 하루 주님으로 마음을 가득 채우고 주님의 일에 앞장서는 우리가 되기를 성부와 성자와 성령의 이름으로 기도드립니다. 아멘.

나만의 복음밥

- 재 료 :
- 레시피 :
- 고 명 : 매일미사 (   ), 복음묵상 (   ), 성체조배 (   ), 묵주기도 (   )
- 복음밥 :

240904 | 연중 제22주간 수요일

재 료 : 루카 4,41
레시피 : "당신은 하느님의 아드님이십니다."

　기도했을 때나 피정을 다녀왔을 때 기분 좋은 느낌을 받을 때가 있습니다. 제가 청한 기도에 주님께서 응답해 주신 것, 기도 중에 저의 영혼을 어루만져 주시는 것, 그런 체험들은 하느님께로 향하는데 큰 원동력이 됩니다. 좋은 것을 먹거나 보게 되면 우리는 그 장소와 음식을 나누고 싶어합니다.
　그러기에 예수님이 마음속에 다가온 체험을 우리는 곧바로 만나는 사람들에게 전하고 싶어 합니다. 그런데 예수님 체험은 바로 이야기하는 것보다 마음속에 간직하고 숙성하는 작업이 필요합니다. 소중하고 귀한 것은 사람들을 만나서 소비하듯 이야기하기보다는 기도와 피정 후에도 시간을 내어 계속 기도의 응답을 기억하면서 주님의 은총을 풍요롭게 만들 필요가 있는 것입니다.
　오늘 복음에서 예수님께서는 마귀 들린 이들을 해방시켜 주십니다. 마귀는 사람에게서 나가며 **"당신은 하느님의 아드님이십니다."** 하고 소리를 질렀고, 예수님께서는 꾸짖으시며 마귀들이 말하는 것을 용납하지 않으십니다.
　사람들에게 알리는 것도 아니고 마귀들이 하느님의 권위에 복종하는 순간이 드러난 것인데도 왜 알리지 못하게 하실까요? 그것은 바로 주님의 등장을 위해 더 많은 성숙의 시간이 필요함을 말씀하신 게 아닌가 싶습니다. 예수님께서는 육적인 치유를 위해 세상에 파견되신 것이 아니라 영적인 치유, 더 나아가 세상의 모든 죄를 없애실 사명이 있으신

데 마귀들의 외침은 예수님을 인간의 필요에 의한 존재로 머물게 만들기 때문입니다.

   우리도 주님의 더 큰 능력을 기억하기보다는 단순하게 우리의 기도를 들어주시고, 은총을 주시는 분으로 한정 지을 때가 있습니다. 그리고 그런 부분에 대해서만 주님을 기억할 때가 종종 있습니다. 오늘 하루를 보내며 주님께서 각자에게 주신 은총과 사명을 기억하고, 감사한 부분을 내적으로 키워나가는 우리가 되기를 성부와 성자와 성령의 이름으로 기도드립니다. 아멘.

나만의 복음밥

- 재 료 :
- 레시피 :
- 고 명 : 매일미사 (　), 복음묵상 (　), 성체조배 (　), 묵주기도 (　)
- 복음밥 :

240905 | 연중 제22주간 목요일

재 료 : 루카 5,5
레시피 : "스승님의 말씀대로 제가 그물을 내리겠습니다."

프란치스코 교황님께서 2015년 '찬미 받으소서'라는 회칙을 반포하시며 매년 9월 1일을 '피조물 보호의 날'로 지정하셨습니다. 그 이유를 한 줄로 정리하면 다음과 같습니다. '교회는 하느님께서 창조하신 피조물의 의미를 묵상하고, 창조 질서를 파괴한 우리의 잘못을 회개하며, 생태계를 보호할 것을 다짐하는 시간을 가진다.' 입니다.

요즘 기상이변이 심상치가 않습니다. 온난화 현상은 북극의 빙하를 녹이고, 그로 인한 해수면의 상승은 가뭄과 홍수를 동반하여, 결국 인간의 고통으로 연결됩니다. 기억해 보면 근 20년간 우리는 편리함에 푹 빠져있어서 모든 문화가 일회용이 된 것입니다. 먼 과거도 아니고 1990년대에만 해도 물을 끓여서 유리병에 넣어 먹고, 장을 보면 야채, 고기, 생선을 신문지에 싸서 주기도 했습니다. 그런데 비닐봉지, 일회용 플라스틱과 용기의 범람, 그리고 에어컨과 해외여행의 증가와 비행기의 사용은 우리 생활을 편안하게 했지만, 자연은 병들어 가고, 이제 돌이킬 수 없는 길을 걷게 되었습니다.

교황님께서 이날을 지정하신 것은 편안함에서 멀어지고, 불편함으로 다가가 그 희생을 자연과 나누자는 말씀입니다. 너무도 편안해진 현 상황에 이것이 가능할까 의심하는 이들도 있을 것입니다. 오늘 복음에서는 그 불가능을 가능하게 하는 모습이 나옵니다. 그것은 바로 예수님의 말씀에 응답하여 실행한 베드로의 모습입니다. 밤새 고기를 잡지 못한 이들을 향해 예수님께서는 깊은 곳으로 가서 그물을 던지라고 말씀하십니다. 이에 다른 어부들은 '뭔 소리야!'라고 생각했는데 베드로는 앞으로 나가 **"스승님의 말씀대로 제가 그물을 내리겠습니다."**라고 말씀드립니다. 그리고 곧 많은 물고기를 잡는 체험을 합니다.

들음은 실천으로 완성된다는 것을 베드로 사도가 몸소 보여주었습니다. 우리도 매일 피조물을 보호할 방법을 생각해 보고 실천했으면 좋겠습니다. 우리의 그런 작은 실천 하나하나가 모여 이 땅에 하늘나라를 완성할 것입니다. 주님의 뜻을 믿고 실천함으로써 주님의 은총을 체험하는 우리가 되기를 성부와 성자와 성령의 이름으로 기도드립니다. 아멘.

나만의 복음밥

재 료 :

레시피 :

고 명 : 매일미사 (　), 복음묵상 (　), 성체조배 (　), 묵주기도 (　)

복음밥 :

240906 | 연중 제22주간 금요일

📖 재　　료 : 루카 5,38
🥣 레시피 : "새 포도주는 새 부대에 담아야 한다."

　　지인의 집에 초대를 받아 포도주를 마시는데 대접을 해주던 분이 새로운 포도주를 열면, 새로운 잔을 가지고 오셨습니다. 저는 "설거지하기 귀찮으니 그냥 쓰던 컵을 물에 헹궈서 마시자"라고 했습니다. 저의 말을 듣던 집주인은 이렇게 답을 했습니다. "신부님, 포도주마다 향과 품종이 달라서 잔을 바꿔야 합니다. 그러지 않으면 물로 헹궈도 전에 마시던 포도주의 향이 잔에 남아서 새로운 것과 섞여 이 맛도 저 맛도 아닌 게 되어 버려요. 그래서 번거롭지만 항상 새로운 잔에 마셔야 합니다."

　　오늘 복음에서 예수님께서는 이렇게 말씀하십니다. **"새 포도주는 새 부대에 담아야 한다."** 일을 같이 하다 보면 시작도 하지 않았는데 이런 말로 김을 빼는 사람이 있습니다. "옛날에는 이렇게 하지 않았어요. 그냥 하던 대로 해요." 그 말을 듣고 돌아보면 옛날과 상황만 비슷하지 모든 것이 바뀌었는데도, 과거에 묶여, 과거를 찾으며 시도도 하지 않고 있을 때마다 '이 상황을 어떻게 넘어가야 하나'라는 생각이 듭니다.

　　'하늘 아래 새로운 것이 어디 있을까?'라며 저도 종종 과거의 일에 마음이 묶여 새롭게 변화되는 것을 어려워할 때가 있습니다. 새롭게 일을 하려면 배워야 하고, 시행착오를 겪어야 하는 과정을 알기에 귀찮은 마음이 듭니다. 하지만 그런 마음이 든다고 시도하지 않고 과거의 방법을 고수하다 보면 결국 그 일은 이도 저도 아니거나, 과거와 같거나 그 이하의 결과가 나오게 됩니다.

　　오늘도 우리 삶에 분명 새로운 포도주가 생길 것입니다. 그것을 먹던 잔에 담는 귀찮음이 생길 때마다 그 마음을 넘어 새로운 잔을 준비하는 우리가 되기를 바라봅니다. 그래서 늘 주님의 넘치는 은총의 향기를 체험하는 우리가 되기를 성부와 성자와 성령의 이름으로 기도드립니다. 아멘.

나만의 복음밥

재　료 :

레시피 :

고　명 : 매일미사 (　), 복음묵상 (　), 성체조배 (　), 묵주기도 (　)

복음밥 :

240907 | 연중 제22주간 토요일

재 료 : 루카 6,2

레시피 : "당신들은 어째서 안식일에 해서는 안 되는 일을 하오?"

　사람과 사람 사이에 감정을 전달할 수 있는 도구로서 행동도 있지만, 말로 하는 대화가 더 클 것입니다. 대화라는 단어의 뜻을 살펴보면 다음과 같습니다. 마주할 대(對)와 말할 화(話) 즉, '마주하고 말을 한다'라는 뜻입니다. 단어의 뜻처럼 일방적으로 이야기하는 것이 아니라 서로 같이 오고 가는 것이 대화입니다. 하지만 대화를 하자고 하면서 훈계를 하거나, 잘못을 들추는 사람들이 있습니다. 그들의 말버릇은 항상 비슷합니다. 대화를 하다가 상대가 나보다 경험이 적다고 느껴지면 자신의 경험을 바탕으로 이렇게 말을 합니다. "야~야~ 그건 아니지, 이렇게 해야지" 마음을 열고 상대가 말하는 것을 끝까지 들어주고 상대의 행동을 끝까지 바라봐 준다면 어떤 말을 할지 명확하게 알 수 있을 텐데, 대화를 한다고 하면서도 대화가 아닌 충고를 하려는 모습을 보입니다.

　안식일에는 쉬어야 하는데. 배가 고파 밀 이삭을 뜯어 손으로 비벼 노동이라는 것을 한 예수님의 제자들을 향해 바리사이는 이렇게 대화를 시작합니다. **"당신들은 어째서 안식일에 해서는 안 되는 일을 하오?"** 예수님과 정말 대화를 하고 싶었다면, 따지듯이 물어보는 것이 아니라 "오늘은 안식일인데 밀 이삭을 드신 것을 보니 무슨 일이 있으셨나 봐요?"라고 물어보는 게 더 좋았을 것 같다는 생각을 해봅니다.

　돌아보면 우리의 마음속에도 바리사이와 같은 모습을 보일 때가 있습니다. 그러기에 상대의 말을 끝까지 듣고 답을 하는 대화가 아니라, 우리의 경험에 비춰서 충고를 하려 할때가 종종 있는 것입니다. 우리가 일상에서 만나는 사람들을 작은 예수님으로 여기고 마음을 열고 대화를 한다면 우리의 마음은 은총의 통로가 되어 더 많은 사람이 주님을 느끼게 할 것입니다. 그런 우리가 되기를 성부와 성자와 성령의 이름으로 기도드립니다. 아멘.

나만의 복음밥

- 재　료 :
- 레시피 :
- 고　명 : 매일미사 (　), 복음묵상 (　), 성체조배 (　), 묵주기도 (　)
- 복음밥 :

240908 | 연중 제23주일

📖 재　료 : 마르 7,33

🥣 레시피 : "예수님께서는 그를 군중에게서 따로 데리고 나가셔서, 당신 손가락을 그의 두 귀에 넣으셨다가 침을 발라 그의 혀에 손을 대셨다."

　　가끔 유튜브를 통해 어떤 사람이 구마 예식을 하는 것을 볼 때가 있습니다. 사람들이 수천 명이 모여 있고 그 가운데 주인공 같은 사람이 나와서 성경 말씀을 읽습니다. 그리고 그룹사운드 반주를 통해 아주 멋진 성가를 부르고 난 뒤 마귀가 들렸다고 생각하는 사람들을 앞으로 부릅니다. 그러면, 사람들이 쭈뼛쭈뼛거리며 앞으로 나옵니다. 잠시 후 주인공 같은 사람은 예수님의 이름을 부르며 구마 예식을 합니다. "네 이름이 뭐냐?", "음란의 마귀입니다.", "이 사람에게서 나가라.", "꾸에에에엑" 그럼 마귀 들렸다고 주장하는 사람은 그 자리에 쓰러지며 편안한 얼굴이 되고, 그 장면을 큰 화면으로 본 사람들은 마귀라고 지칭된 것을 쫓아낸 사람을 우러러보게 됩니다.

　　그런데 성경을 읽어보고 묵상하며 예수님의 치유도 이렇게 요란했을까 하는 생각이 들었습니다. 그분은 자신의 치유 장면을 웬만하면 드러내지 않으시고, 혹여 치유한 사람이 있어도 그것을 제사장에게만 보이고 알리지 말라고 신신당부하십니다. 왜일까요?, 자신이 치유하여 사람들을 구원한다고 말하면 사람들이 구름 떼처럼 따를 텐데 왜 그렇게 행동하셨을까요?

　　예수님께서는 사람들이 하느님을 바라볼 때 치유에만 집중하지 않기를 바라신 게 아닌가 싶습니다. 무엇인가를 청하고, 이루어야하는 관계는 그것이 이루어지지 않았을 때 실망하기 때문입니다. 그러기에 주님께서는 사람들과의 거리를 두고 은밀하게 당신의 일을 하셨습니다.

오늘 복음에서 예수님께서는 귀먹고 말 더듬는 이(복음에 나온 표현)를 군중에게서 따로 데리고 나가셔서 치유해 주십니다. 이것은 치유의 순간은 화려함이 아니라 간결하며, 주님의 은총은 담백하다는 것을 보여주는 예시라고 생각합니다. 신앙생활을 하다 보면 기적과 치유만을 쫓아 따라가는 사람들이 있습니다. 그런데 단언할 수 있는 것은 그곳에서 느낄 수 있는 것은 더 큰 자극과 요구일 것입니다. 혹시 기도와 치유가 필요하다면 성전으로 찾아와 감실에 계신 예수님께 오시기를 부탁드립니다. 그러면 주님께서 우리의 영혼을 당신의 내밀한 공간으로 부르시어 조용히 치유의 은총을 주실 것입니다. 주님의 은총에 조용히 몸을 맡기는 오늘 하루가 되기를 성부와 성자와 성령의 이름으로 기도드립니다. 아멘.

나만의 복음밥

재 료 :
레시피 :
고 명 : 매일미사 (　), 복음묵상 (　), 성체조배 (　), 묵주기도 (　)
복음밥 :

240909 | 연중 제23주간 월요일

📖 재　료 : 루카 6,10
🥣 레시피 : "손을 뻗어라."

　길에서 기어가는 지렁이를 손가락으로 툭 치면 몸이 번데기처럼 오그라듭니다. 갯벌에서 기어가던 꽃게의 눈 위에 손을 대면 눈이 쏙 하고 오그라듭니다. 오그라드는 이유는 무엇일까요? 그것은 자신의 몸을 보호하기 위해서 입니다.

　사람도 말과 행동으로 상처를 주고받습니다. 그럴 때마다 상처받은 몸과 마음은 오그라듭니다. 그런데 상처받기 싫어서 마음이 오그라든 채로 살아가는 것은 무척 힘이 듭니다. 오늘 복음에서 예수님께서는 어떻게든 예수님의 마음에 상처를 주려고 하는 마음이 꼬여있는 바리사이들과 율법학자들의 마음을 고쳐주고자 하십니다.

　그것을 손이 오그라든 사람의 손을 고쳐 주는 것으로 보여주십니다. **"손을 뻗어라."** 이것은 몸이 병든 사람을 향한 말씀이기도 하고, 마음이 병든 사람을 향한 말씀이기도 합니다. 그런데 몸이 아픈 사람은 치유를 받지만 마음이 아픈 바리사이들과 율법학자들은 치유를 받지 못하고 예수님을 어떻게 할까를 서로 의논하였다고 복음은 전합니다. 그만큼 몸이 아픈 것보다 마음이 아픈 것을 고치기가 더 어려운 것 같습니다.

　오늘 하루를 시작하며 각자 마음에 오그라든 부분을 바라보십시오. 그리고 주님께 그 부분을 자유롭게 해달라고 청하십시오.

　믿음의 상처로 오그라든 부분은, 신뢰를 달라고 청하고,
　사랑의 상처로 오그라든 부분은, 더 큰 사랑을 달라고 청하며,

다툼의 상처로 오그라든 부분은, 화해를 주십사 청하십시오.

그러면 주님께서 우리에게 이렇게 말씀하실 것입니다. **"손을 뻗어라."**
주님의 말씀을 통해 마음의 오그라든 부분이 치유를 받고 주님을 통해 은총의 삶을 사는 하루가 되기를 성부와 성자와 성령의 이름으로 기도드립니다. 아멘.

나만의 복음밥

- 재 료 :
- 레시피 :
- 고 명 : 매일미사 (   ), 복음묵상 (   ), 성체조배 (   ), 묵주기도 (   )
- 복음밥 :

240910 | 연중 제23주간 화요일

📖 재　 료 : 루카 6,13

🥣 레시피 : "그리고 날이 새자 제자들을 부르시어 그들 가운데에서 열둘을 뽑으셨다. 그들을 사도라고도 부르셨는데,"

　　본당에는 사목회가 있습니다. 사제를 도와 하느님의 나라를 이 땅에 이루기 위해 신자 중에서 대표로 뽑힌 사람들입니다. 사목회를 뽑을 때 신기한 것은 뽑힌 사람들을 향해 뽑히지 못한 사람들이 자격을 논한다는 것입니다. "그 사람은 저것을 잘 못하고. 저 사람은 이런 흠이 있고, 저 사람은 그런 불편함이 있고." 등등. 뽑힌 사람들이 잘해 나가기를 바라는 마음보다는 뒤꿈치를 밟아 넘어트리려는 마음을 가진 사람들을 보면서 마음이 아플 때가 있습니다. 예수님께서는 제자 중에 열둘을 뽑으셨습니다. 제자들 그것도 예수님의 제자들이라면 엄청나게 똑똑한 사람들, 멋지고 흠 없는 사람들이라고 생각할 것입니다.

　　그런데 밤새워 기도하시고 뽑으신 열두 제자의 모습을 보면 흠이 가득한 사람들이었습니다. 무식한 사람들이 하는 직업이라 여겨진 어부, 열혈 당원 정치인, 사람들에게 매국노라 비난받는 세리, 그리고 자신을 팔아넘길 배신자까지. 예수님의 제자라고 모인 사람들은 하나같이 흠결이 많은 사람이었습니다. 그러면 이들을 뽑으신 이유는 무엇일까요? 그것은 하늘나라는 특별한 이들이 만들어 가는 것이 아니라. 보통 사람이 만들어 간다는 것을 보여주시기 위함이라 여겨집니다.

　　우리가 본당 일을 하는데 부르심을 받지 못해도, 세례를 통해 주님의 부르심을 받은 사도임을 잊지 않았으면 좋겠습니다. 다른 사람의 흠을 찾기 전에 자신의 흠을 바라보고, 나도 주님의 나라를 이루는 사도라는 생각을 잊지 않기를 바랍니다. 그런 생각을 해나갈 때 주님께서는 우리를 열세 번째 제자의 자리에 앉혀주실 것입니다. 주님의 부르심에 응답하여 앞으로 나아가는 우리가 되기를 성부와 성자와 성령의 이름으로 기도드립니다. 아멘.

나만의 복음밥

- 재 료 :
- 레시피 :
- 고 명 : 매일미사 (   ), 복음묵상 (   ), 성체조배 (   ), 묵주기도 (   )
- 복음밥 :

240911 | 연중 제23주간 수요일

📖 재　료 : 루카 6,22-23

🥣 레시피 : "사람들이 너희를 미워하면, 그리고 사람의 아들 때문에 너희를 쫓아내고 모욕하고 중상하면, 너희는 행복하다! 그날에 기뻐하고 뛰놀아라. 보라, 너희가 하늘에서 받을 상이 크다."

9월 순교자 성월을 보내며 김대건 신부님의 옥중서한을 읽어보았습니다. 1846년 8월 29일, 순교를 앞둔 김대건 신부님께서 신자들에게 하직 인사를 하는 편지인데, 추신에 이런 내용이 있습니다.

"세상 온갖 일이 막비주명(주님의 명이 아닌 것이 없음) 이오, 막비주상주벌(주님의 상벌이 아닌 것이 없음) 이라. 고로 이런 박해도 역시 주님께서 허락하신 바니, 너희 감수 인내하여 위주하고 오직 주께 슬피 빌어 빨리 평안함을 주시기를 기다려라. 내 죽는 것이 너희 육정과 영혼 대사에 어찌 거리낌이 없으랴. 그러나 천주 오래지 아니하여 너희에게 나보다 더 착실한 목자를 보내주실 것이니 부디 서러워 말고 큰 사랑을 이루어 한 몸같이 주님을 섬기다가 사후에 한 가지로 영원히 천주 대전에 만나 같이 누리기를 진심으로 바란다. 잘 있거라."

순교를 앞둔 김대건 신부님은 무엇을 바라보시며, 기억하셨을까요? 편지를 통해 바라본 신부님은 오늘의 복음 말씀을 기억하셨을 것 같습니다. "사람들이 너희를 미워하면, 그리고 사람의 아들 때문에 너희를 쫓아내고 모욕하고 중상하면, 너희는 행복하다! 그날에 기뻐하고 뛰놀아라. 보라, 너희가 하늘에서받을 상이 크다."

하루를 살다 슬프거나, 괴로운 일이 있으면, 거기에 빠져있느라 주님께서 주시는 선물을 보지 못하고, 이 일이 빨리 지나가기를 바라곤 합니다. 삶의 절박한 순간에도 주님의 뜻을 기억하신 김대건 신부님처럼 우리에게 주어지는 모든 일이 주님께서 허락하셨기 때문에 이루어지는 것임을 기억했으면 좋겠습니다. 그 기억이 어려운 순간에 우리를 은총의 순간으로 이끌어 줄 것이기 때문입니다. **"보라, 너희가 하늘에서 받을 상이 크다."** 주님께서 주시는 상을 받고자 노력하는 우리가 되기를 성부와 성령의 이름으로 기도드립니다. 아멘.

나만의 복음밥

재 료 :
레시피 :
고 명 : 매일미사 (   ), 복음묵상 (   ), 성체조배 (   ), 묵주기도 (   )
복음밥 :

240912 | 연중 제23주간 목요일 또는 지극히 거룩하신 마리아 성명

📖 재　료 : 루카 6,31
🥣 레시피 : "남이 너희에게 해 주기를 바라는 그대로 너희도 남에게 해
　　　　　주어라."

　　어머니는 가끔 저에게 이것저것 사주십니다. 그런데 저에게 필요한 것보다는 저에게 없어도 되는 것도 사주십니다. 그래서 어느 순간부터 어머니에게 "제가 필요한 게 있으면 말씀드릴 테니 사지 마세요."라고 했습니다. 그렇게 많이 거절을 했습니다. 그리고 혹여나 아들 것이라고 물건을 사면 왜 사셨냐고 따지듯이 말을 했습니다. 그러면서 저는 부모님이 필요한 것이라면 사드렸습니다. 그게 잘하는 것이라고 생각했습니다.

　　어느 날 지인에게 부모님과 선물을 주고받는 것에 대해 이야기를 나누었습니다. 그 말을 들은 지인은 이렇게 답을 했습니다. "신부님! 자신은 선물하며 상대가 기뻐하기를 바라고, 자신은 필요한 것만 받는 것은 너무 이기적이라는 생각이 들어요. 자신에게 필요하지 않는 것이라도 부모님이 주시는 것을 잘 받는 것도 사랑을 실천하는 것 같아요. 부모님도 자녀에게 무엇인가를 해 줄 수 있다는 것이 큰 기쁨일 테니까요."

　　오늘 복음에서 예수님께서는 이렇게 말씀하십니다. **"남이 너희에게 해 주기를 바라는 그대로 너희도 남에게 해 주어라."** 나이를 먹을수록 남의 입장에서 생각하기보다 자신의 입장에서 생각하는 경우가 많아지는 것 같습니다. 특히 부모님과의 관계에서는 더 심해지는 것을 느낍니다. 다시 한 번 예수님의 말씀을 통해 저의 부족한 마음을 되돌아봅니다. 우리 각자 오늘 하루 이웃이 우리에게 해주기를 바라듯 이웃에게 해주면서 은총을 얻는 우리가 되기를 성부와 성자와 성령의 이름으로 기도드립니다. 아멘.

나만의 복음밥

📖 재 료 :

🥣 레시피 :

🔔 고 명 : 매일미사 (   ), 복음묵상 (   ), 성체조배 (   ), 묵주기도 (   )

🍚 복음밥 :

240913 | 성 요한 크리소스토모 주교 학자 기념일

📖 재　　료 : 루카 6,41

🥣 레시피 : "너는 어찌하여 형제의 눈 속에 있는 티는 보면서, 네 눈 속에
있는 들보는 깨닫지 못하느냐?"

　바둑이나 장기를 둘 때 이상하게 본인이 하면 보이지도 않던 길들이 잘 보일 때가 있습니다. 제가 그 판 안에 있을 때는 보이지 않던 것이 밖에 있을 때는 너무나 잘 보여서 마치 전문가가 된 것 같은 느낌이 듭니다.

　그렇게 바둑과 장기를 두고 있는데 잘 보인다고 훈수를 두면 어떻게 될까요? 바둑과 장기를 두는 당사자들에게 눈치를 받거나, 욕을 먹게 될 것입니다. 그러기에 상대의 실수가 잘 보여도 이야기하지 말아야 하는 것은 상대의 티를 통해 나의 부족한 점을 먼저 파악하고 내가 바둑이나 장기를 둘 때 반복된 실수를 하지 않게 내실을 다지는 게 우선이기 때문입니다.

　그런 사실을 알면서도 우리는 상대의 실수를 보며 내실을 다지기보다는 상대의 실수를 이야기하며 자신의 부족한 점을 고칠 소중한 기회를 흘려버리게 됩니다. 이것에 대해 예수님께서는 다시 한번 우리에게 말씀하십니다. **"너는 어찌하여 형제의 눈 속에 있는 티는 보면서, 네 눈 속에 있는 들보는 깨닫지 못하느냐?"** 이 말씀은 즉, 상대의 흠을 바라보며 다른 이들에게 그 흠을 이야기하지 말고 그것을 자신의 부족한 점을 고치는데 쓰라는 것입니다.

　살아가며 상대의 흠을 이야기하는 게 나의 부족한 점을 고치는 것보다 쉽다는 것을, 각자 그런 경험이 있기에 잘 안다고 생각합니다. 다

른 사람의 삶을 바라보며 평생 훈수만 하는데 시간을 보내다 자신의 삶은 정작 한번 제대로 이겨보지도 못하고 지는 삶을 산다면 얼마나 허무할까요? 오늘 하루 남의 눈에 티를 보며 빼줄 생각을 하지 말고, 상대의 눈에 비친 내 눈의 들보를 보고 빼고자 노력하는 우리 모두가 되기를 성부와 성자와 성령의 이름으로 기도드립니다. 아멘.

나만의 복음밥

- 재　료 :
- 레시피 :
- 고　명 : 매일미사 (　), 복음묵상 (　), 성체조배 (　), 묵주기도 (　)
- 복음밥 :

240914 | 성 십자가 현양 축일

재 료 : 요한 3,17
레시피 : "하느님께서 아들을 세상에 보내신 것은, 세상을 심판하시려는 것이 아니라 세상이 아들을 통하여 구원을 받게 하시려는 것이다."

어떤 자매님께 연락이 왔습니다. 아들이 국가에서 운영하는 기관에 시험을 보는데 경쟁률이 높아 합격할 수 있도록 기도해 달라고 하셨습니다. 그래서 저는 기도했습니다. "주님! 그 형제가 열심히 준비했다고 들었습니다. 그 형제에게 합격의 기회를 주십시오. 하지만 그 자리가 더 필요한 이가 있다면 그 사람에게 기회를 주십시오. 그리고 그 형제가 합격이나 불합격에 연연하지 않고 당신을 의지하며 살 수 있는 힘을 주십시오." 얼마 뒤에 자매님에게 전화가 왔습니다. 저는 합격 여부를 물었고, 자매님은 "아들이 떨어졌다."라고 말씀을 하셨습니다. 하지만 다행인 건 무슨 연유에서인지 아들은 부모보다 더 의연하게 다음에도 기회가 있을 거라면서 기도하며, 준비하고 있다고 전하셨습니다.

오늘 복음에서 예수님께서는 이렇게 말씀하십니다. "**하느님께서 아들을 세상에 보내신 것은, 세상을 심판하시려는 것이 아니라 세상이 아들을 통하여 구원을 받게 하시려는 것이다.**" 이 말씀에 집중해보면 우리가 주님을 따르는 근본 이유가 들어있습니다. 주님께서는 우리의 소원을 들어주시는 분이 아니라 우리를 구원으로 이끄는 분이십니다.

일상을 살아가면서 우리에게 많은 고통과 아픔과 어려움이 다가옵니다. 그럴 때 우리는 기도를 하고 그 기도의 응답을 기다립니다. 그렇게 기도를 봉헌하며 이렇게 말씀드렸으면 좋겠습니다. "주님께서 이 상황을 통해 저를 어떤 모습으로 완성시키실지 모르겠지만, 당신이 원하시는 방법으로 앞으로 나아갈 수 있도록 이끌어 주십시오. 저는 당신의 십자가를 뒤에서 따르겠습니다." 주님께 온전히 자신을 내어 드리고 십자가를 바라보는 삶, 그것이 우리를 구원으로 이끌 것입니다. 오늘 하루 주님의 십자가를 바라보면서 온 마음을 다해 따라갈 수 있는 용기를 청하는 우리가 되기를 성부와 성자와 성령의 이름으로 기도드립니다. 아멘.

나만의 복음밥

- 재 료 :
- 레시피 :
- 고 명 : 매일미사 (   ), 복음묵상 (   ), 성체조배 (   ), 묵주기도 (   )
- 복음밥 :

240915 | 연중 제24주일

📖 재 료 : 마르 8,34
🍲 레시피 : "누구든지 내 뒤를 따르려면 자신을 버리고 제 십자가를 지고 나를 따라야 한다."

바오로 딸 서원에 갔다가 눈에 띄는 책 한 권을 보았습니다. 제목은 '식별하는 삶'입니다. 저자는 수도자와 사제의 영성 교육에 앞장서 온 엔조 비앙키 수사님 입니다. 그리스도교 신자들은 하느님의 말씀에 따라 보고 알고 느끼고 판단하고 행동하기 위해 식별의 능력을 키워야 합니다. 엔조 비앙키는 우리가 그리스도인으로서 식별의 능력을 키울 수 있는 방법을 성경과 성령을 통해서, 그리고 양심을 통해서 알 수 있다고 합니다. 책의 내용 중에 깊게 와닿았던 구절이 있어서 나눠봅니다.

"식별은 위에서부터 오는 은사이며, 주님이시며 구세주이신 예수 그리스도를 알아보는 것이기 때문에 식별의 근본 주체는 성령이다. 영적 식별은 우리 안에서 활동하시는 성령의 은사이기에 믿는 이들은 마음 안에서 출발하여 보고, 듣고, 생각하고, 감각을 사용하여 식별을 실행하는 주체이다. 그러기에 식별하는 데 있어 성령께 주도권을 맡기고 온순하게 경청하며 따라야 한다."

오늘 복음에서 예수님께서는 제자들에게 "사람들이 자신을 누구라고 하느냐?"하고 식별의 물음을 던지십니다. 그것에 베드로는 정확한 판단으로 "예수님은 그리스도이십니다."라고 대답을 합니다. 하지만 곧바로 예수님의 다음 시험에서 넘어지고, 예수님께서는 베드로의 내면을 향해 똑바로 식별하라는 뜻으로 인간의 일만 생각하는 사탄이라고 말씀하십니다. 그리고 예수님께서는 올바로 식별하는 방법을 알려주십니다.

"누구든지 내 뒤를 따르려면 자신을 버리고 제 십자가를 지고 나를 따라야 한다."

주님께서는 오늘도 우리를 식별의 삶으로 초대하십니다. 그 삶은 내가 하고 싶은 것을 하고, 내가 먹고 싶은 것을 먹고, 내가 느끼고 싶은 것을 다 하면서 얻을 수 없습니다. 왜냐하면, 내가 하고 싶은 대로 하다 보면 식별의 눈이 사라지기 때문입니다. 하늘나라를 바라보고, 그곳을 향해 가고 싶다면 내가 하고 싶은 것을 하느라 팽개쳐 놓았던 십자가를 다시 한번 찾아 져봅시다. 내가 주님을 위해 불편하고, 답답하고 힘든 시간을 보낼수록 우리의 영혼은 하늘에서 바라볼 때 반짝이고 있을 것입니다. 주님 보시기에 지상에서 별처럼 빛나는 우리가 되기를 성부와 성자와 성령의 이름으로 기도드립니다. 아멘.

나만의 복음밥

- 재　료 :
- 레시피 :
- 고　명 : 매일미사 (　), 복음묵상 (　), 성체조배 (　), 묵주기도 (　)
- 복음밥 :

240916 | 성 고르넬리오 교황과 성 치프리아노 주교 순교자 기념일

재　료 : 루카 7,6
레시피 : "저는 주님을 제 지붕 아래로 모실 자격이 없습니다."

　　예수님 시대는 이스라엘 백성들이 로마의 지배를 받고 있었던 때였습니다. 로마는 다신교 나라이기에 하느님만이 유일신이라고 여기는 이스라엘 백성이 '로마라는 사회와 어울리지 않으려 한다.'라고 여기며 탐탁지 않아 했습니다. 그러기에 로마의 군인들은 지속해서 이스라엘 백성들을 박해하며 감시했습니다. 그런데 오늘 복음에 나온 백인 대장은 제가 아는 로마군의 대장의 모습이 아닙니다. 로마 군인 백 명의 대장이라는 뜻으로 백인 대장인데, 지금으로 치면 대대장 같은 개념입니다. 자신이 힘을 쓰고자 하면 길을 가던 이스라엘 사람을 쉽게 무릎 꿇릴 수 있는 권세가임에도, 오히려 예수님 앞에 무릎을 꿇고 자신의 종을 살려달라고 말을 합니다.

　　그리고 백인 대장이 기존의 로마 사람들과 다르게 유다인들에게 호의적이고 회당까지 지어줬다는 것은 그가 상대의 문화를 존중하는 겸손이 있음을 알려주는 것입니다. 예수님께서는 유다인의 원로들에게 백인 대장에 대한 이야기를 듣기 전부터 그의 마음이 얼마나 겸손한지, 그를 통해 하느님의 사랑이 드러날 수 있음을 알고 계셨습니다. 백인 대장은 예수님께서 자신의 집으로 오신다는 말을 듣고 사람들을 보내어 이런 말을 전합니다. **"저는 주님을 제 지붕 아래로 모실 자격이 없습니다."** 백인 대장도 알고 있었습니다.

　　자신이 어떤 착한 일을 하더라도 로마의 군인으로 저질렀던 잘못을 씻을 수 없기에 예수님을 모시는 것을 부끄러워했을 것입니다. 자신이 무엇을 잘못하고 있음을 안다는 것이 얼마나 중요한지 보게 되는 대목입니다. 예수님께서는 그의 겸손한 마음을 보시고 아픈 종을 치유해 주십니다.

주님께서는 우리가 어떤 잘못을 하는지 어떤 흠이 있는지 다 알고 계십니다. 그런 마음이 있으면서 잘못을 고백할 생각보다는 그것을 숨기며 자신의 청을 주님께 드릴 때가 있습니다. 그런 마음이 들려 할 때 백인 대장의 마음을 다시 한번 기억했으면 좋겠습니다. 우리의 부족함을 고백하고, 주님을 섬기려 한다면 숨은 마음도 보시는 주님께서 우리가 청하는 것을 들어주실 것입니다. 그런 순간을 기쁘게 맞이하는 우리가 되기를 성부와 성자와 성령의 이름으로 기도드립니다. 아멘.

나만의 복음밥

- 재 료 :
- 레시피 :
- 고 명 : 매일미사 ( ), 복음묵상 ( ), 성체조배 ( ), 묵주기도 ( )
- 복음밥 :

240917 | 한가위

📖 재　　료 : 루카 12,15
🥣 레시피 : "너희는 주의하여라. 모든 탐욕을 경계하여라."

어떤 신부님께서 이런 말씀을 하셨습니다. "며칠 전에 아령이 필요해서 인터넷 검색을 했더니 자신의 계정이 연결된 모든 SNS에 아령과 관련된 광고가 연속해서 뜬다."라는 것이었습니다. 그리고 광고가 너무 많이 올라와서 그 광고를 어떻게 없앨 수 있는지 저에게 물어봤습니다. 방으로 돌아와 검색을 해봤는데, 요즘 인터넷은 알고리즘을 이용하여 사용자가 어떤 취향인지 무엇을 검색하는지, 저장해 두었다가 그것과 비슷한 것들을 인터넷 속에 있는 검색 AI가 사용자에게 제시해 준다는 것이었습니다. 그것을 없애려면 다른 것을 찾아보거나, 검색을 멈추는 것밖에 답이 없다고 알려주었습니다.

가만히 생각해 보니 인터넷의 추천 검색어는 우리의 머릿속에서 생각하는 것과 구조가 비슷했습니다. 길을 걷다가 내가 원하는 것을 보게 되면, 우리는 그것을 생각하고 그것을 사기 위해 끊임없이 생각을 발전시키고, 그것이 내 품에 들어올 때까지 생각을 멈추지 않습니다. 그러기에 예수님께서는 오늘을 살아가는 우리에게 이렇게 말씀하십니다.

"너희는 주의하여라. 모든 탐욕을 경계하여라." 우리가 머릿속으로 세상의 것인 돈, 명예, 건강, 행복을 채우려고 하면 할수록 생각의 알고리즘은 우리를 더욱 세속적인 것으로 안내합니다. 반면에 우리가 기도를 하고 내 안을 하느님의 것으로 채우면서 하느님을 생각하면, 신앙의 알고리즘은 영적인 것들을 끊임없이 찾도록 안내합니다. 추석을 보내며 건강 걱정, 취업 걱정, 돈 걱정이 많아서, 뒤숭숭하고 마음이 불안할 것입니다. 그런데 가족이 모여서 이런 것들을 이야기해도 답이 있을까요?

답이 없는 이야기, 무거운 이야기의 반복 속에 서로 어려움만을 되새기고 기억하고 반복하게 될 것입니다. 추석을 맞아 가족이 모였을 때 하느님을 이야기하고 서로에게 축복을 빌어주고, 서로를 위해 기도해 준다면, 신앙 알고리즘은 세상의 것이 아닌 영적인 것으로 우리 모두를 이끌어가고 하느님의 사람으로 변화시킬 것입니다. 이번 추석 잠시만이라도 하느님을 이야기하고 그분이 우리에게 베풀어 주신 사랑과 자비를 기억하는 순간이 있기를 성부와 성자와 성령의 이름으로 기도드립니다. 아멘.

여러분! 주님의 은총으로 풍성한 한가위 되셔요.

나만의 복음밥

- 재 료 :
- 레시피 :
- 고 명 : 매일미사 (   ), 복음묵상 (   ), 성체조배 (   ), 묵주기도 (   )
- 복음밥 :

240918 | 연중 제24주간 수요일

📖 재 료 : 루카 7,35
🥣 레시피 : "지혜가 옳다는 것을 지혜의 모든 자녀가 드러냈다."

살아가다 보면 억울한 일을 당하곤 합니다. 그것도 내일이 아니라 하느님 일을 하다가 억울한 일을 당하는 경우가 있습니다. 그런 일을 경험할 때는 끝이 없을 것 같고, 사방이 막힌 방에 갇혀 나가지 못하는 것은 아닌가 하는 두려움이 찾아오곤 합니다. 그런 상황을 겪은 적이 있었습니다. 처음 겪는 상황이기에 선배 신부님께 지금의 억울함을 말씀드렸습니다. 그러자 선배 신부님은 이렇게 말씀해 주셨습니다.

"억울한 일을 당했을 때 교회에서 하는 가장 큰 대응 방법은 침묵이야. 사람 마음이야 일일이 다 대응하고 해명하고 싶겠지, 그런데 그렇게 하나하나 다 해명하다 보면 일이 더 커지고 복잡해지는 것을 볼 수 있거든, 침묵을 지키되 그 침묵을 주님과 함께할 수 있게 기도 안에서 침묵해 봐. 그리고 너를 억울함에 몰고 갔던 사람들을 용서하려고 노력해 봐. 그 기도와 침묵과 용서가 주님이 너에게 주는 지혜가 될 것이고, 시간이 흐르고 난 뒤에 '그 지혜가 옳다는 것은 그 지혜가 이룬 일로 드러나는 것'을 보게 될 거야."

선배 신부님의 말씀대로 침묵했고, 기도했고, 용서하고자 했습니다. 여전히 용서의 마음은 힘들지만, 조금씩 좋아지리라 생각이 듭니다. 오늘도 살아가며 각자의 상황 안에서 억울한 일들을 만날 것입니다. 가까운 사람의 배신, 주위 사람들의 모함, 작은 잘못이 큰 잘못으로의 변화 등, 분명 그런 일을 당했을 때 침묵보다는 소리치고 싶을 것입니다. 그런데 소리치고 싶은 그 마음을 누르고 주님 안에 침묵으로 머무는 지혜를 청해봅시다. 그 지혜로서 주님 안에 머문다면 우리의 삶 안에서 주님의 지혜가 옳았다는 것이 그 지혜가 이룬 일로 드러날 것입니다. 주님의 섭리를 몸으로 실천하며 살아가는 우리가 되기를 성부와 성자와 성령의 이름으로 기도드립니다. 아멘.

나만의 복음밥

- 재 료 :
- 레시피 :
- 고 명 : 매일미사 (   ), 복음묵상 (   ), 성체조배 (   ), 묵주기도 (   )
- 복음밥 :

240919 | 연중 제24주간 목요일 또는 성 야누아리오 주교 순교자

재 료 : 루카 7,50
레시피 : "네 믿음이 너를 구원하였다. 평안히 가거라."

    요즘 운동을 배우고 집에서 그 운동을 실행하며 익히고 있습니다. 부위별 운동에는 그에 맞는 시간이 있습니다. 허벅지를 당기는 운동은 양쪽 30초씩 3번, 허리를 펴는 운동은 1분씩 3번, 어깨를 옆으로 당기는 운동은 1분씩 양쪽 3번 등등, 한 부위 한 부위 정성을 다해 나아갑니다. 다른 근육이 발달하고, 잘 늘어나는 부분은 하는 데 어려움이 없습니다.
    하지만 제 몸을 제 힘으로 들어서 지탱해야 하는 스트레칭은 해도 해도 적응이 안 되고, 자꾸 꾀가 생깁니다. 1분씩 3번 해야 하는 운동임에도 하다가 꾀가 나면 40초 하고, 쉬었다가 20초를 하든지 30초씩 두 번 나눠서 하든지 했습니다. 이렇게 하다가 선생님 앞에서 집에서 연습한 동작을 하게 되었고, 1분 동안 버텨야 함에도 꾀를 부린 제 몸은 버티지 못하고, 자꾸 넘어졌습니다. 이 모습을 본 선생님은 혹시 한 번에 1분씩 하지 않고 나눠서 했냐라고 물어봤습니다. 저는 속을 들킨 것 같아 솔직히 답했습니다. 저의 답에 선생님은 이렇게 말을 했습니다. "근육은 자신이 하지 못하는 부분을 버텨야 힘이 생겨요. 그런데 사람의 몸은 편한 쪽으로 가려고 하거든요. 그 유혹을 이기고 불편함을 찾아갈 때 건강해질 수 있을 거예요. 그러니 힘들면 쉬지 말고, 할 수 없다고 느낄 때까지 몸을 밀어붙이면 할 수 있는 힘이 생길 거예요."
    저는 선행과 믿음도 이와 같다는 생각이 듭니다. 보이지 않는 하느님을 한결같이 믿고, 따르는 게 쉽지 않습니다. 이상하게 하느님은 우리가 싫어하는 것, 우리가 불편해하는 것, 우리가 힘들어하는 것을 하라고 초대해 주실 때가 있습니다.

　오늘 복음에 나온 죄 많은 여인도 예수님의 발에 그 비싼 향유를 붓고 자신의 몸에서 제일 소중한 머리카락으로 제일 지저분한 발을 닦는 게 쉽지 않았을 것입니다. 그만큼 자신의 몸과 마음이 가지는 않지만, 주님께서 기뻐하실 일을 찾아서 하는 게 신앙인의 모습이라는 생각이 듭니다. 오늘도 이 글을 읽는 분들 앞에 싫은 일들이 있을 것입니다. 싫은 사람을 만나기도 하고, 뜻밖의 불편한 일로 마음이 무겁기도 하고, 기도하는 것이 힘들고 지루하게 느껴지기도 할 것입니다. 하지만 그 마음을 조금이라도 이기고 넘어선다는 마음으로 오늘 하루를 보내봅시다. 그러면 주님께서 우리에게 다가오시어 이렇게 말씀하실 것입니다.

　"네 믿음이 너를 구원하였다." 아멘.

나만의 복음밥

　재　료 :
　레시피 :
　고　명 : 매일미사 (　), 복음묵상 (　), 성체조배 (　), 묵주기도 (　)
　복음밥 :

240920 | 연중 제24주간 금요일

재 료 : 루카 8,3
레시피 : "그들은 자기들의 재산으로 예수님의 일행에게 시중을 들었다."

아는 지인 중에 자신이 가진 것을 생각하기보다, 주님의 일이라면 영적이든, 물적이든 봉헌을 아끼지 않는 분이 계십니다. 인간이라면 자신이 봉헌 하고, 나눔 한 것을 드러내고 알아달라고 이야기할 수 있음에도, 그것을 드러내거나, 자랑하지 않고, 뒤에서 조용히, 묵묵히 머물고 계십니다.

저는 그분께 어느 날 물어봤습니다. "큰돈을 봉헌하고, 뒤에서 몸으로 봉사하시면서 사람들이 알아주지 않으면 서운하지 않으세요?" 저의 물음에 그분은 이렇게 답을 하셨습니다. "신부님, 저도 처음에는 서운했죠. 제 돈을 들여서 봉사를 하는데 사람들은 뭐라고 하고, 제 시간을 들여서 봉사를 하는데 티는 나지 않고, 그래서 제 시간이 들어간 부분은 '봉사했다'라고 말하고 제 돈이 들어간 부분은 본당 사무실에 알렸죠. 그런데 돌아보면 그것이 하늘에 쌓이는 것이 아닌 거 같은 거예요. 엄마가 자녀에게 "동생이랑 나눠먹어" 하고 음식을 줬는데, 내 것과 동생 것을 딱 나눠서 먹는 게 엄마 보시기에 예쁘겠어요? 네 것, 내 것 생각 안 하고 동생이랑 사이좋게 먹는 것을 엄마가 더 좋아하겠어요? 저는 인간이 알아 주기를 원하지 않고요. 그냥 매 순간 하느님이 보시고 기뻐하시기만을 바랄 뿐이에요."

오늘 복음에 이런 말씀이 나옵니다. **"그들은 자기들의 재산으로 예수님의 일행에게 시중을 들었다."** 오늘 복음을 보면 사람들의 이름이 나옵니다. 그들은 예수님께 깊은 은혜를 받은 사람들입니다. 그러기에 그들은 그 은혜를 보여주기 위해 주님을 모시며 자기들의 재산으로 예수님 일행의 시중을 든 것입니다.

우리의 삶을 돌아보면 주님의 은혜가 아닌 게 없고, 주님의 은총이 없는 곳이 없습니다. 그럼에도 매번은 아니더라도 때때로 주님의 것과 내 것을 나눌 때가 있고, 봉헌을 하더라도 손해를 보려고 하지 않는 마음을 갖곤 합니다. 오늘 하루만이라도, 주님을 위해 시간과 물적 봉헌을 할 기회가 있다면 내가 받을 것을 생각하지 말고 그냥 불러주시는 그 자체만으로 기쁘게 봉헌하는 우리가 되었으면 좋겠습니다. 그러므로 세상이 주는 기쁨이 아니라, 주님이 주는 영적 기쁨으로 큰 위로를 받는 우리 모두가 되기를 성부와 성자와 성령의 이름으로 기도해봅니다. 아멘.

나만의 복음밥

재　료 :
레시피 :
고　명 : 매일미사 (　), 복음묵상 (　), 성체조배 (　), 묵주기도 (　)
복음밥 :

240921 | 성 마태오 사도 복음사가 축일

재　료 : 마태 9,13
레시피 : "내가 바라는 것은 희생 제물이 아니라 자비다."

살다 보니 사람들은 자신에게는 관대하고 남에게는 엄격해지는 모습을 보게 됩니다. 이런 모습은 저에게도 있고, 이웃에게도 있습니다. 이런 습성은 상대의 모습이 약할수록, 자신이 누르기에 만만해 보일수록 자연스럽게 나옵니다.

특히 금전적인 관계에서 우리는 돈으로 상대의 감정까지 사버린 듯이 행동할 때가 있습니다. 마트 점원이 나에게는 친절하기를 바라면서 자신은 반말을 하고, 식당 직원이 나에게는 잘해주길 바라면서 자신은 막대하는 모습을 바라볼 때입니다. 오죽하면 마트에 갔더니 마트 점원 유니폼 뒤에 이렇게 쓰여 있겠습니까?

'이 청년은 누군가의 사랑받는 자녀입니다.'

우리의 이런 모습, 즉 주님께서 원하시는 것들은 잘하지 못하면서 주님은 우리의 바람과 기도를 들어주셔야 한다고 말합니다. 이런 우리의 모습을 아시는 주님께서는 다음과 같이 말씀하십니다.

"내가 바라는 것은 희생 제물이 아니라 자비다."

사람들이 자신에게 자비롭기를 바란다면, 자신도 상대에게 자비로워야 함을 이야기하신 것입니다. 우리도 본인에게는 관대하며 주위 사람들에게 자비롭지 못한 적은 없는지 돌아봐야 합니다. 그리고 오늘 하루 자비의 주인이신 주님께 자비롭지 못한 우리의 부족함에 자비와 너그러움의 은총을 달라고 청했으면 좋겠습니다. 자비를 통해 자비를 얻는 우리가 되기를 성부와 성자와 성령의 이름으로 기도드립니다. 아멘.

나만의 복음밥

📖 재　료 :

🥣 레시피 :

🔔 고　명 : 매일미사 (　), 복음묵상 (　), 성체조배 (　), 묵주기도 (　)

🔔 복음밥 :

240922 | 성 김대건 안드레아 사제와 성 정하상 바오로와 동료 순교자 대축일 경축 이동

📖 재　료 : 루카 9,24
🥣 레시피 : "나 때문에 자기 목숨을 잃는 그 사람은 목숨을 구할 것이다."

　　본당에 장례가 나서 조문을 가면 두 가지 반응이 나옵니다. 돌아가신 분에 대해 아무 말도 하지 않는 곳이 있고, 돌아가신 분께서 하신 좋은 일들을 끊임없이 이야기하는 경우가 있습니다.

　　동기 신부 중에 송찬 신부의 어머님이 좋은 미담이 끊이지 않는 분이셨습니다. 어머니가 돌아가신 후 기일 미사를 봉헌할 때마다 그곳에 오시는 분들은 안나 어머니께서 살아생전 베푸셨던 사랑을 잊지 못하고 끊임없이 이야기하십니다. "안나 언니가 우리가 어려울 때 조용히 먹을 것을 대줬어. 안나 형님이 우리가 힘들 때 우리를 위해 기도를 멈추지 않으셨어." 등등 살아생전 자신을 위하기 보다 이웃을 위해 베풀었던 그 사랑과 희생은 돌아가신 지 한참 지난 지금도 기억되고 회자되며 사람들의 마음속에 살아 숨 쉬고 있습니다.

　　오늘 복음에서 예수님께서는 다음과 같이 말씀하십니다. **"나 때문에 자기 목숨을 잃는 그 사람은 목숨을 구할 것이다."** 어려운 가운데 희생을 한다는 것, 그리고 자신의 것을 나눈다는 것은 쉽지 않은 일입니다. 하지만 그것을 자신을 위해서가 아니라 이웃을 위해, 하느님을 위해서 아낌없이 봉헌하는 사람은 봉헌 받은 사람들의 마음속에 부활하여 목숨을 구하게 되는 것입니다.

　　한국의 순교 성인들도 하느님 아버지를 위해 자신의 하나밖에 없는 목숨을 희생하셨습니다. 그 희생은 한 번의 죽음으로 끝난 것이 아니라,

지금 우리가 믿는 신앙으로 부활하여 늘 기억되며 영원한 생명을 얻게 된 것입니다. 오늘 우리가 보내고 있는 성 김대건 안드레아 사제와 성 정하상 바오로와 동료 순교자들을 기념하는 오늘, 그들의 마음을 본받아 세상에 이름을 남기며 살고자 하는 삶이 아니라 하늘에 이름을 새기고자 노력하는 우리 모두가 되기를 성부와 성자와 성령의 이름으로 기도드립니다. 아멘.

나만의 복음밥

재 료 :

레시피 :

고 명 : 매일미사 (   ), 복음묵상 (   ), 성체조배 (   ), 묵주기도 (   )

복음밥 :

240923 | 피에트렐치나의 성 비오 사제 기념일

📖 재　료 : 루카 8,17
🥣 레시피 : "숨겨진 것은 드러나고 감추어진 것은 알려져 훤히 나타나기 마련이다."

　　교회 내에서 최고의 덕은 '순명의 덕'이라고 말합니다. 인간의 입을 통해 주어진 일을 주님의 말씀으로 여기고 그 일이 답답하고, 억울하고 비합리적인 것 같아도, 참고 인내하다 보면 자신도 모르는 사이에 그 순명의 시간이 은총의 시간이었음을 알게 되는 순간이 옵니다. 우리가 아는 성인 중에 순명의 덕을 드러내신 분이 계십니다. 그분은 바로 오상의 비오 신부님이십니다. 오상의 비오 신부님께서는 순명의 덕을 평생 온몸으로 증거하신 분이십니다.

　　1887년에 태어나 1910년에 사제가 된 신부님은 이듬해인 1911년에 양손에 구멍이 나고 피가 흐르는 증세가 나타났습니다. 원인을 알 수 없는 일에 본인 스스로도 너무 놀라 그것을 통해 휴양과 군 면제를 거듭하며 주님께 자신에게 왜 이런 일이 일어나게 하시는지 묻습니다. 그럼에도 좋아지기는커녕 1918년에는 양다리와 옆구리에서도 피가 나오기 시작했습니다. 사람들이 비오 신부님에게 나타난 이러한 현상에 신기해하며 몰려들고 살아있는 성인으로 모시려 하자 교황청에서는 신부님에게 벌어지는 일이 확인될 때까지 1931년부터 1933년까지 신자들과 함께 하는 미사를 금지시켰습니다. 신부님은 자신의 탓도 아닌 이유로 성무가 정지되었음에도 그 명령에 순명하셨습니다.

　　그러시면서 이런 말씀을 남기셨습니다. "**나는 고통을 사랑합니다. 고통을 위한 고통이 아닙니다. 나는 하느님께 고통을 받을 수 있기를 간**

청했고, 그 고통에서 생겨나는 열매와 하느님께서 주시는 영광 때문에 고통을 열망합니다. 내 고통을 통하여 우리 형제들이 구원되고, 불쌍한 연옥 영혼들의 고통이 단축될 것입니다."

오늘 복음에서 예수님께서는 다음과 같이 말씀하십니다. **"숨겨진 것은 드러나고 감추어진 것은 알려져 훤히 나타나기 마련이다."** 이런 순명의 덕으로 많은 이들이 고해성사의 은총을 받고 신부님은 세상에 숨겨진 것이 아니라 주님의 빛나는 등불이 되셨습니다. 우리도 삶에 있어서 순명의 덕을 따라야 하는 순간이 있다면 그 고통을 가까이 있는 이들의 회개와 연옥 영혼의 구원을 위해 봉헌하는 우리 모두가 되기를 성부와 성자와 성령의 이름으로 기도드립니다. 아멘.

나만의 복음밥

- 재 료 :
- 레시피 :
- 고 명 : 매일미사 (   ), 복음묵상 (   ), 성체조배 (   ), 묵주기도 (   )
- 복음밥 :

240924 | 연중 제25주간 화요일

재 료 : 루카 8,21
레시피 : "내 어머니와 내 형제들은 하느님의 말씀을 듣고 실행하는 이 사람들이다."

모래내 성당에는 학생 수가 적습니다. 코로나 시기를 겪으며 폭탄을 맞았다고 하면 딱 맞을 것 같습니다. 제가 성당에 부임했을 무렵, 아이들이 줄어들어 초중고 아이들이 함께 미사를 봉헌해야 한다고 했습니다. 미사를 준비하며 제일 큰 고민은 강론이었습니다. 실제로 강론을 시작하면 유치부와 초등학생이 이해할 정도의 이야기로 하면 중·고등부 학생들은 고개를 숙이고, 중·고등부 학생들에게 맞게 설명을 하면 유치부 아이들이 계속 뭐냐고 물어보는 통에 강론을 진행할 수 없었습니다.

결국, 생각해 낸 것이 '유 퀴즈 온 더 복음'이라고 해서 제가 복음을 먼저 읽은 후, 다 같이 한 번 더 읽고, 복음에 나온 내용으로 학년별 단계에 맞는 문제를 내는 것이었습니다. 문제를 준비하고 시작하는 첫날 아이들이 다 고개를 숙이고 있어서 '망했구나' 싶었습니다. 그런데 막상 복음을 읽고 문제를 내니 모든 아이가 복음의 내용을 잘 기억하고 답도 잘하고 적극적으로 임하는 것이었습니다.

그 모습을 보면서 깨달은 것 한 가지는 아이들은 안 듣는 것 같은데 다 듣고, 안 하는 것 같으면서도 다 한다는 것이었습니다. 같은 상황에서 어른들의 신앙생활을 바라보며 느낀 것은 어른들은 듣는 것 같으면서도 안 듣고, 하는 것 같으면서도 안 하는 것이었습니다. 신앙 안에서 자기의 삶을 돌아보고 변화하고자 힘써야 하는데 우리가 놓기 싫은 것은 붙잡은채 변화하는 척만 하려고 하니 계속 부딪히고 변화하지 못하는 것이라는 생각이 들었습니다.

오늘 복음에서 예수님께서는 당신의 가족이 누구냐는 물음에 다음과 같이 답을 하십니다. **"내 어머니와 내 형제들은 하느님의 말씀을 듣고 행하는 이 사람들이다."** 우리가 주님의 참된 자녀로 거듭나기 위해서는 주님의 말씀을 잘 듣고 주님의 뜻대로 움직여야 하는 것입니다. 그 모습이 반복된다면 우리의 신앙은 공고해질 것이며 주님의 뜻을 실천하는 참된 주님의 자녀로 거듭날 것입니다. 주님의 뜻을 자신의 뜻으로 해석하는 것이 아니라 주님의 뜻을 있는 그대로 받아들이며 기쁘게 살아가는 우리가 되기를 성부와 성자와 성령의 이름으로 기도드립니다. 아멘.

나만의 복음밥

재　료 :
레시피 :
고　명 : 매일미사 (　), 복음묵상 (　), 성체조배 (　), 묵주기도 (　)
복음밥 :

240925 | 연중 제25주간 수요일

📖 재 료 : 루카 9,3
🍲 레시피 : "예수님께서 열두제자에게 이르셨다. 길을 떠날 때에 아무것도
　　　　　 가져가지 마라."

어렸을 때 티브이에서 롤러스케이트를 타는 것을 보고 그것이 너무 하고 싶었습니다. 지금이야 배우려고 마음만 먹으면 유튜브나 강사를 통해 배움의 기회를 얻을 수 있습니다. 하지만 예전에는 배움의 기회를 얻는 게 쉽지 않았습니다. 돈을 주고 배우려고 하면 큰돈이 들어갔고, 인터넷이 없으니 웬만한 건 스스로 독학을 해야 했습니다.

저도 부모님께 롤러스케이트를 사달라고 부탁하여 구입하게 되었습니다. 하지만 혼자 타려고 하니 넘어지고, 잘못 넘어지면 크게 다치니 겁이 나서 집에 놓아두게 되었습니다. 그 모습을 지켜본 아버지께서 "사 놓고 왜 안타냐?"라고 물어보셨고, "무서워요."라고 답을 했습니다. 아버지는 그런 아들을 데리고 밖으로 나가 이렇게 말씀하셨다. "롤러스케이트도 빙판에서 타는 스케이트랑 비슷하니까 아빠 손을 잡고 하나, 둘에 구령을 맞춰서 발을 앞으로 뻗어봐." 아버지의 구령에 맞춰 한발 두발 앞으로 지치니 몸이 앞으로 갔습니다. 그런데 아버지의 손을 놓으면 넘어지려고 해서 계속 손을 잡았습니다. 그런 저를 보고 아버지는 이렇게 말씀하셨습니다. "아빠가 계속 손을 잡아 줄 수 없으니, 아빠가 손을 잡고 있던 그 느낌을 기억하면서 구령에 맞춰 앞으로 나아가봐." 정말 아버지가 손을 잡아주고 있다고 믿고, 그 느낌을 기억하면서 발을 뻗으니 뒤뚱거리기는 했지만 롤러스케이트를 탈 수 있게 되었습니다.

오늘 복음에서 예수님께서는 이렇게 말씀하십니다. "너희는 길을 떠

날 때에 아무것도 가져가지 마라." 파견을 떠나 생전 처음 보는 사람과 환경에 던져지는데, 예수님께서는 아무것도 가져가지 말라고 하시니 제자들은 당황했을 것입니다. 하지만 이 말씀의 깊은 뜻은 "너희와 내가 함께 있음을 믿고 말씀을 선포하며 살아간다면 부족한 부분과 힘든 부분은 주님께서 도와주실 것이니 믿어라."라는 말씀의 뜻이 담겨 있는 것 같습니다.

우리도 신앙생활을 하면서 주님께 의지하고 있지만 힘든 시간을 경험하면 우리에게 왜 이런 고통을 주냐며 혼자 견딜 수 없이 힘들다고 따지곤 합니다. 그런 순간이 다가온다면 잠시 멈춰서 주님의 목소리에 귀를 기울이고, 주님이 함께 있음을 믿고 앞으로 한 걸음 떼어 나아가는 우리가 되기를 성부와 성자와 성령의 이름으로 기도드립니다. 아멘.

나만의 복음밥

- 재　료 :
- 레시피 :
- 고　명 : 매일미사 (　), 복음묵상 (　), 성체조배 (　), 묵주기도 (　)
- 복음밥 :

240926 | 연중 제25주간 목요일 또는 성 고스마와 성 다미아노 순교자

📖 재   료 : 루카 9,7
🥣 레시피 : "헤로데 영주는 이 모든 일을 전해 듣고 몹시 당황하였다."

저는 다리를 자주 떱니다. 이상하게 어디를 가든, 어느 자리에 있든 저도 모르게 흔들리는 다리를 감당하기 힘들 때가 있습니다. 이 버릇에 대해서 많은 사람들이 '다리 떨면 복이 달아난다.'라는 속담으로 저에게 핀잔을 주지만, 저는 그 말을 들을 때마다 고쳐 보겠다는 말보다는 "내 몸에 건전지가 있어서 죽을 때까지 자동으로 움직인다"고 응수를 했습니다. 저도 모르게 떠는 것이라고 말은 하지만 세상에 저도 모르게 하는 일이 어디에 있을까요? 결론은 알면서 하기 싫으니까 안 하는 것입니다.

그러던 어느 날 이 습관을 고치고자 노력하게 만든 계기가 있었습니다. 회의를 마치고 나오는데 후배가 나에게 오더니 이렇게 말을 하는 것이었습니다. "형 뒤에서 보니까 너무 불안해 보여요. 무슨 일 있어요? 다리를 계속 떨면 자신이 불안한 상태라고 빈틈을 보여주는게 되니까 떨지 않는 모습을 보여주면 좋을 거 같아요." 후배의 말에 내 마음을 들킨 것 같아서 몹시 당황스러웠습니다. 다리를 떨며 나도 모르게 생긴 불안감을 떨쳐버리고자 하는 마음이 있었는데, 그것을 정확하게 이야기했기 때문이었습니다.

헤로데도 주변에서 자신의 불편한 부분을 이야기해 주는 사람이 있었습니다. 바로 세례자 요한이었습니다. 그는 지적받은 부족한 부분을 고치려 하기보다는 세례자 요한을 없애 버렸습니다. 그가 주님의 목소리에 귀를 기울였다면, 그리고 새롭게 변화되었다면 얼마나 좋았을까요? 결국 변화되지 못한 그는 예수님의 등장에 "몹시 당황하였다."라고 복음은 이야기합니다.

    우리는 각자 저마다 부족한 부분이 있습니다. 그것을 지적받았을 때 우리도 모르게 화가 나는 부분이라면 그것이 부족한 부분이라고 봅니다. 그럴 때 그것을 완고한 마음으로 버티지 말고, 주님께 봉헌하며 부족한 마음을 고쳐주십사 청하였으면 좋겠습니다. 그렇게 하여 주님의 평화를 주위에 전하는 우리가 되기를 성부와 성자와 성령의 이름으로 기도드립니다. 아멘.

나만의 복음밥

- 재 료 :
- 레시피 :
- 고 명 : 매일미사 (　), 복음묵상 (　), 성체조배 (　), 묵주기도 (　)
- 복음밥 :

240927 | 성 빈첸시오 드 폴 사제 기념일

📖 재 료 : 루카 9,20
🥣 레시피 : "하느님의 그리스도이십니다."

　누군가에 대해서 남이 바라보는 모습과 내가 바라보는 모습이 같을 수도 있고 다를 수도 있습니다. 내가 누군가에 대해 알고 있는데 어느 날 그를 알고 있는 다른 사람이 그에 대해서 말하며 "그 사람 정말 좋지?"라고 물을 때, 어떻게 반응을 할까요? 잘 모르거나, 알고 있는데 저에게는 좋은 모습으로 기억되지 않았을 때는 짧게 "응 좋아."로 답을 할 것입니다. 굳이 안 좋은 이야기를 해서 그를 좋아하는 그 사람에게 부정적인 이야기를 할 필요가 없기 때문입니다. 반면에 상대의 기억에도 나의 기억에도 좋은 기억으로 남아있다면 미담들이 하나 둘 나오면서 그에 대한 칭찬과 좋았던 것들에 대한 기억으로 그를 알고 있는 그 사람까지도 호감이 가기 마련입니다.

　오늘 복음에서 예수님께서는 제자들에게 '호감도 테스트'를 해보십니다. **"너희는 나를 누구라고 하느냐?"** 이 질문에 대부분의 제자들은 바로 답을 못하고 어떻게 답을 해야 하나 고민했을 것입니다. 그런 제자들 중에 베드로는 예수님에 대해 좋았던 부분을 기억하고, 예수님께서 정말 원하는 답을 했습니다. **"하느님의 그리스도이십니다."**

　우리에게도 "예수님은 어떤 분인가?" 이렇게 물어본다면 어떤 답을 드렸을까요? 고통스러웠던 것, 힘들었던 것, 슬펐던 것들이 떠오르며 "좋은 분이죠."라는 막연한 답을 할까요? 아니면 좋았던 것, 감사했던 것, 설레었던 것들을 끊임없이 떠올리며, 예수님에 대해 구체적이고, 자세하게 이야기할까요?

오늘 하루 우리에게 있어 예수님은 어떤 분인지 생각해 보는 하루를 보냈으면 좋겠습니다. 그리고 오늘 하루를 마무리하며 잠자리에 누웠을 때 "**하느님의 그리스도이십니다.**"라고 고백하는 우리가 되기를 성부와 성자와 성령의 이름으로 기도드립니다. 아멘.

나만의 복음밥

- 재　료 :
- 레시피 :
- 고　명 : 매일미사 (　), 복음묵상 (　), 성체조배 (　), 묵주기도 (　)
- 복음밥 :

240928 | 연중 제25주간 토요일

📖 재 료 : 루카 9,45
🍵 레시피 : "그들은 그 말씀에 관하여 묻는 것도 두려워하였다."

무슨 일을 할 때 그 일을 성공적으로 이끄는 것은 일을 시키는 사람과 일을 하는 사람의 관계라고 생각합니다. 일을 시키는 사람이 편할 경우, 일의 진행에 대해 쉽게 묻고 답을 받지만, 상대가 무서운 경우에는 묻는 것을 두려워합니다. 그 이유는 일을 시키는 사람이 무서운 사람이면 다시 물어봤을 때 혼날까 봐 두렵고, 괜히 주눅이 들기 때문입니다. 그렇게 일을 시킨 사람에게 정확하게 묻지 않고 일을 하게 되면 어떻게 될까요? 결과가 많이 달라집니다.

예수님께서 제자들에게 본인의 미래에 대해서 이야기했을 때, 그들은 그 뜻이 감추어져 있어서 이해를 하지 못했습니다. 그 이유에 대해 복음은 다음과 같이 이야기합니다. **"그들은 그 말씀에 관하여 묻는 것도 두려워하였다."**

제자들이 좀 더 정확하게 묻고 정확하게 행동했더라면 어떻게 되었을까? 주님의 영광된 순간을 누구보다 먼저 보지 않았을까 싶습니다. 주님께서는 오늘도 일상 안에 여러 가지 신비를 숨겨놓고 그 안에서 당신의 영광을 마주하라고 하십니다. 그 영광 앞에서 우리는 주님을 어떻게 생각하고 있는지 돌아봅시다. '마주하는 일이 부담스럽다고 피하려고 하지는 않는지?', 아니면 '주님께서 혼내실까 봐 한 발자국 뒤에 물러서 있지는 않는지?'.

주님의 뜻을 이해하지 못했다면 뒤로 물러서서 피하지 말고 주님께 다가가 이렇게 여쭤봅시다. **"주님 제가 무엇을 해야 합니까?"** 우리가 주님께 다가가 자신 있게 여쭤본다면, 주님께서는 우리에게 다가오시어 정답게 당신이 알고 있는 것을 우리에게 알려주실 것입니다. 주님께 여쭤보고, 진리를 구해 얻는 우리가 되기를 성부와 성자와 성령의 이름으로 기도드립니다. 아멘.

나만의 복음밥

재 료 :
레시피 :
고 명 : 매일미사 (　), 복음묵상 (　), 성체조배 (　), 묵주기도 (　)
복음밥 :

240929 | 연중 제26주일

📖 재　료 : 마르 9,40
🍲 레시피 : "우리를 반대하지 않는 이는 우리를 지지하는 사람이다."

　예전 어느 성당에 저녁 미사를 부탁받아 갔습니다. 고해성사를 드리고 제의방에 들어갔는데 쪼그마한 여자 복사 아이가 떨면서 서 있었습니다. 그리고 제의방 문이 반쯤 열려 있었는데 그 사이에는 아빠로 보이는 분이 연신 모기만 한 목소리로 "그라시아 파이팅! 그라시아 파이팅!" 하고 있었습니다.

　저는 문을 열고 아버지께 "아이가 왜 떨고 있는지 물어봤습니다." 이 말에 아버지는 "오늘 아이가 처음 복사를 서는데 짝인 아이가 안 와서 엄청 떨고 있으니 신부님 혹시 틀려도 화내지 마시고, 예쁘게 봐주세요."라고 했습니다. 저는 아버지의 말씀을 듣고 그라시아에게 가서 이렇게 말을 했습니다. "오늘 복사 서는 것은 하느님을 기쁘게 해 드리는 것이니까, 틀려도 괜찮아! 틀려도 하느님은 그라시아를 예쁘게 보실 거야." 아이는 저의 말에 마음이 편안해 졌는지, 복사도 잘 서고, 아버지와 함께 집에 잘 돌아갔습니다.

　우리는 신앙생활을 하면서 하느님을 바라보는데 집중하는 것이 아니라 예식과 방법에 집중할 때가 있습니다. 예식과 방법은 하느님을 바라보는 것을 도와주는 것이지 주가 되는 것은 아닙니다. 저는 미사가 하느님의 영광을 드러내는 제일 큰 기적의 잔치라고 생각합니다. 그런데 그 안에서 틀릴 때마다 지적하고, 야단맞고 교정하라는 말을 들으면 미사는 기적이 아니라 일로서 느껴질 것입니다.

　오늘 복음에서 예수님께서는 이렇게 말씀하십니다 "**우리를 반대하**

지 않는 이는 우리를 지지하는 사람이다." 하느님을 드러내는 행위라면 그것은 모두 지지받아 마땅하다는 생각이 듭니다. 우리는 하느님의 영광을 드러내기 위해서 미사에 함께 하는 것입니다. 그러기에 작은 실수와 어색함을 지적하고 못하게 막는 것보다는 서로가 **"괜찮다. 잘했다. 훌륭하다."** 는 말로 하느님의 영광을 드러냈으면 좋겠습니다. 그런 마음의 일치로 하느님의 은총을 나누어 갖는 우리가 되기를 성부와 성자와 성령의 이름으로 기도드립니다. 아멘.

나만의 복음밥

- 재 료 :
- 레시피 :
- 고 명 : 매일미사 (   ), 복음묵상 (   ), 성체조배 (   ), 묵주기도 (   )
- 복음밥 :

240930 | 성 예로니모 사제 학자 기념일

📖 **재 료** : 루카 9,48

🥣 **레시피** : "누구든지 이 어린이를 내 이름으로 받아들이면 나를 받아들이는 것이다. 그리고 나를 받아들이는 사람은 나를 보내신 분을 받아들이는 것이다."

사람들이 모여 있는 곳에 가면 아이들과 함께 있는 부모들을 볼 수 있습니다. 특히 식당에서 그들의 모습을 가만히 보고 있으면 대단하다는 생각이 듭니다. 밥을 먹을 때 아이들이 마취 총을 맞은 듯 가만히 있어 주면 좋겠지만 아이는 단 한순간도 가만히 있지 않습니다. 그렇기에 남편이 밥을 먹는 동안 부인이 아기를 보고 남편이 밥을 다 먹고나서 아기를 보는 동안 부인이 밥을 먹습니다.

남자와 여자가 만나서 결혼을 하고 아이가 생기고 아이를 받아 들이기로 결정할 때 미래에 있을 일들을 예상하고 받아들일까요? 그러지 않을 것입니다. 아마 결과를 예상할 수 있다면 엄청난 부담감에 선물같이 오는 아이를 안 받겠다고 포기하는 부부가 늘어날 것입니다. 저는 우리가 아이를 받아 들이기로 결정한 그 순간부터 주님의 은총을 골라서 받지 않겠다고 다짐하는 것이라고 봅니다.

오늘 복음에서 예수님께서는 이렇게 말씀하십니다. **"누구든지 이 어린이를 내 이름으로 받아들이면 나를 받아들이는 것이다. 그리고 나를 받아들이는 사람은 나를 보내신 분을 받아들이는 것이다."** 우리가 주님을 받아들일 때 무엇인가 미래의 있을 복을 예상하며 받아들이는 분들은 적을 것입니다. 주님이라는 존재를 선물처럼 알게 되었고, 그분을 알게 될수록 은총이 가득하다고 느꼈기에 받아들였을 것이라는 생각이 듭니다. 어린이는 가만히 있지 않습니다. 그러기에 어린이를 받아들이는 것은 우리가 종잡을 수 없는 것들을 받아들이는 것과 같다고 봅니다.

오늘 하루도 우리의 삶에서 생각지도 않는 일들을 받아들이게 될 것입니다. 그런 일들을 만날 때 피할 수도 있겠지만, 한 번 용기를 내어서 받아들여봅시다. 그 받아들임을 통해 주님을 우리 각자의 마음에 초대하는 하루가 되기를 성부와 성자와 성령의 이름으로 기도드립니다. 아멘.

나만의 복음밥

- 재 료 :
- 레시피 :
- 고 명 : 매일미사 (   ), 복음묵상 (   ), 성체조배 (   ), 묵주기도 (   )
- 복음밥 :

241001 | 아기 예수의 성녀 데레사 동정 학자 기념일

📖 재　료 : 루카 9,54

🥣 레시피 : "주님, 저희가 하늘에서 불을 불러 내려 저들을 불살라 버리기를 원하십니까?"

　　이탈리아에서 기말고사를 마치고 같은 반 신부님과 근교에 1박 2일로 여행을 간 적이 있었습니다. 학생 신분에 돈은 빠듯해서 가방에는 그간 안 먹고 모아둔 컵라면, 통조림, 즉석밥을 하나 가득 넣고 목적지로 향했습니다. 동행하는 신부님이 가는 길에 저에게 좋은 소식이 하나 있다며 이런 말을 해주었습니다. "신부님 이번 숙소는 저렴하면서도 정말 좋은 숙소예요. 가보면 아주 깜짝 놀랄 거예요."라고 말씀하셨습니다. 숙소에 도착하니 겉은 아주 멋들어진 곳이었습니다. 안으로 들어가니 주인이 반겨줬는데, 그는 우리에게 무슨 일을 하냐고 물어봤고, "신부"라고 답을 하자 자신도 가톨릭 신자인데, 자신의 숙소에 신부를 모시게 되어서 너무 영광이라며 놀라운 곳을 준비했으니 들어가서 쉬라고 했습니다. 숙소에 들어가니 보기에 정말 좋았습니다. 하지만 밤이 되자 우리가 머무는 방 앞이 노상 술집이라는 것을 알게 되었고, 밤새 먹고 마시고 떠드는 사람들 때문에 잠을 잘 수가 없었습니다. 함께 간 신부님과 저는 자리에서 일어나서 식탁에 앉아 새벽까지 이런 말을 했습니다. "신자가 어떻게 저렇게 해? 아주 나중에 천벌을 받아야 해."

　　사제로서 살아가다 보면 신자임에도 신자답지 못하게 사는 분들을 종종 보게 됩니다. 그리고 속으로 그들의 회개와 하느님 자녀로서의 삶을 이어가라고 기도하기보다는 미워하는 마음이 커짐을 보게 됩니다.

　　오늘 복음에서 제자들은 예수님 일행을 환영해 주지 않는 사마리아 사람들에 대해 예수님께 다음과 같이 여쭤봅니다. **"주님, 저희가 하늘에서 불을 불러 내려 저들을 불살라 버리기를 원하십니까?"** 이들의 말에 예수님께서는 제자들을 꾸짖으십니다. 그 이유는 무엇일까요?

그것은 하느님의 일을 인간적인 눈으로 바라보고, 인간적인 해결 방법으로 찾으려고 하지 말라는 뜻이라고 생각 됩니다. 우리는 주님의 자녀임을 잊지 말아야 합니다. 오늘 하루 주님의 자녀답게 생각하고, 실천하며 살아가는 우리가 되기를 성부와 성자와 성령의 이름으로 기도드립니다. 아멘.

나만의 복음밥

재　료 :
레시피 :
고　명 : 매일미사 (　), 복음묵상 (　), 성체조배 (　), 묵주기도 (　)
복음밥 :

241002 | 수호천사 기념일

📖 재　료 : 마태 18,4
🥣 레시피 : "누구든지 이 어린이처럼 자신을 낮추는 이가 하늘 나라에서 가장 큰 사람이다."

　어린이들이 하는 행동을 보고 있으면 그들의 모습에서 하늘 나라를 발견하곤 합니다. 지난번 어린이 미사를 부탁받고 어느 성당으로 향했습니다. 조금 일찍 도착을 해서 성당 교리실을 둘러보고 있었습니다. 그러다 아이들이 참새처럼 짹짹이는 소리가 듣기 좋아 소리가 들리는 교리실 앞에 멈춰 섰습니다. 그 안에서는 유치부 아이들이 선생님의 지도 아래 무엇인가를 하고 있었습니다. 선생님은 아이들에게 가난한 이웃을 돕는 여러 가지 방법을 설명해주고, 아이들에게 진짜처럼 생긴 가짜 돈을 나눠줬습니다. 그리고 선생님은 아이들에게 "힘들어하는 친구들을 보면 얼마를 줄 거예요?"라고 물었습니다. 아이들은 서로 눈치를 보다 한 아이가 선생님에게 "선생님 저는 제가 가진 돈을 다 줄 거예요."라고 말을 했습니다. 그 말에 선생님은 "그 돈이면 좋아하는 장난감을 살 수 있는데 괜찮아요?"라고 물었고, 아이는 선생님에게 "저는 이 돈이 없어도 좋아하는 거 할 수 있어요."라고 답을 했습니다.

　저는 그 모습을 보면서 '어떻게 저럴 수 있지?' 하는 생각이 들었고, 금방 답을 찾을 수 있었습니다. 어렸을 때는 소유의 그릇이 작기에 많은 것을 받으면 금방 그릇이 넘치는 것이었습니다. 그래서 넘치는 것을 자연스럽게 나눌 수 있었던 것이죠. 그런데 성장하면서 많이 가질수록 소유의 그릇도 같이 커지기에 담아도, 담아도 모자라고 부족하기에 나누지 못하고 더 움켜쥐려고 하는 것입니다. 이런 우리에게 예수님께서는 이렇게 말씀하십니다. "누구든지 이 어린이처럼 자신을 낮추는 이가 하늘 나라에서 가장 큰 사람이다."

오늘 하루 어린이의 모습을 통해 내 마음속에 있는 소유의 그릇이 얼마나 큰지 바라보셨으면 좋겠습니다. 많이 커졌다면, 줄일 수 있는 방법을 찾아보고, 신앙의 미니멀리스트가 되도록 노력하는 우리가 되기를 성부와 성자와 성령의 이름으로 기도드립니다. 아멘.

나만의 복음밥

- 재　료 :
- 레시피 :
- 고　명 : 매일미사 (　), 복음묵상 (　), 성체조배 (　), 묵주기도 (　)
- 복음밥 :

241003 | 연중 제26주간 목요일

📖 재　료 : 루카 10,5
🥣 레시피 : "이 집에 평화를 빕니다."

　행복의 반대말이 무엇인지 아시나요? 행복의 반대말은 불만이라고 합니다. 지금 내가 가지고 있는 것에 행복해 하지 않고, 지금 내가 갖지 못한 것에 불만을 갖는 것. 이런 것들이 내 안에 미움을 만들어 쌓이게 하고 이런 것들이 내 안에 평화를 머물지 못하게 만듭니다.
　불만은 무거워서 썩은 낙엽처럼 마음속에 무겁게 가라앉아 마음에 악취가 나게 만듭니다. 반면에 평화는 가벼워 불만이 들어오면 쉽게 날아가 없어져 버립니다.
　예수님께서는 오늘 복음을 통해 평화를 받아들이는 법을 말씀해 주십니다. 그것은 불만을 갖기보다는 주님께서 주시는 평화를 기쁜 마음으로 받아 품으려는 마음을 갖는 것입니다. 그러면 평화가 우리 각자 위에 머무를 것입니다.
　주님은 오늘도 우리 마음에 오시어 "평화가 너희와 함께"라고 하십니다. 그런데 내 삶, 상황, 처지를 바라보고 불만을 갖느라 주님이 주시는 평화를 바라보지 못할 때가 많이 있습니다. 그럼에도 주님은 오늘도 우리의 마음에 오십니다. 그리고 **"이 집에 평화를 빕니다."** 하고 말씀하십니다. 마음이 힘들고 불편함이 있더라도, 주님이 주시는 평화에 집중해 봅시다. 그러면 주님의 평화가 내 마음에 머물러 그 평화를 사람들에게 전하는 우리가 될 것입니다. 주님의 평화가 항상 우리 안에 머물기를 성부와 성자와 성령의 이름으로 기도드립니다. 아멘.

나만의 복음밥

📖 재 료 :

🥣 레시피 :

🔔 고　　명 : 매일미사 (　), 복음묵상 (　), 성체조배 (　), 묵주기도 (　)

🍲 복음밥 :

241004 | 아시시의 성 프란치스코 기념일

📖 재 료 : 루카 10,13

🥣 레시피 : "불행하여라."

　어렸을 때, 집에서 위험한 도구를 가지고 장난을 치고 있으면 어머니께서 이런 말씀을 하십니다. "위험해 저러다가 베이지, 위험해 저러다가 다치지, 위험해 저러다가 큰일 나지." 그 말을 들으면서도 지금 하고 있는 장난이 재미있어 한 번 하고, 두 번 하고, 세 번 하다 기어코 사고를 내고 맙니다. 그리고 후회합니다. 어머니께서 그만하라고 할 때 그만할 걸, 어머니는 사고가 날 것을 미리 알고 말씀하셨는데, 장난을 칠 당시에는, 무슨 고집이 들어갔는지 그 말이 들리지 않았습니다.

　저는 주님의 은총을 받는 것도 이와 같다고 봅니다. 주님께서 한결같이 우리에게 은총을 주셔도, 우리가 세상 것에 마음을 빼앗겨 주님의 목소리를 듣지 못하면 그 은총은 나의 은총이 되지 않고, 흘려 버려지게 됩니다.

　주님께서는 오늘 복음을 통해 당신의 목소리에 귀를 기울이지 않는 고을을 향해 **"불행하여라!"**라고 말씀하십니다. 오늘을 보내며 세상에 마음을 빼앗겨 위험한 불장난을 하고 있는 각자의 모습을 바라봅시다. 그리고 다시금 마음을 잡고 각자 앞에 있는 은총에 집중해봅시다. 주님이 바라보라고 하는 것을 보고 주님이 느끼라고 하는 것을 느끼고 주님이 생각하라고 하는 것을 생각하며 "불행하여라!"라는 말씀이 아니라 "행복하여라!"는 말씀을 듣는 우리가 되기를 성부와 성자와 성령의 이름으로 기도드립니다. 아멘.

나만의 복음밥

- 재 료 :
- 레시피 :
- 고 명 : 매일미사 (   ), 복음묵상 (   ), 성체조배 (   ), 묵주기도 (   )
- 복음밥 :

241005 | 연중 제26주간 토요일

📖 재　료 : 루카 10,20
🥣 레시피 : "영들이 너희에게 복종하는 것을 기뻐하지 말고, 너희 이름이 하늘에 기록된 것을 기뻐하여라."

　조선에 천주교가 전래되고 신자들 사이에서 많이 읽혔던 책이 한 권 있습니다. 그것은 17세기에 예수회 판토하 신부님이 쓰신 '칠극'입니다. 사람에게 일곱 가지 죄의 근원이 있는데 그것을 극복하는 방법에 대한 책입니다. 유교적인 생각을 가지고 있었던 선비들도 스스로의 몸과 마음을 단련하는데, 관심이 있었던 터라 그것을 그리스도교적으로 해석한 '칠극'에 많은 관심을 가졌습니다. '칠극'에서 판토하 신부님은 인간이 가지고 있는 죄의 뿌리는 교만이고 그것을 극복할 수 있는 방법 중에 제일 으뜸으로 치는 것은 겸손이라고 말씀하십니다. 저는 '칠극'을 읽으며 '교만과 겸손'에 대한 문장을 책상에 붙여놓고 종종 보는데 이 부분을 늘 마음에 새기고자 합니다.

　'겸손한 이는 중요한 것을 선택하는데, 교만한 이는 하찮은 것을 선택합니다. 겸손한 이는 골짜기를 고르므로 풍성한 복이 생기지만, 교만한 이는 산봉우리를 고르므로 바람이 불고 가뭄이 들고 위태롭고 흉년이 드는 등의 재앙이 생깁니다. 겸손한 이는 자신의 사욕을 이길 길을 선택하는데, 교만한 이는 남을 이길 길을 선택합니다. 겸손한 이는 참된 것을 고르는데, 교만한 이는 참된 것과 닮은 것을 고릅니다.'

　오늘 복음에서 제자들은 악한 영들이 자신들의 말에 복종하는 것을 보고 돌아와 예수님께 말씀드립니다. 그들의 말을 들으신 예수님께서는 그들 마음에 교만이 싹틀까 염려되시어 다시 한번 그들의 마음을 다잡아 주시며 이렇게 말씀하십니다. **"영들이 너희에게 복종하는 것을 기뻐하지 말고, 너희 이름이 하늘에 기록된 것을 기뻐하여라."**

우리가 신앙을 갖고 하느님을 따르며 활동을 하는 것은 스스로가 잘나서가 아니라, 하느님께서 불러 주셨기에 가능하다는 것을 늘 마음에 새겨야 합니다. 하지만 때때로 우리가 한 것에 대해 인간적인 마음으로 인정받기를 바라는 마음이 커질 때, 교만이 싹을 트고 개인과 공동체에 문제를 일으키는 것을 볼 수 있습니다. 하루를 시작하며 자신의 모자람과 부족함도 자신의 힘으로 극복하려고 교만함을 갖기보다는, 끊임없이 주님께 의지하고 겸손한 마음으로 모든 것을 내어드리는 우리가 되기를 성부와 성자와 성령의 이름으로 기도드립니다. 아멘.

나만의 복음밥

- 재 료 :
- 레시피 :
- 고 명 : 매일미사 ( ), 복음묵상 ( ), 성체조배 ( ), 묵주기도 ( )
- 복음밥 :

241006 | 연중 제27주일

재　료 : 마르 10,14
레시피 : "사실 하느님의 나라는 이 어린이들과 같은 사람들의 것이다."

　　주임서리를 마치고 통진성당을 떠나올 때 한 아이가 저에게 선물을 주었습니다. 큼지막한 상자 안에 무엇이 들었을까 궁금하여 흔들어 봤더니 둔탁하게 무엇인가 부딪히는 소리가 났습니다. 사제관에 들어와 상자를 열어보니 그 안에는 장난감과 편지가 들어있었습니다. 저는 편지를 펴서 읽었는데 가슴이 뭉클했습니다. 내용을 줄여보면 다음과 같습니다.

　　"신부님과 헤어지기 싫은 데 가셔야 하니 많이 슬퍼요. 무엇을 드릴까 생각하다 제가 가장 아끼는 장난감을 드려요. 신부님 어디 가셔도 저를 잊지 마시고 이것들 잘 간직해 주세요."

　　며칠 뒤 아이의 어머니를 만나게 되었습니다. 저는 어머니께 이런 선물을 받았다고 이야기를 하니 어머니께서 이렇게 말씀을 하셨습니다. "한 번도 자신의 장난감을 다른 사람에게 준 적이 없는데 신부님을 정말 좋아하는지 자신이 제일 아끼는 것을 주네요. 저도 그 모습을 보면서 놀랐습니다."

　　저는 살아가면서 주님께 제일 좋은 것을 드려야 한다고 생각을 합니다. 하지만 가끔은 제가 필요하면 '주님께 다음에 하면 되지'하며 그것을 내가 먼저 취하는 경우가 있습니다. 어린이는 좋으면 좋고 싫으면 싫습니다. 싫은 것을 좋다고 하거나 좋은 것을 싫다고 쉽게 말하지 못합니다.

　　오늘 복음에서 주님께서는 다음과 같이 말씀하십니다. **"사실 하느님**

의 나라는 이 어린이들과 같은 사람들의 것이다." 이 말씀은 주님 앞에 솔직히 마음을 드러내고 봉헌하라는 말씀 같습니다.

  이번 한 주 제일 좋은 것이 있다면 나의 것을 빼고 나머지를 주님께 봉헌하는 것이 아니라 어린이와 같은 마음으로 아낌없이 봉헌하는 우리가 되기를 성부와 성자와 성령의 이름으로 기도드립니다. 아멘.

나만의 복음밥

- 재 료 :
- 레시피 :
- 고 명 : 매일미사 (　), 복음묵상 (　), 성체조배 (　), 묵주기도 (　)
- 복음밥 :

241007 | 묵주 기도의 복되신 동정 마리아 기념일

📖 재　　료 : 루카 10,27

🍲 레시피 : "'네 마음을 다하고 네 목숨을 다하고 네 힘을 다하고 네 정신을 다하여 주 너의 하느님을 사랑하고' '네 이웃을 너 자신처럼 사랑해야 한다.'"

　　오늘은 '묵주 기도의 복되신 동정 마리아 기념일'입니다. 이날이 생겨나게 된 유래는 1,571년 오스만제국, 지금의 터키의 이슬람 세력이 서로마, 지금의 교황님이 계신 이탈리아를 넘보려고 했습니다. 교황님께서는 이슬람의 침략을 막으시려고, '레판토'라는 곳에서 해전을 준비하라고 명령하셨습니다. 드디어 결전의 날 레판토 바다 위에서 교황군과 이슬람군이 싸우는 동안 교황님께서는 하느님의 백성에게 영적 무기를 가지고 함께 싸우자고 초대하셨습니다. 그 무기가 무엇일까요? 총도 칼도 아니고 묵주기도입니다.

　　며칠 전에 아는 수녀님께 문자가 왔습니다. 그 안에는 이런 메시지가 있었습니다. "메주고리에의 성모님께서 러시아의 푸틴이 악의 유혹에 빠져, 핵무기를 쏠지 모르니 묵주기도를 통해 악의 행위를 막을 수 있게 마음을 모아라."였습니다. 성모님께서는 당신의 모습을 세상에 드러내실 때마다 예로부터 지금까지 한결같이 강조하시는 말씀이 하나 있습니다. 무엇일까요? 그것은 바로 회개하라, 그리고 묵주기도를 열심히 바치라는 것입니다. 그러면 성모님께서는 왜 그렇게 묵주기도를 강조하시는 것일까요? 그것은 묵주기도가 성모님께서 사탄과 싸우시는 무기이기 때문입니다. 그렇기에 우리가 묵주기도를 하늘나라로 올려드리면, 성모님께서는 그 무기를 가지고 사탄과 싸워 물리치시는 것입니다.

오늘 복음에서 예수님께서는 다음과 같이 말씀하십니다. "'네 마음을 다하고 네 목숨을 다하고 네 힘을 다하고 네 정신을 다하여 주 너의 하느님을 사랑하고' '네 이웃을 너 자신처럼 사랑해야 한다.'"

세상 사람들은 우리에게 '십자가를 달아 엮은 구슬이 무슨 힘을 낼 수 있을까?'하고 의심하며, 우리들의 기도를 깎아내리곤 합니다. 하지만 세상에 눈에 보이는 무기는 사람을 죽이지만, 눈에 보이지 않는 무기인 묵주는 사람과 세상을 살린다는 것을 이 기도를 봉헌해 본 사람들은 체험하여 알고 있습니다. 오늘 하루 성모님께서 주신 영적 무기로 우리 삶의 유혹을 물리치고 마음과 목숨과 힘을 다해 주님의 영광을 증거하는 우리가 되기를 성부와 성자와 성령의 이름으로 기도드립니다. 아멘.

나만의 복음밥

재 료 :
레시피 :
고 명 : 매일미사 (   ), 복음묵상 (   ), 성체조배 (   ), 묵주기도 (   )
복음밥 :

241008 | 연중 제27주간 화요일

재 료 : 루카 10,41
레시피 : "마르타야, 마르타야! 너는 많은 일을 염려하고 걱정하는구나."

일상 안에서 작은 일에 흔들리고 마음고생하는 사람들을 '유리멘탈'이라고 합니다. '유리멘탈'을 지닌 사람들의 사고 과정을 바라보면 '무엇무엇 하면 어떡하지?'로 시작한 질문에 '걱정'이 시작되고 '아무 행동도 하지 않으면서' 결국 그 일이 다가왔을 때 '멘붕(멘탈 붕괴)'의 순간을 맞이하게 됩니다. 이렇게 우리의 주변에서 혹은 스스로에게서 위와 같은 순서를 반복하며 과도한 걱정으로 주변과 스스로를 괴롭히는 사람을 쉽게 볼 수 있습니다. 그런데 이런 걱정은 우리의 시간과 에너지, 그리고 재물까지 소모하게 만듭니다. 여기에 더하여 마음과 몸에 한계가 찾아오면 우리는 주변 사람들에게 베풀어줄 '호의'라는 마음도 짜증으로 변하게 되는 상황을 마주하게 됩니다.

오늘 복음에 나오는 마르타는 이런 과정을 고스란히 보여줍니다. 예수님을 집으로 초대합니다. 하지만 자신이 감당하기 힘든 인원에, 짧은 준비 시간에 점점 짜증이 납니다. 처음에는 기쁜 마음으로 예수님을 초대했다가 결국에는 감당하지 못하게 되자, 동생이 도와주지 않는다며 예수님의 말씀을 듣고 있는 동생을 혼내달라고 예수님께 청합니다. 이에 대해 예수님께서는 다음과 같이 말씀하십니다. **"마르타야, 마르타야! 너는 많은 일을 염려하고 걱정하는구나."** 우리도 성당 안에서든 사회 안에서든 일이 주어지곤 합니다. 그 일을 기쁘게 받아들이겠다고 말을 하면서도 한계에 부딪히면 두 손을 놓고 그 일을 바라보고 결국 포기하거나, 피하려고 할 때가 있습니다. 그리고 상황과 사람과 내 주변 때문이라는 핑계를 댑니다.

주님과 함께 기쁘게 일을 하기로 마음을 먹었다면 그 일을 할 수 있는 영적 준비를 먼저 해야 합니다. 주님 안에 머물며 힘을 얻고자 한다면 주님께서 그 일을 완수할 수 있는 힘을 주실 것입니다. 염려와 걱정보다는 주님과 함께 기도와 머무름으로 주어진 일을 완수하는 우리가 되기를 성부와 성자와 성령의 이름으로 기도드립니다. 아멘.

나만의 복음밥

재 료 :

레시피 :

고 명 : 매일미사 (   ), 복음묵상 (   ), 성체조배 (   ), 묵주기도 (   )

복음밥 :

241009 | 연중 제27주간 수요일

재　료 : 루카 11,1

레시피 : "주님, 요한이 자기 제자들에게 기도를 가르쳐 준 것처럼, 저희에게도 기도하는 것을 가르쳐 주십시오."

　　가끔 봉성체를 가거나 다 같이 모여서 기도할 때 사제가 목소리를 줄이면 신자들이 우왕좌왕합니다. 분명 아는 기도문이고 처음부터 끝까지 다 외울 줄 아는데, 갑자기 신부가 목소리를 줄이면 그간 외웠던 기도문이 혼란스러워지고 중간을 생략하거나, 어색한 침묵이 흐르는 것을 보곤 합니다. 어느 날 기도를 같이하던 신자가 그 공간을 벗어나며 저에게 이렇게 말씀을 하셨습니다. "신부님 끝까지 해주셔야지 목소리를 줄이시면 저희가 헷갈리잖아요. 그러니 끝까지 같이 해주세요." 저는 자매님의 말을 듣고 이렇게 말씀을 드렸습니다. "자매님 다른 기도도 아니고 묵주기도를 할 때마다 하고, 미사 할 때도 하고, 생각날 때마다 하는 게 주님의 기도인데 그게 어떻게 헷갈릴 수 있을까요?" 저의 말에 자매님은 이렇게 답을 하셨습니다. "혼자 할 때는 빨리하게 돼요. 빨리 외우다 보니, 천천히 하거나 같이 할 때 헷갈리는 것 같아요."

　　오늘 복음에서 제자들은 기도하고 내려오시는 예수님을 보고 다음과 같이 말을 합니다. **"주님, 요한이 자기 제자들에게 기도를 가르쳐 준 것처럼, 저희에게도 기도하는 것을 가르쳐 주십시오."** 이 모습은 하느님이 계심을 알면서도 십계명을 지키고 주님을 따르기만 하면 되는 것임에도 판관이나 왕을 세워 달라는 이스라엘 백성과 비슷합니다. 이에 예수님께서는 수도 없이 많은 것을 보여줘도 깨닫지 못하는 제자들을 보시며 화를 낼만도 하신데 주님의 기도를 가르쳐 주십니다. 이 기도는 빨리 외우고, 해치우라고 가르쳐 주신 것이 아니라, 하느님의 나라를 이 땅에 올 수 있게 하는 최고의 방법을 마음속 깊이 천천히 되새기며 기도하라고 알려주신 것입니다. 우리는 주님께 기도를 봉헌할 때 어떻게 봉헌하고 있는지? 시작했으니 해치워야 하는 것으로 여기고 있지는 않은지? 아니면 다 마치지 못하더라도 천천히 말씀을 음미하며 봉헌하고 있는지? 지금 한번 주님의 기도를 천천히 한 구절씩 봉헌해 봅시다. 이 땅에 하느님의 나라가 오기를, 진정으로 이웃을 용서함으로 주님의 용서를 얻기를 청하며 기도해 봅시다. 분명 우리가 진심으로 기도하며 주님께 봉헌한다면 주님께서도 우리의 청을 들어주시고, 불완전한 이 세상에 당신의 나라를 오게 도와주실 것입니다. 주님의 나라가 이 땅에서 완성되기를 마음 모아 기도하는 오늘 하루가 되기를 성부와 성자와 성령의 이름으로 기도드립니다. 아멘.

나만의 복음밥

재 료 :

레시피 :

고 명 : 매일미사 ( ), 복음묵상 ( ), 성체조배 ( ), 묵주기도 ( )

복음밥 :

241010 | 연중 제27주간 목요일

📖 재　료 : 루카 11,9

🍲 레시피 : "청하여라, 너희에게 주실 것이다. 찾아라, 너희가 얻을 것이다. 문을 두드려라, 너희에게 열릴 것이다."

　　지난번 구역장, 반장님과 면담을 한 적이 있었습니다. 그 이유는 모래내 성당의 겉은 잘 알지만 속은 잘 모르고, 구, 반장님들은 겉도 잘 알고 속도 잘 알고 그 안에 흐르는 신앙심도 잘 알기에 그들의 지혜를 구하기 위해서입니다. 사제 집무실에 한 분의 구역장님과 네 분의 반장님과 함께 시작 기도를 바치고 얼굴을 가만히 바라봤습니다. "구, 반장을 얼마나 하셨나요?" 여쭤봤더니, 평균 7년을 하고 계시고 한 반장님은 본당 생길 때부터 하셨으니 14년을 하셨습니다. 새로운 사람은 없는지를 여쭤봤더니, 조그마한 면적에 성당을 다니는 가족 수는 적고, 그 안에서도 아프고 나이든 사람이 많아서, 본인들도 그만두고 싶은데 그게 쉽지 않다고 이야기하셨습니다. 그러면서 한 분은 바지를 주섬주섬 올리시더니 수술한 무릎을 보여주시고, 다른 한 분은 머리 수술하신 부분, 또 한 분은 다리 수술을 앞두고 계신 부분을 보여주셨습니다. 면담을 마치고 결과 보고서를 작성하면서 그 자리를 지켜주신 구역장님과 반장님께 감사의 마음이 들었습니다. 그리고 한편으로는 점점 늙어가고 있는 모래내 성당의 앞날이 걱정되었습니다. 제가 있는 동안은 어찌어찌 가겠지만 다음에 오시는 신부님은 이분들이 더 나이가 들어 계실 테니, 사목하시는 게 더 어렵지 않을까 싶었습니다.

　　그런 마음으로 오늘 아침 복음을 보면서 다시금 힘을 얻어 봅니다. "**청하여라, 너희에게 주실 것이다. 찾아라, 너희가 얻을 것이다. 문을 두**

드려라, 너희에게 열릴 것이다."** 주님께서는 당신의 일을 하는 사람에게 어려움을 주시지 않으리라는 것을 믿습니다. 그러기에 저는 더욱 주님께 매달리려고 합니다. "주님 당신의 일이니 망하게 놔두지는 않으시겠죠? 저는 당신의 도구가 될 테니 저의 입을 확성기로 이용하셔서 사람들에게 당신의 일을 청하시고, 저의 손을 삽으로 이용하셔서 당신의 일을 할 사람을 찾으시고, 저의 팔을 망치로 이용하셔서 사람들의 마음을 두드리셔서 성당으로 나오게 해주소서." 우리 자신을 주님의 도구로 내어드리고 주님의 일을 완성해 나가는 우리가 되기를 성부와 성자와 성령의 이름으로 기도드립니다. 아멘.

나만의 복음밥

재　료 :

레시피 :

고　명 : 매일미사 (　), 복음묵상 (　), 성체조배 (　), 묵주기도 (　)

복음밥 :

241011 | 연중 제27주간 금요일

재　　료 : 루카 11,17
레시피 : "어느 나라든지 서로 갈라서면 망하고 집들도 무너진다."

　가톨릭의 뜻은 거룩하고, 보편 되며 하나로부터 이어온 교회라는 의미가 있습니다. 이것을 좀 더 자세하게 이야기하면 하느님으로 인해 거룩하고, 하느님 아래 모두 보편 되며 하느님으로부터 하나로 이어온 교회라는 의미입니다. 특히 공동체의 의미에 대해 대가족 하에서 교육을 받던 예전 세대에게 교회는 또 다른 공동체이자, 또 다른 삶의 자리였습니다. 그러기에 사제와 하나 되어 교회의 일을 하나씩 이루어 나갔습니다. 하지만 2,000년도에 들어서서 나이가 들어 세례를 받은 사람들, 그리고 새롭게 교회 안에 들어온 젊은 세대들은 생각이 조금은 다른 것 같습니다.

　주님의 뜻이 있지만, 우리 생각과 행동이 중요하고, 그것이 이루어져야 교회 생활을 할 원동력을 얻습니다. 예를 들어 교회 단체에서 회의를 한 뒤, 결론이 정해져 앞으로 나아가야 하는 상황이 있습니다. 그때 자신의 의견이 받아들여지지 않았더라도 한목소리로 그 일을 해나가야 하는 것인데, 다른 사람들에게 "나는 원하지 않았지만 그 일을 결정했고, 어쩔 수 없이 따라간다."라는 말을 주위에 하는 신자들을 볼 수 있습니다.

　오늘 복음에서 예수님께서는 율법학자들이 마귀를 쫓아내는 것을 두 눈으로 봤으면서도 의심하는 그들을 향해 이렇게 말씀하십니다. **"어느 나라든지 서로 갈라서면 망하고 집들도 무너진다."** 우리가 그리스도교를 믿는 가장 큰 이유는 '예수를 통해 자아실현'이 아니라 '예수를 통해 온 세상의 복음화'입니다. 즉 우리의 뜻을 이루는 것이 아니라 주님의 뜻을 이루기 위해 교회 안에 머무는 것입니다.

오늘 하루를 살아가며 우리는 어떤 이유로 교회 안에 머물고 있는지 떠올려 봅시다. 그 이유를 확실히 깨닫는다면 하느님의 나라를 완성하는데 튼튼한 접착제가 되어 하느님의 나라를 이 땅에 오게 할 것입니다. 주님과 일치를 이루어 이 땅에 주님의 뜻을 완성하는 우리가 되기를 성부와 성자와 성령의 이름으로 기도드립니다. 아멘.

나만의 복음밥

재 료 :
레시피 :
고 명 : 매일미사 ( ), 복음묵상 ( ), 성체조배 ( ), 묵주기도 ( )
복음밥 :

241012 | 연중 제27주간 토요일

재 료 : 루카 11,28
레시피 : "하느님의 말씀을 듣고 지키는 이들이 오히려 행복하다."

예전에는 컴퓨터의 자료를 옮기려면 USB라고 불리는 이동식 저장 장치를 가지고 다녀야 했습니다. 그것이 없으면 자료를 옮기는 방법이 복잡해지거나 불가능한 경우도 있었습니다. 요즘에는 이동식 저장 장치보다 '클라우드' 즉 온라인상에 자료를 올려두고 다른 컴퓨터와 동기화를 해서 자료를 옮기는 방식을 쓰고 있습니다. 필요한 자료를 인터넷 안의 저장 장치에 넣어두면 전 세계 어디를 가든 쉽게 사용할 수 있습니다. 하지만 가끔 인터넷 사정과 어려움으로 동기화가 되지 않는 경우가 있습니다. 그럴 때 밖에서 강의라도 있는 날이면 난감한 경험을 하곤 합니다.

이처럼 주님께서도 우리의 신앙과 삶이 일치되기를 바라십니다. 그리고 우리도 그렇게 살기를 바라십니다. 성당에서 미사를 잘 봉헌하고 그 힘으로 열심히 살아봐야지 다짐합니다. 하지만 각자의 상황에 따라 성당에서의 나와 일상에서의 내가 동기화되는 데 오랜 시간이 걸리곤 합니다. 신앙과 삶이 동기화되는 동안 잠깐의 틈새가 있을 때 주님의 뜻을 따라 사는 것보다 내가 원하는 방식대로의 삶을 살다가 동기화가 되었을 때 자신의 부족함에 힘들어하는 상황을 만나게 되는 것입니다.

오늘 복음에서 예수님께서는 영적 동기화를 빨리할 수 있는 방법을 말씀해 주십니다. **"하느님의 말씀을 듣고 지키는 이들이 오히려 행복하다."** 하느님과 내가 빠른 영적 동기화를 위해서는 주님과 나 사이의 보이지 않는 영적 교류의 선에 어떤 장애도 없어야 하는 것입니다. 그러기 위해서 기도해야 하는 것이고, 바른 마음으로 주님의 뜻을 따르고 올바로 살고자 노력해야 하는 것입니다.

오늘도 주님께서는 하늘에서 당신의 뜻을 우리에게 전해주시고자 하십니다. 그 뜻을 기억하고 기도하며 지키고자 한다면 우리와 주님의 영적 동기화는 즉각 이루어질 것이며, 주님의 뜻을 이루며 사는 우리가 될 것입니다. 각자의 삶에서 주님의 가르침을 전하고 완성하는 우리가 되기를 성부와 성자와 성령의 이름으로 기도드립니다. 아멘.

나만의 복음밥

재 료 :
레시피 :
고 명 : 매일미사 (   ), 복음묵상 (   ), 성체조배 (   ), 묵주기도 (   )
복음밥 :

241013 | 연중 제28주일

📖 재 료 : 마르 10,25
🥣 레시피 : "부자가 하느님 나라에 들어가는 것보다 낙타가 바늘구멍으로 빠져나가는 것이 더 쉽다."

영상 관련된 것을 준비하면서 조명이 중요하다는 것을 알게 되었습니다. 조명이 받쳐주어야 카메라를 통해 보이는 인물이 더욱 화사하게 보이고, 그것을 보는 사람들도 좀 더 편하게 보게 되는 것임을 느끼게 되었습니다.

6개월 동안 돈을 차곡차곡 모으고 인터넷으로 여러 가지 조명을 검색한 끝에 지난주에 구매를 했습니다. 조명을 기다리며 설레는 마음이 들었습니다. 그런데 조명이 도착해야 할 날이 지났는데도 안 와서 저는 구매처에 전화를 했습니다.

그랬더니 자신들은 발송을 했고, 배송하는 데서 문제가 있는 거니 기다리라고 했습니다. 속은 타 들어가는데 3일이나 지나서 겨우겨우 도착을 했습니다. 늦게 받았지만 반가운 마음에 조명을 켰는데 작동을 안 하는 것이었습니다. 그 뒤로 다시 판매처에 전화를 했지만 연휴의 연속이라 전화도 안 받고 한참을 기다렸습니다.

그렇게 주말을 보내는데 미사를 할 때도, 기도를 할 때도 면담을 할 때도 계속 조명만 생각이 나는 것이었습니다. 그리고 알게 되었습니다. '가진 것이 많을수록, 가지려고 하는 것이 많을수록 하느님 생각은 자연히 덜하게 되는구나.'

그 일을 겪고 복음을 읽는데 예수님 말씀이 가슴에 깊이 와 닿았습니다. "부자가 하느님 나라에 들어가는 것보다 낙타가 바늘구멍으로 빠져나가는 것이 더 쉽다." 부자는 단순히 돈이 많은 사람이 아니라 이것저것 돈 걱정, 건강 걱정, 관계 걱정들이 너무 많아 하느님 생각보다는 가진 것을 더 많이 생각하는 사람이라는 생각이 듭니다.

오늘도 저는 하늘나라에 들어가기를 바라면서도 이런저런 생각에 하느님보다는 내 앞에 닥친 일들을 먼저 생각합니다. 우리에게 주어진 일을 걱정하기보다는 하느님께서 이루어 주심을 믿고 영적 다이어트를 한다면, 나도 모르는 사이에 바늘귀를 통과하고 있을 것입니다. 주님의 은총으로 바늘귀를 통과하는 우리가 되기를 성부와 성자와 성령의 이름으로 기도드립니다. 아멘.

나만의 복음밥

- 재 료 :
- 레시피 :
- 고 명 : 매일미사 (   ), 복음묵상 (   ), 성체조배 (   ), 묵주기도 (   )
- 복음밥 :

241014 | 연중 제28주간 월요일

재 료 : 루카 11,29

레시피 : "이 세대가 표징을 요구하지만 요나 예언자의 표징밖에는 어떠한 표징도 받지 못할 것이다."

'스파이더맨'이라는 영화를 보면 '스파이더찌리릿'이라는 명칭이 나옵니다. 그것은 악당이 나타나거나 재난 상황이 일어날 때 스파이더맨의 몸에서 닭살이 돋아나는 것을 의미합니다. 스파이더맨은 이상 징후를 느끼면 초감각이 향하는 곳으로 거미줄을 날리며 달려갑니다.

주님께서는 우리 마음에도 '스파이더찌리릿' 같은 초감각을 심어 놓으셨습니다. 그것은 주님이 눈에 보이지 않지만, 주님이 계심을 믿고, 주님의 일이라면 자신의 모든 것을 사용하며 투신하는 '신앙 감각'입니다. 그러나 가끔 삶의 어려움과 이겨내기 힘든 고통이 다가왔을 때 우리는 마음속에 있는 '신앙 감각'이 상실된 것처럼 느낄 때가 있습니다. 그 결과로 하느님의 존재를 의심하고, 계심에도 없는 것처럼 살려 하고 당신이 계시면 징후를 보여 달라 말하곤 합니다.

이런 우리를 향해 주님께서는 다음과 같이 말씀하십니다. **"이 세대가 표징을 요구하지만 요나 예언자의 표징밖에는 어떠한 표징도 받지 못할 것이다."** 즉 우리가 '신앙 감각'을 잃고 삶의 어려움 안에서 하느님이 계시냐며 따지는 모습은 구약 시대 이스라엘 백성부터 반복되어 온 모습이었습니다.

그럴 때마다 주님께서는 당신의 말씀을 전달해 주는 예언자를 통해, 예수님을 통해, 그리고 오늘날에는 성경을 통해서 하느님을 느끼고 '신앙 감각'을 회복하라 말씀하시는 것입니다. 지속적인 삶의 어려움으로

'신앙 감각'이 느껴지지 않는다면 오늘은 성경을 읽고 그 안에서 느껴지는 주님의 자비와 사랑에 온전히 의탁했으면 좋겠습니다.

주님께서는 우리의 고통을 외면하지 않으시며, 우리가 힘들면 함께 아파하시고, 우리가 기뻐하면 우리보다 더 기뻐하실 분이기 때문입니다. 오늘 하루 주님께 신호를 보내고 응답을 받는 우리가 되기를 성부와 성자와 성령의 이름으로 기도드립니다. 아멘.

나만의 복음밥

- 재 료 :
- 레시피 :
- 고 명 : 매일미사 (   ), 복음묵상 (   ), 성체조배 (   ), 묵주기도 (   )
- 복음밥 :

241015 | 예수의 성녀 데레사 동정 학자 기념일

📖 재　　료 : 루카 11,41
🍲 레시피 : "속에 담긴 것으로 자선을 베풀어라. 그러면 모든 것이 깨끗
　　　　　해질 것이다."

　　코로나가 심해졌을 때 많은 사람이 경제적인 어려움을 겪고 있었습니다. 이에 주교님께서는 교구 사제들에게 "자발적인 봉헌으로 주위의 가난한 이웃들을 돕자!"라고 말씀하셨습니다. 그렇게 모금 운동이 시작되었고, 저의 내적 고민이 시작되었습니다. "얼마가 적당한 것인가? 얼마를 내야 하는 것인가?" 그냥 제가 내고 싶은 만큼 기부하면 되는데, 주위 동기들은 얼마를 했는지 궁금했습니다. 저는 동기에게 전화해서 "얼마 정도 기부하려고 생각하는지?" 물어봤습니다. 통화를 하고 대화하면서 기부에 대한 생각이 명확해지고 확고해지는 것이 아니라 더 복잡해지고, '어떻게 해야 하나?'하는 생각이 더 커졌습니다. 그러다 문득 이런 생각이 들었습니다. '아! 내가 신부가 되고 난 뒤 12년간 생활하면서 신자 분들께 받은 사랑을 돌려드린다고 생각하자' 그 생각을 하니 마음이 가벼워져서, 뒤돌아보지 않고 돈을 기부처로 송금했습니다.

　　오늘 복음에서 예수님께서는 율법은 잘 지키지만, 하느님께 진정한 사랑은 봉헌하지 못하는 바리사이들에게 다음과 같이 말씀하십니다. "속에 담긴 것으로 자선을 베풀어라. 그러면 모든 것이 깨끗해질 것이다." 우리는 하느님을 위해 무엇인가를 봉헌할 때 삶의 고민이 커지면 주위에 베풀어야 할 자선과 하느님께 드려야 할 봉헌에 대해 고민을 먼저 하게 됩니다. 신기한 건 삶의 고민이 커질수록 하느님의 은총이 얼마나 큰지 잘 느끼지 못하게 된다는 것입니다. 그러다 보면 주님께 마음을

향하기보다는 자신의 상황에 매몰되어 주님의 은총을 바라보지 못하게 됩니다.

　주님께서는 일상 안에서 당신의 사랑과 자비를 우리를 통해 드러내고자 하십니다. 그런 기회가 다가왔을 때 우리 안에 주님의 은총이 가득 있음을 믿고 자선을 베풀어 봤으면 좋겠습니다. 그러면 모든 것이 깨끗해지고 맑아지는 체험을 하게 될 것입니다. 주님의 뜻을 이 땅에 이루는 우리가 되기를 성부와 성자와 성령의 이름으로 기도드립니다. 아멘.

나만의 복음밥

- 재　료 :
- 레시피 :
- 고　명 : 매일미사 (　), 복음묵상 (　), 성체조배 (　), 묵주기도 (　)
- 복음밥 :

241016 | 연중 제28주간 수요일

재 료 : 루카 11,46

레시피 : "너희 율법 교사들도 불행하여라! 너희가 힘겨운 짐을 사람들에게 지워 놓고, 너희 자신들은 그 짐에 손가락 하나 대려고 하지 않기 때문이다."

사람은 저마다 마음에 기준이 있습니다. 그것을 저는 각자의 율법이라고 부르고 싶습니다. 율법은 하느님께 가기 위한 법이지만 어느 순간부터 자신만의 기준이 생기게 되면 자신의 율법으로 사람들이 나를 통해 하느님을 만나야 한다는 생각을 합니다.

율법의 정신은 보이지 않는 하느님을 만나게 합니다. 하지만 율법의 정신을 잊은 그 순간부터 하느님의 자리에서 사람들을 평가하고 재단하고, 기준 짓게 됩니다.

오늘 복음에서 예수님께서는 이렇게 말씀하십니다. **"너희 율법 교사들도 불행하여라! 너희가 힘겨운 짐을 사람들에게 지워 놓고, 너희 자신들은 그 짐에 손가락 하나 대려고 하지 않기 때문이다."**

미사를 봉헌하며 저에게 그런 부분이 없나 바라봅니다. 하느님의 율법을 나에게는 엄격하게, 다른 이에게는 강요하지 않는 제가 되기를 바랍니다. 제가 사랑의 율법이 되어 산다면 사람들은 저의 모습을 보고 하느님의 나라를 보게 될 것입니다. 우리 각자의 자리에서 하느님의 은총을 체험하게 만드는 모두가 되기를 성부와 성자와 성령의 이름으로 기도드립니다. 아멘.

나만의 복음밥

📖 재　료 :

🥣 레시피 :

🔔 고　명 : 매일미사 (　), 복음묵상 (　), 성체조배 (　), 묵주기도 (　)

⛪ 복음밥 :

241017 | 안티오키아의 성 이냐시오 주교 순교자 기념일

📖 재   료 : 루카 11,52

🥣 레시피 : "너희가 지식의 열쇠를 치워 버리고서, 너희 자신들도 들어가지 않고 또 들어가려는 이들도 막아 버렸기 때문이다."

사람은 누구나 기준이 있습니다. 그리고 그 기준은 존중받아 마땅합니다. 그런데 자신의 기준은 존중받기를 바라면서 상대의 기준은 무시할 때 문제가 생기게 됩니다. 가령 '나는 기도를 열심히 하는데 저 사람은 기도를 안 하는 것 같아. 나는 자선을 베푸는 것 같은데, 저 사람은 깍쟁이처럼 자기만 챙기는 것 같아.'라고 생각하는 것입니다. 즉, 그 사람이 기도를 하는지, 안 하는지, 자선을 베푸는지, 안 베푸는지 정확하게 확인하지도 않으면서 눈으로 보이는 것만으로 상대를 평가하고 재단하곤 합니다.

그러다 보니 자신이 열심히 기도를 하고 자선을 하면서도 정작 그 기도와 자선이 주님이 열어놓으신 문으로 들어가지 못하는 것입니다. 바리사이들의 모습도 이와 같습니다. 율법이라는 기준으로 모든 것을 평가하기에 정작, 예수님의 진짜 모습은 보려고 하지 않고 느끼려고 하지도 않는 것입니다. 이런 그들의 모습을 본 예수님께서는 이렇게 말씀하십니다. "너희가 지식의 열쇠를 치워 버리고서, 너희 자신들도 들어가지 않고 또 들어가려는 이들도 막아 버렸기 때문이다."

우리도 각자의 기준이 있습니다. 그런데 그 기준을 율법학자의 눈이 아니라 주님의 눈으로 바라봤으면 좋겠습니다. 우리가 주님의 눈으로 기준을 삼는다면 지식의 열쇠를 통해 우리 자신도 들어가고 또 들어가려는 이들도 함께 들어가게 할 것입니다. 주님의 은총으로 모든 이를 초대하는 우리가 되기를 성부와 성자와 성령의 이름으로 기도드립니다. 아멘.

나만의 복음밥

- 재　료 :
- 레시피 :
- 고　명 : 매일미사 (　), 복음묵상 (　), 성체조배 (　), 묵주기도 (　)
- 복음밥 :

241018 | 성 루카 복음사가 축일

재 료: 루카 10,4
레시피: "돈주머니도 여행 보따리도 신발도 지니지 말고, 길에서 아무에게도 인사하지 마라."

마음속에 담긴 것이 입으로 나온다고 합니다. 내 입에 미움이 가득하면 미움이 입으로 나오고, 내 마음에 사랑이 가득하면 사랑이 입으로 나옵니다. 자신의 입으로 뱉는 말이 그 사람을 증명하는 경우가 많습니다. 오늘 복음에서 예수님께서는 제자들을 파견하시며 조건을 거십니다. **"돈주머니도 여행 보따리도 신발도 지니지 말고, 길에서 아무에게도 인사하지 마라."** 겉모습을 보고 사람을 판단하는 사람들의 눈에는 제자들의 모습이 얼마나 불쌍해 보일까요?

아무것도 없이 다니니 불쌍해 보이지 않았을까요? 하지만 예수님이 이렇게 말씀하신 의도를 보아야 합니다. 그것은 세상의 것을 마음에 채워 그것에 의지하지 말고, 주님을 마음속에 가득 채워, 주님께 마음을 향하라는 말씀으로 들립니다.

분명 인간의 눈으로 주님의 일을 하려고 하면 속에서 이런 생각이 차오를 것입니다. '아무것도 가지지 않고 어떻게 당신을 전하라는 말씀입니까?' 그 생각으로 세상을 향한다면 우리는 하느님 나라를 선포하기보다 하느님을 믿으니 이런 게 불편하고 저런 게 불편하다고 말하게 될 것입니다.

주님을 믿는다는 것, 분명 불편함이 있겠지만 주님의 말씀을 믿고 주님께서 시키시는 대로 한번 해 봅시다. 그런 마음을 먹는 순간부터 세상에 깃들이던 마음이 비워지고, 그 안에 주님으로 가득 차게 될 것입니다. 그렇게 주님으로 가득 찬 사람은 주님이 하신 기적을 행하고 주님의 말씀을 선포하며, 주님의 사랑을 전하며 **"하느님의 나라가 여러분에게 가까이 왔습니다."** 하고 자신 있게 전할 것입니다. 주님의 나라를 전하는 데 있어서, 우리 마음에는 어떤 것이 가득 차 있는지 돌아보는 하루가 되기를 성부와 성자와 성령의 이름으로 기도드립니다. 아멘.

나만의 복음밥

- 재 료 :
- 레시피 :
- 고 명 : 매일미사 (   ), 복음묵상 (   ), 성체조배 (   ), 묵주기도 (   )
- 복음밥 :

241019 | 연중 제28주간 토요일

📖 재 료 : 루카 12,8

🥣 레시피 : "누구든지 사람들 앞에서 나를 안다고 증언하면, 사람의 아들도 하느님의 천사들 앞에서 그를 안다고 증언할 것이다."

인생에 어려움이 찾아와 내리막이 되어 끊임없이 우리를 힘들게 할 때가 있습니다. 끝난 것 같았는데 계속 추락하고, 끝난 것 같았는데, 어두운 터널 안에 있을 때 그 어려움은 이루 말할 수 없이 고통스럽습니다.

그때 그 순간을 버티면서 처음에는 하느님이 있다면 저에게 이러시면 안 된다고, 빨리 빛의 세계로 나가게 해달라고 청합니다. 하지만 그 순간이 계속되면 하느님을 모른다고 하는 순간을 만나게 되고, 어떨 때는 이런 고통을 준 주님을 미워할 때도 있습니다. 그런 절망의 순간에 마음이 깊이 가라앉아 주님을 모른다고 하면 어느 순간 진공과 같은 답답한 순간을 마주하게 됩니다. 영적인 멍함 상태, 아니면 영적 무중력 상태라고 하면 될 느낌입니다. 작용도 없고 반작용도 없고, 답답하고 앞으로 나아가지 않는 것 같은 느낌, 그때 저도 모르게 이런 소리가 나옵니다. "주님 도와주세요." 그 말 한마디가 작용하여 앞으로 나아가게 되고, 주님이 계심을 어렴풋이 체험하게 됩니다.

오늘 복음에서 주님께서는 다음과 같이 말씀하십니다. **"누구든지 사람들 앞에서 나를 안다고 증언하면, 사람의 아들도 하느님의 천사들 앞에서 그를 안다고 증언할 것이다."** 주님께서 없다고 생각하고 싶을 때, 그 순간 손을 뻗어 주님께 닿아보고자 소리쳐 "주님 도와주세요."라고 말씀드려봅시다. 주님이 내 옆에 계심을 믿고 도움을 청하고 증거하면 주님께서도 우리에게 도움을 주시고, 한 발짝 당신 앞에 나올 수 있게 해주실 것입니다.

주님을 증거하고 주님께 응답받고 기쁜 마음으로 앞으로 나아가는 우리가 되기를 성부와 성자와 성령의 이름으로 기도드립니다. 아멘.

나만의 복음밥

- 재　료 :
- 레시피 :
- 고　명 : 매일미사 (　), 복음묵상 (　), 성체조배 (　), 묵주기도 (　)
- 복음밥 :

241020 | 연중 제29주일 민족들의 복음화를 위한 미사

재 료 : 마태 28,20

레시피 : "보라 내가 세상 끝 날까지 언제나 너희와 함께 있겠다."

예전에 바오로 사도의 전도 여행로를 따라 성지순례를 한 적이 있었습니다. 그때 성지순례를 통해 한 가지 마음에 깊이 새겨진 것이 있다면 바오로의 예수 그리스도를 향한 사랑이었습니다. 바오로는 회심을 하고 난 뒤에 예수 그리스도를 알리고자 부단히 노력하십니다.

바오로의 전교 방법은 다음과 같습니다. 첫째, 예수 그리스도를 제일 싫어하는 유다인 회당에 갑니다. 둘째, 하느님께서 우리에게 보내주신 구원자가 예수 그리스도라고 이야기를 합니다. 셋째, 그 말에 광분한 유대인들이 바오로를 끌어다가 매질하고 고발합니다. 넷째, 바오로는 하느님의 은총으로 풀려나고, 사람들은 그 은총을 경험한 바오로를 보고 믿습니다. 다섯째, 그리스도 공동체를 만들고 바오로는 다음 전교지로 떠납니다.

사도 바오로는 그런 행동을 한 번이 아니라 죽을 때까지 반복하십니다. 왜 그랬을까요? 육신의 고통을 받으며 마음의 어려움을 겪으며 그는 왜 그랬을까요? 예전에 기자가 소설가 조정래 씨에게 어떻게 그런 엄청난 소설을 쓸 수 있는지 묻자 조정래 씨는 이렇게 답을 했습니다. "수많은 사람이 내 머릿속에서 아우성을 치기에 그것을 토해내며 살았다." 사도 바오로의 마음속에 예수님이 가득했기 때문에 그분이 시킨 일을 단 하나도 어긋남 없이 행동으로 옮긴 것이고, 그런 그를 하느님께서는 당신의 완벽한 도구로 삼아 주신 것입니다. 우리 안에도 주님이 가득한 지 바라보고 주님을 알리고자 하는 열정이 가득한지 바라봅니다. 그리고 아직은 부족한 열정을 바라봅니다.

오늘 복음에서 주님께서는 다음과 같이 말씀하십니다. **"보라 내가 세상 끝 날까지 언제나 너희와 함께 있겠다."** 오늘 하루는 세상 끝 날까지 우리와 함께 해 주시겠다는 말씀을 마음속에 담아봅니다. 그렇게 해서 함께 계신 주님의 말씀을 믿고 앞으로 나아가는 우리가 되기를 성부와 성자와 성령의 이름으로 기도드립니다. 아멘.

나만의 복음밥

- 재 료 :
- 레시피 :
- 고 명 : 매일미사 (　), 복음묵상 (　), 성체조배 (　), 묵주기도 (　)
- 복음밥 :

241021 | 연중 제29주간 월요일

📖 재　료 : 루카 12,20
🍲 레시피 : "어리석은 자야, 오늘 밤에 네 목숨을 되찾아 갈 것이다. 그러면 네가 마련해 둔 것은 누구 차지가 되겠느냐?"

어린 시절을 보낸 동네에는 알부자가 있었습니다. 그분은 집에 돈이 없어서 공부는 많이 못 했지만 장사를 하며 열어 두었던 귀로 어디에 땅을 사면 좋을지 어디에 투자하면 좋을지 듣게 되었습니다.

그렇게 그는 개발이 들어가기 전에 미리 땅을 사두었고, 그곳에는 건물이 들어서 있습니다. 그런 그는 돈은 많지만 동네에서의 인심은 사나웠습니다. 그의 주머니로 들어간 것은 나올 줄을 몰랐고, 집에 세 들어 사는 사람들은 때만 되면 올리는 집세 걱정에 힘들어했습니다. 그리고 다들 이렇게 이야기를 했습니다. "귀신은 뭐하나 몰라 저 사람 안 잡아가고." 보통 욕을 많이 먹는 사람은 오래 산다는데, 어느 날 그가 죽었다는 소식이 들렸습니다. 목욕탕에서 사우나를 하다가 심장마비로 세상을 떠났다는 것이었습니다.

그의 이야기를 들으면 하느님 앞으로 가는 그 순간 자신이 쌓아놓은 그 많은 재산이 눈에 밟히고, 움켜쥐고 놓지 못한 재물들이 생각나서 하늘 가는 길이 힘들지 않았을까 싶습니다. 오늘 복음에서 예수님께서는 사랑실천을 하지 못하는 이들을 향해 다음과 같이 말씀하십니다. **"어리석은 자야, 오늘 밤에 네 목숨을 되찾아 갈 것이다. 그러면 네가 마련해 둔 것은 누구 차지가 되겠느냐?"** 오늘 하루를 시작하며 우리는 나의 것을 아낌없이 나누고 있는지 돌아봤으면 좋겠습니다. 그리고 아까워서 쓰지 못하고 쌓아둔 것들이 없는지 생각해 봅니다.

'돈은 쌓아두면 똥 냄새가 나고 뿌리면 거름이 된다.'라는 말이 있습니다. 오늘 하루 한 번 시간을 내어 하느님 앞에 갑자기 갔을 때 못 쓰면 아까운 것들을 적어봅시다. 그 아까운 것들을 아끼지 말고 나를 위해 그리고 더 넓게는 이웃을 위해 아낌없이 사용하는 우리가 되기를 성부와 성자와 성령의 이름으로 기도드립니다. 아멘.

나만의 복음밥

- 재 료 :
- 레시피 :
- 고 명 : 매일미사 (   ), 복음묵상 (   ), 성체조배 (   ), 묵주기도 (   )
- 복음밥 :

241022 | 연중 제29주간 화요일 또는 성 요한 바오로 2세 교황

📖 재　료 : 루카 12,36
🥣 레시피 : "주인이 도착하여 문을 두드리면 곧바로 열어 주려고 기다리는
　　　　　 사람처럼 되어라."

　　11년 전 사제품을 앞두고 이런 고민이 들었습니다. "내가 정말 사제로서 잘 살아갈 수 있을까? 신부로서 사는 게 정말 맞을까?" 이런 고민이 반복되자 한 일 년간 쉬면서 저의 성소에 대해서 고민하고 싶었습니다. 그 고민을 바로 실행할 수는 없었기에 저는 선배 신부님께 여쭤봤습니다.

　　저의 고민을 들은 선배 신부님은 아주 명쾌한 답을 주셨습니다. "용현아 네가 정성스럽게 선물을 준비해서 준다고 하는데 내가 받을 기분이 아니어서 안 받겠다고 하면 준비한 사람의 기분은 어떨까? 불편할 거야, 그렇게 안 받고 집에 와서 생각해보니 다시 받아야 할 것 같아서 '그 선물 다시 주세요.' 하면 그 사람이 뭐라고 할까? '줄 때 받았어야지, 벌써 그거 다른 사람 줬어.' 하지 않을까? 서품뿐만이 아니라 세상 이치가 그래. 늘 우리는 준비가 덜 돼 있지만 그 상황을 기쁘게 받아들이고 열심히 살면 되는 거야. 그럼 그 안에서 은총이 나오지, 그러니까 고민하지 말고 서품받고 신부로 열심히 살아."

　　선배 신부님의 말씀은 제 마음에 울림을 줬습니다. 언제든 무슨 일을 하든 완벽하게 준비하는 것은 어려울 것입니다. 그것에 대해 깨어있지 못하고 망설이면 주인이 왔을 때 기쁘게 주인을 맞이하지 못하게 되는 것입니다.

　　오늘 복음에서 예수님께서는 우리가 당신을 맞을 준비를 하기를 바라시며 다음과 같이 말씀하십니다. **"주인이 도착하여 문을 두드리면 곧**

바로 열어 주려고 기다리는 사람처럼 되어라."** 은총은 매 순간, 매 시간 우리에게 주어집니다. 주님께서는 우리에게 깨어있기를 바라시고 늘 당신의 초대에 항상, 즉시 기쁘게 응답하기를 바라십니다. 인간적인 부족함은 있겠지만 주님의 은총을 바라며 앞으로 나아가는 우리가 되기를 성부와 성자와 성령의 이름으로 기도드립니다. 아멘.

나만의 복음밥

- 재 료 :
- 레시피 :
- 고 명 : 매일미사 (   ), 복음묵상 (   ), 성체조배 (   ), 묵주기도 (   )
- 복음밥 :

241023 | 연중 제29주간 수요일, 카페스트라노의 성 요한 사제

📖 재　　료 : 루카 12,37
🥣 레시피 : "행복하여라, 주인이 와서 볼 때에 깨어 있는 종들! 내가 진실로 너희에게 말한다."

　　가끔 저녁에 시간이 되면 '유퀴즈'라는 프로그램을 봅니다. '유퀴즈'라는 프로그램은 유재석과 조세호가 나와서 일상의 사람들을 만나 대화를 나누며 정해진 주제에 맞게 문제를 푸는 방송입니다. 조세호의 깐죽거림과 유재석의 능숙한 진행 솜씨가 만나는 사람들에게 솜사탕을 뽑듯 맛깔난 삶의 이야기들을 뽑아냅니다. 지난 방송에서 방송국 PD와 이야기를 나누다 갑자기 예전에 무한도전을 같이 했던 김태호 PD에게 전화를 했습니다. 전화 통화를 나누던 중 유재석에 대해 잘 알고 있는 김태호 PD에게 "유재석은 어떤 사람입니까?"라는 질문을 했고, 그는 이렇게 답을 했습니다. "유재석은 연탄 같은 뜨거운 삶을 사는 사람"이라고 답을 했습니다. 분명 안정된 수입에, 안정된 진행 방식, 자신에게 주어진 것을 가지고 더 이상 도전하지 않아도 아무도 그를 비난할 사람은 없습니다. 그럼에도 그는 멈춰있지 않고 늘 새로운 것, 남들이 도전하기 어려운 것들을 시도하고 비난을 이겨내며 결국 성공적으로 마칩니다. 그의 삶을 바라보는 이들에게 뜨거움을 불러일으키고, 그 뜨거움이 오래 이어지기에 연탄 같은 삶을 사는 사람이라고 김태호 PD는 말을 했습니다.

　　주님께서는 당신의 자녀들에게 넘치도록 많은 은총과 힘을 주십니다. 그런데 우리는 주님을 통해 은총을 얻을 수 있음을 머리로는 알지만, 행동으로는 쉽게 실천하지 못합니다. 그러기에 해보지도 않고 '나는 안 되는 거 같아.' '나는 힘든 것 같아.' '나는 부족한 것 같아.' 하며 주님이 요구하시고 맡기신 일들을 시도조차 하지 않으려고 합니다.

　오늘 복음에서 예수님께서는 우리에게 다음과 같이 말씀하십니다. **"행복하여라, 주인이 와서 볼 때에 깨어 있는 종들! 내가 진실로 너희에게 말한다."** 우리가 신앙인이라면 매일 연탄 같이 주위를 밝고 따뜻하게 만드는 삶을 살았으면 좋겠습니다. 주어진 하루를 새하얗게 불태우고 주위를 밝힌다면 주님께서는 영원히 꺼지지 않는 연탄의 뜨거움을 선물로 주실 것입니다. 오늘도 각자의 삶에서 도전해야 할 것들, 이겨내야 할 것들이 있다면, 망설이지 말고, 망설일 시간에 한 발자국 더 나아가 봅시다. 그게 주님께서 우리에게 원하시는 것입니다. 늘 깨어 준비하고 있어서 생각하지도 않은 때에 오시는 주님을 기쁘게 맞이하는 우리가 되기를 성부와 성자와 성령의 이름으로 기도드립니다. 아멘.

나만의 복음밥

- 재　료 :
- 레시피 :
- 고　명 : 매일미사 (　), 복음묵상 (　), 성체조배 (　), 묵주기도 (　)
- 복음밥 :

241024 | 연중 제29주간 목요일, 성 안토니오 마리아 클라렛 주교

📖 재　료 : 루카 12,51

🥣 레시피 : "내가 세상에 평화를 주러 왔다고 생각하느냐? 아니다. 내가 너희에게 말한다. 오히려 분열을 일으키러 왔다."

　　예전에 라디오 방송에 나가 신자들의 고민을 듣고 풀어드리다 이런 사연을 만났습니다. "신부님, 안녕하세요? 저희 두 아이는 지금 복사로 활동하고 있는데요. 아이들이 학원가는 요일과 저녁 미사의 복사 서는 요일이 겹친 거예요. 그래서 학원가는 요일을 변경했는데 친구들과 같은 요일에 학원을 가지 못하게 됐다고 아이들이 많이 속상해하네요. 그렇다고 복사를 서지 말라고 할 수도 없고 이럴 때는 어떻게 해야 할지 난감합니다." 엄마는 복사를 서게 하고 싶고, 아이는 친구와 놀고 싶은 마음이 가득한 사연이었습니다. 그러면 어떻게 해야 할까요? 제가 자라던 시대의 많은 부모들은 자녀들을 억지로 성당에 보냈습니다. 성당에 가지 않으면 일상생활의 여유를 주지 않았던 시대였습니다. 그러다 보니 많은 청년이 20살이 넘으면 "나에게 종교적 자유를 달라."라고 말하며 성당을 안 다닙니다. 이런 모습을 볼 때 아이에게 어떻게 해야 할까요? 우선 성당에서 복사를 서는 게 엄마가 좋아서 시키는 건지 아이가 좋아서 하는 건지 돌아봐야 합니다. 엄마가 좋아서 시키는 것이라면 왜 좋은지, 이것이 신앙적으로 어떤 도움이 되는지 설명해 주고, 부모님도 아이가 복사를 서는 만큼 신앙생활을 충실하게 해야 합니다. 그리고 아이에게 성당을 벗어나 친구들을 만날 수 있는 시간을 허락해 주고, 그때는 학생 미사가 아니라 충분히 놀고 주일미사 중에 선택해서 다녀올 수 있게 배려해 줘야 한다고 생각합니다.

오늘 복음에서 예수님께서는 다음과 같이 말씀하십니다. **"내가 세상에 평화를 주러 왔다고 생각하느냐? 아니다. 내가 너희에게 말한다. 오히려 분열을 일으키러 왔다."** 주님께서 복사를 서는 것으로, 미사를 나오는 것으로, 가족이 갈라지고 싸우고 틀어지는 것을 원하실까요? 아닐 것입니다. 주님께서 원하시는 것은 각자의 희생으로 마음속에 부족한 것들을 확인하고, 주님께로 마음을 합하기를 바라실 것입니다. 오늘 하루 신앙이라는 이유로 강요하는 것은 없는지, 그러므로 일치가 아니라 분열을 주는 것은 아닌지 돌아봤으면 좋겠습니다. 나의 것을 내려놓고, 주님의 뜻으로 일치의 길을 걷는 우리가 되기를 성부와 성자와 성령의 이름으로 기도드립니다. 아멘.

나만의 복음밥

재 료 :
레시피 :
고 명 : 매일미사 ( ), 복음묵상 ( ), 성체조배 ( ), 묵주기도 ( )
복음밥 :

241025 | 연중 제29주간 금요일

재　료 : 루카 12,57

레시피 : "너희는 왜 올바른 일을 스스로 판단하지 못하느냐?"

'비판'이라는 단어의 국어사전 뜻은 "사물의 옳고 그름을 판단하여 밝히거나 잘못된 점을 지적함"이라고 합니다. 살아가다 보면 달콤한 말을 해주는 사람보다, 쓴소리를 해주는 사람을 귀히 여겨야 함을 느끼게 됩니다. 그들은 제가 가는 길에 문제를 미리 이야기해주고, 그 문제를 극복할 수 있는 힘을 쓴소리를 통해 미리 경험하게 해 주어 더 성장할 수 있게 도와줍니다. 그런데 나이가 들어갈수록 쓴소리보다는 달콤한 말을 쫓아 사는 나를 보게 됩니다. 그러다 보니 쓴소리보다 달콤한 말을 해주는 사람들을 더 가까이하려고 합니다.

예수님께서는 이런 마음이 드는 우리에게 이렇게 말씀하십니다. **"너희는 왜 올바른 일을 스스로 판단하지 못하느냐?"** 이 말씀을 묵상하면 '비판'에 익숙해지고 그것을 통해 성숙해 짐으로써 세상 곳곳에 숨겨져 있는 주님의 뜻을 찾아보라 하시는 것입니다. 우리는 비판에 익숙한가요? 비판하는 자들을 물리치나요? 가까이하나요? 비판하는 이들을 가까이 두어야 합니다. 그것이 주님을 가까이 두는 것이라고 생각합니다. 비판하는 자들을 멀리한다면 그 자리에는 마귀가 들어올 것입니다.

그리하여 땅과 하늘의 징조는 풀이하면서도, 이 시대는 풀이할 줄 모르게 되고, 옳고 그름을 판단할 수 없는 마귀의 자녀가 될 것입니다. 비판하는 이를 가까이 둘 수 있는 용기를 청하는 하루가 되시기를 성부와 성자와 성령의 이름으로 기도드립니다. 아멘.

나만의 복음밥

📖 재 료 :

🥣 레시피 :

🔔 고   명 : 매일미사 (   ), 복음묵상 (   ), 성체조배 (   ), 묵주기도 (   )

🍚 복음밥 :

241026 | 연중 제29주간 토요일

재 료 : 루카 13,8
레시피 : "주인님, 이 나무를 올해만 그냥 두시지요. 그동안에 제가 그 둘레를 파서 거름을 주겠습니다."

해외 성지순례를 다녀온 뒤 방에 들어오니 안타까운 일이 일어나 있었습니다. 그것은 바로 내 방에 있는 식물들이 바짝 말라 있는 것이었습니다. 가기 전에 충분히 물을 주었지만 열흘이라는 시간이 길기는 한 것 같았습니다. 특히 창가에 있는 천리향은 열매를 맺으려고 알이 탱탱했는데, 돌아와 보니 건포도처럼 쪼골쪼골 해 있었습니다. 저는 천리향이 다시 살아나기를 바라며 물을 주고, 영양제를 주고 다시 정성스럽게 키웠습니다. 그랬더니 천리향도 저의 마음을 느꼈는지, 건포도 같던 열매가 다시 생기를 되찾았습니다.

오늘 복음에서 열매를 맺지 못하는 포도나무를 주인이 베어버리려 하자 포도 재배인이 안타까운 마음에 다음과 같이 이야기 합니다. **"주인님, 이 나무를 올해만 그냥 두시지요. 그동안에 제가 그 둘레를 파서 거름을 주겠습니다."**

예수님께서도 우리가 영적으로 메마르고 악에 빠져 허우적거리고 당신을 멀리하고 있을 때 어떤 마음이 셨을까요? 안타까운 마음으로 영적인 도움을 줄 사람을 보내주시고, 악에서 돌아올 기회를 만들어주시며, 성전에 계신 주님을 만날 수 있도록 주변 사람들을 통해 영양분을 주실 것입니다. 그런 것들을 느끼는 사람은 그 속도가 더디기는 해도 조금씩 열매를 맺을 것입니다.

주님께서는 우리의 영혼이 죄에 의해 마르지 않고 언젠가 열매를 맺기를 바라십니다. 우리의 영혼을 바라봅시다. 얼마만큼 매말라 있으며 얼마만큼 주님과 멀리 있는지 물가에 심은 나무는 무한한 열매를 맺는다고 하셨습니다.

　물이 없다면 물이 있는 곳까지 뿌리를 뻗는 노력을 해야합니다. 그러면 주님께서는 물을 뿌리가 있는 곳으로 끌어다 주실 것입니다. 주님의 은총을 향해가는 우리가 되기를 성부와 성자와 성령의 이름으로 기도드립니다. 아멘.

나만의 복음밥

- 재　료 :
- 레시피 :
- 고　명 : 매일미사 (　), 복음묵상 (　), 성체조배 (　), 묵주기도 (　)
- 복음밥 :

241027 | 연중 제30주일

📖 재　료 : 마르 10,51
🍳 레시피 : "스승님, 제가 다시 볼 수 있게 해 주십시오."

　살아가다 보면 상대의 잘못에 대해 들은 이야기를 고스란히 와서 전하는 사람이 있습니다. 도대체 왜 그런 행동을 하는지 알 수는 없지만, 가만히 돌아보면 잘못을 한 사람보다 그 잘못을 전해서 저의 마음에 불을 지르는 그 사람이 더 미워 보이곤 합니다. 그렇게 마음에 불이 올라오면 머릿속에 열이 나고, 불이 커지면 눈에 뵈는 게 없게 됩니다. 눈에 뵈는 게 없으니 감정이 격해지고, 불필요한 말들을 하게 되어 결국 책임져야 하는 상황에 이르게 되는 것을 보게 됩니다. 그럴 때 어떻게 해야 할까요?

　오늘 복음에서 예리코의 소경이 나옵니다. 그는 군중이 지나가는 소리를 듣고 무슨 일이냐고 묻자 사람들은 이렇게 답을 합니다. "나자렛 사람 예수님께서 지나가신다." 나자렛 사람이라는 말은 예수님의 위치를 낮춰서 부르는 말입니다. 이에 소경은 이렇게 부르짖습니다. "다윗의 자손 예수님, 저에게 자비를 베풀어 주십시오." 누구도 쉽게 하지 못한 그 말, 예수님께서 왕의 자손이라는 말, 메시아라는 말을 한 소경을 사람들은 잠자코 있으라고 꾸짖습니다. 그 말에 그는 더 큰 소리로 예수님을 부르고 예수님께서는 그에게 다가오시어 이렇게 물어보십니다. "내가 너에게 무엇을 해주기를 바라느냐?" 소경은 예수님의 말씀을 듣고 이렇게 답을 드립니다. "주님, 제가 다시 볼 수 있게 해 주십시오," 우리 마음에 화가 나면 주님을 바라볼 수 없게 됩니다. 주님을 찾고 바라봐야 하는데, 주님을 보지 못하니 세상의 소리에 집중하게 되고, 주님을 나자렛 사람이라고 부르게 되는 것입니다.

우리가 세상의 목소리에 집중하여 주님의 모습을 바라보지 못할 때 우리는 예리코의 소경처럼 간절히 외쳐야 합니다. **"스승님, 제가 다시 볼 수 있게 해 주십시오."** 그럼 주님께서는 우리의 간절한 마음을 바라보시고, 마음속의 화를 가라앉혀 주시며 다음과 같이 말씀하실 것입니다. "가거라, 네 믿음이 너를 구원하였다." 주님께 믿음을 향하고 영적인 눈으로 주님을 온전히 바라보는 우리가 되기를 성부와 성자와 성령의 이름으로 기도드립니다. 아멘.

나만의 복음밥

재 료 :
레시피 :
고 명 : 매일미사 (   ), 복음묵상 (   ), 성체조배 (   ), 묵주기도 (   )
복음밥 :

241028 | 성 시몬과 성 유다(타대오) 사도 축일

📖 재 료 : 루카 6,12-13

🥣 레시피 : "예수님께서는 기도하시려고 산으로 나가시어, 밤을 새우며 하느님께 기도하셨다. 그리고 날이 새자 제자들을 부르시어 그들 가운데에서 열둘을 뽑으셨다."

사제가 된 지 벌써 14년째입니다. 여러 단체를 담당하게 되었고, 그 단체를 이끌어갈 단체장들을 여러 번 구성했습니다. 그때마다 혼란스럽고 당황스러운 것은 제가 아는 사람이 아닌 잘 모르는 사람을 뽑아야 한다는 것이었습니다. 주변에 물어보고, 찾아봐도 제가 경험한 사람이 아니니 항상 위험부담이 있었습니다. 제 눈에는 성실한 줄 알고 뽑아났는데, 알고 보니 공동체를 파괴하는 폭탄인 사람도 있고, 제 눈에는 불편했는데, 공동체를 단단히 연결하는 고리 같은 사람도 있었습니다. 이런 고민을 동기 신부에게 이야기했더니 이런 말을 해주었습니다. "예수님은 무슨 일을 하기 전에 무조건 밤새워 기도하셨어. 그 단체 안에 수많은 사람 중에 '주님'을 대신해서 그 자리에 설 사람이 아니라, '주님의 일'을 대신할 사람을 보내 달라고 청해봐. 그럼 주실 거야." 그렇게 처음 맡게 된 단체의 사람을 뽑았을 때 밤을 새워 기도하고, 전화하고, 만나며 사람들을 뽑았습니다. 그리고 그들과 함께 일하면서, 함께 일하는 것의 행복을 느끼게 되었습니다.

오늘 복음에서 예수님께서 수많은 제자 중에 12명의 사도를 뽑는 모습이 나옵니다. **"예수님께서는 기도하시려고 산으로 나가시어, 밤을 새우며 하느님께 기도하셨다. 그리고 날이 새자 제자들을 부르시어 그들 가운데에서 열둘을 뽑으셨다."** 우리는 무슨 일을 할 때 주님의 이름으로 기도를 청하고 그 일을 완수할 힘을 달라고 해야 합니다. 하지만 눈에 보이지 않는 부분이 답답함으로 다가온다고 해서, 기도하지 않고 자신의 생각과 능력으로 일을 처리할 때가 있습니다. 그럴 때 만나는 어려움은 스스로 가혹함 속으로 밀어 넣는 결과로 이어집니다.

정답은 멀리 있지 않고 늘 가까이에 있습니다. 주님의 말씀을 듣고 생각하고, 새기며 그분께 마음을 지향하고 일을 진행한다면 주님을 통해 은총을 완성해나가게 될 것입니다. 주님께 마음을 향하고 주님 안에서 모든 것을 완성하는 우리가 되기를 성부와 성자와 성령의 이름으로 기도드립니다. 아멘.

나만의 복음밥

재 료 :
레시피 :
고 명 : 매일미사 (   ), 복음묵상 (   ), 성체조배 (   ), 묵주기도 (   )
복음밥 :

241029 | 연중 제30주간 화요일

📖 재　료 : 루카 13,21
🥣 레시피 : "하느님의 나라는 누룩과 같다."

　하느님의 말씀은 '살아있는 생명' 같습니다. 매번 같은 구절을 읽고 묵상해도 떠오르는 생각과 주제가 다 다르기 때문입니다. 오늘 복음도 예전에는 이상하게 이 구절에만 매달렸습니다. "하느님의 나라는 겨자씨와 같다." "하느님의 나라는 누룩과 같다." 맞다! 하느님의 나라는 겨자씨와 누룩처럼 작지만 그것을 품는 사람과 만날 때 커지는 것이라고 강론했습니다. 그런데 오늘 복음을 다시 읽어보니 다른 구절이 눈에 들어왔습니다. "어떤 사람이 겨자씨를 가져다가 자기 정원에 심었다." "어떤 여자가 누룩을 가져다가 밀가루 서 말속에 집어넣었다." '어떤 사람' 과 '어떤 여자' 즉 누룩과 겨자씨가 있어도, 그것을 가져다 심고 넣는 사람이 없으면 아무런 반응이 없었을 것입니다. 그것을 가져다가 심어서 정성스럽게 가꾸고, 그것을 가져다가 밀가루에 넣어서 치대주는 어떤 사람이 있기에 나무처럼 커지고 주먹처럼 부풀 수 있는 것입니다. 그 어떤 사람이 누구일까요? 바로 주님이십니다. 주님께서는 당신의 나라를 믿음이 없던 우리의 마음속에 넣어주시고, 정성스럽게 키워 주시고 치대주셨기에 우리 안에 하늘나라가 커질 수 있는 것이라고 봅니다.

　문득 제 안에 심어진 겨자씨가 얼마나 자라났는지 내 안에 부풀고 있는 누룩이 먹을 만한 빵이 되었는지 돌아보게 됩니다. 주님께서 우리 마음속에 겨자씨를 심고 가꾸실 때 그분이 다 하시게 놔드렸으면 지금쯤 많이 자라있을 것입니다. 그리고 주님 나라에는 사람들이 깃들여 하느님의 나라를 바라보고 품고 상상하게 될 것입니다. 또한 밀가루 같은 우리 마음속에 넣어주신 누룩이 잘 부풀어 맛난 반죽이 되었으면 많은 이가 먹을 수 있는 양식이 되어 있을 것입니다.

오늘 하루 각자의 마음속에 심어진 겨자씨와 누룩이 열매 맺고 있는지 돌아봅시다. 아직 덜 성장했다면 우리가 하고자 하는 마음을 좀 더 내려놓고 주님께서 하시게 내어 드리는 우리가 되기를 성부와 성자와 성령의 이름으로 기도드립니다. 아멘.

나만의 복음밥

재 료 :
레시피 :
고 명 : 매일미사 ( ), 복음묵상 ( ), 성체조배 ( ), 묵주기도 ( )
복음밥 :

241030 | 연중 제30주간 수요일

재　료 : 루카 13,24
레시피 : "너희는 좁은 문으로 들어가도록 힘써라."

2022년 모래내 성당 전 신자가 양근 성지로 성지 순례를 갔습니다. 출발부터 시작된 웃음소리는 종일 이어졌고, 그 안에 있는 저도 행복한 시간을 보냈습니다. 특히 미사 때 강론을 성지 전담이신 권일수 요셉 신부님께서 해주셨는데, 그 말씀을 들으면서 가슴이 뜨거워졌습니다. 신부님은 사제가 되고 1년 만에 언어장애가 오셨습니다. 말을 편하게 못한다는 것은 사제로서의 삶이 흔들릴 정도로 고통스러운 시간이었을 것입니다. 하지만 신부님은 그 어려움을 주님이 주신 사랑으로 여기고 극복하기 위해 노력하셨습니다. 신부님은 우리에게 이렇게 말씀하셨습니다. "여러분 예수님께서는 우리를 위해 십자가에서 희생하셨을까요?" 신자분들은 이 말에 "예"라고 답을 하셨습니다. 그러자 신부님께서는 **"천만의 말씀 만만의 콩떡이에요. 예수님께서는 우리를 위해 희생하신 것이 아니라 우리를 사랑하신 거예요. 사랑하는 마음이 크시니 당신의 생명을 우리를 위해 나눠주신 것이죠. 여러분도 신앙 생활하시며 희생을 강요하지 말고, 희생하지도 마세요. 대신에 예수님처럼 사랑하세요. 그 사랑의 마음이 커지면 모든 게 행복해질 거예요."**

오늘 복음을 묵상하면서 신부님의 말씀을 떠올리니 모든 것이 명확해졌습니다. 예수님께서는 다음과 같이 말씀하십니다. **"너희는 좁은 문으로 들어가도록 힘써라."** 좁은 문으로 들어가라는 것은 희생하라는 것이 아니라 사랑하라는 말씀이십니다. 사랑하기 위해 내가 작아지면 주님께서 자동으로 커질 수 있고, 그러면 우리는 사랑의 겸손으로 영혼이 작아져 좁은 문을 통과할 수 있겠구나 싶었습니다.

우리도 성당에서 봉사하며 희생한다고 생각하면 그 희생을 인정받지 못할 때 불만이 커지고 고통이 커지며, 아픔이 커집니다. 결국, 그런 불편함이 커지면 봉사하며 느끼는 기쁨을 알지 못하게 됩니다. 그러기에 희생한다는 생각이 아니라 사랑한다는 마음으로 사는 이는 주님 나라에 좁은 문으로 자연스럽게 들어갈 것입니다. 오늘 하루 주님의 일을 하는 데 있어 희생하는 것이 아니라 사랑하는 마음으로 모든 것을 바라보는 우리가 되기를 성부와 성자와 성령의 이름으로 기도드립니다. 아멘.

나만의 복음밥

- 재 료 :
- 레시피 :
- 고 명 : 매일미사 (   ), 복음묵상 (   ), 성체조배 (   ), 묵주기도 (   )
- 복음밥 :

241031 | 연중 제30주간 목요일

📖 재   료 : 루카 13,35
🍲 레시피 : "너희가 '주님의 이름으로 오시는 분은 복되시어라.'라고 말할 날이 올 때까지, 정녕 나를 보지 못할 것이다."

예전에 어떤 할아버지 신부님이 계셨는데, 그분은 미사 때마다 감정에 복받쳐 우셨습니다. 저는 궁금해서 할아버지 신부님께 우시는 이유를 여쭤봤고 신부님은 이렇게 답을 하셨습니다. "주님께서 나를 사제로 불러주시어, 당신의 몸과 피를 축성하게 할 수 있는 능력을 주셨다는 게 얼마나 행복한지, 미사를 봉헌할 때마다 기뻐서 나도 모르게 눈물이 나와."

예수님께서 예루살렘의 멸망을 예언하시며 이렇게 말씀하십니다. **"너희가 '주님의 이름으로 오시는 분은 복되시어라.'라고 말할 날이 올 때까지, 정녕 나를 보지 못할 것이다."** 우리가 주님을 느낄 수 있는 순간은 언제일까요? 그 순간은 미사를 봉헌하고 성찬의 전례를 거행할 때입니다. 인간의 눈으로 볼래야 볼 수 없는 주님의 몸과 피가 사제의 축성을 통해 이 땅에서 다시금 만나는 순간인 것입니다.

그 순간 주님의 오심을 고대하며 외우는 '거룩하시도다.'는 우리의 마음을 준비시켜 줍니다. "주님의 이름으로 오시는 분 찬미 받으소서. 높은 데서 호산나." 어렸을 때 헤어져 못 만날 것 같았던 동창들이 어느 날 연락이 되어 다시 만난다 생각해봅시다. 얼마나 설렐까? 그런데 우리는 이 천 년 전에 헤어진 주님을 미사 때마다 만나는데 그만큼의 설렘이 있는지 돌아봐야 합니다. 설렘과 반가움은 저 멀리 보내고 성전에 몸만 와서 주님을 만나고 있지는 않은지 바라봐야 합니다. 주님께서는 늘 우리를 만나러 오셔도 늘 같은 마음으로 반겨주시고 기쁘게 안아주실 것입니다.

그러면 우리도 주님을 만날 때 그만큼의 설렘과 기쁨을 가지고 만날 준비를 했으면 좋겠습니다. 미사를 통해 주님과의 만남이 얼마나 설렘으로 다가오는지 돌아보는 하루가 되기를 성부와 성자와 성령의 이름으로 기도드립니다. 아멘.

나만의 복음밥

📖 재 료 :

🥣 레시피 :

🔔 고 명 : 매일미사 (   ), 복음묵상 (   ), 성체조배 (   ), 묵주기도 (   )

🍚 복음밥 :

241101 | 모든 성인 대축일

재 료 : 마태 5,3

레시피 : "행복하여라, 마음이 가난한 사람들! 하늘 나라가 그들의 것이다."

집은 눈과 비를 피하게 해주고, 안전하게 자신을 보호해 주는 공간입니다. 집은 머무는 공간이라는 개념이 확실한 유럽에서의 집은, 두 채 이상 갖게될 경우, 상상하지도 못할 세금을 내게 되기에 대부분의 사람은 집은 머무는 곳, 그 이상도 이하도 아닙니다. 그런데 이상하게도 우리나라에서의 집은 머무는 개념 이상으로 투자의 대상이 되어버렸습니다. 건설하는 사람은 많이 지어서 팔아야 하고, 정부는 팔리는 대로 세금을 거둘 수 있어서 좋기에, 적당한 선에서 서로 편의(?)를 봐주며 공생했습니다. 그러다 보니 어느새 집은 투자에서 투기의 대상이 되었고, 심심치 않게 이런 사연을 듣게 됩니다. "신부님! 지난번에 저희가 마음에 드는 집이 생겨서 지금 사는 집을 팔고 그 집으로 이사 갔어요. 그런데 두 달 뒤에 저희 아랫집에 살았던 이웃이 집을 팔았는데, 1억 4천만 원을 더 받고 팔았어요. 그래서 남편과 요즘 많이 싸워요. 저도 화가 많이 나고요. 어떡하죠?"

사람의 욕망은 가져도, 가져도 끝이 없습니다. 그러기에 성당에서 '하느님, 하느님' 해도 돈과 관련된 문제가 생기면 하느님은 없어지고, 미움과 아픔만이 남는 것을 보곤 합니다. 이 세상은 그런 것 같습니다. 더 가지려고 하면 할수록 마음은 좁아지고, 고통스러워지고, 아파지고, 미워지고, 슬퍼집니다.

이런 우리에게 예수님께서는 이렇게 말씀하십니다. "**행복하여라, 마**

음이 가난한 사람들! 하늘 나라가 그들의 것이다." 백번을 돌아봐도 남의 것은 남의 것이고, 내 것은 내 것입니다. 자신의 것에 만족하지 못하고, 남의 것을 바라본다면 매 순간이 고통일 것입니다. 주님께서 주신 오늘 하루 자신에게 주어진 것들을 바라보며 감사할 수 있는 것, 그렇게 마음의 가난함을 인정하고 받아들인다면 하늘 나라는 지금 나의 것이 될 것입니다. 주님을 위해 마음의 욕심을 내려놓고 주님의 나라를 들어 올리는 우리가 되기를 성부와 성자와 성령의 이름으로 기도드립니다. 아멘.

나만의 복음밥

- 재 료 :
- 레시피 :
- 고 명 : 매일미사 (　), 복음묵상 (　), 성체조배 (　), 묵주기도 (　)
- 복음밥 :

241102 | 죽은 모든 이를 기억하는 위령의 날

📖 재　　료 : 마태 5,8

🥣 레시피 : "행복하여라. 마음이 깨끗한 사람들! 그들은 하느님을 볼 것이다."

　아이들을 위한 방송에서 화학 놀이와 관련된 장면을 보다가 신기한 장면이 나왔습니다. 실험하는 사람이 깨끗한 물에다가 물감을 집어넣자 물이 지저분하게 바뀌었습니다. 실험자는 아이들에게 어떤 액체를 보여주며 "이것 한 방울이면 물이 깨끗해질 수 있다."라고 이야기를 했습니다. 그러고는 촉매제 한 방울을 물에 '톡'하고 떨어트리자 물이 순식간에 깨끗해졌습니다. 저는 그것을 보면서 "우와"라는 탄성이 나왔습니다. 그리고 제가 지금 보지 못하는 주님을 볼 수 있는 방법이 생각났습니다.

　우리도 살아가면서 깨끗한 마음을 유지하고 그 안에서 보이는 주님을 만나고 싶어 합니다. 하지만 금방 죄에 물들어 주님이 계심에도 보지 못하고, 잊고 지내는 상황이 생기곤 합니다. 그럴 때 우리에게 촉매제로 다가오는 것이 하나 있습니다. 그것은 바로 고해성사입니다. 우리 마음이 아무리 혼탁하여 주님을 바라보지 못하더라도 회개하는 마음으로 고해성사를 본다면 주님께서는 우리 마음속을 전처럼 깨끗하게 만들어 주십니다. "행복하여라. 마음이 깨끗한 사람들! 그들은 하느님을 볼 것이다."

　위령의 날을 보내며 우리는 전대사의 은총을 청하고 고해성사를 봅니다. 이렇게 우리가 받는 전대사의 은총은 우리가 직접 받을 수도 있지만, 세상을 떠난 영혼들이 정화되어 깨끗한 모습으로 하늘로 올라 하느님을 볼 수 있도록 하는데 도움이 되기도 합니다. 인간의 마음은 나약하나 주님께 의탁하고 끊임없이 마음을 향한다면 주님께서는 고해성사의 은총을 통해 우리 모두를 정화해 주실 것입니다. 위령의 날을 보내며 주님께 깨끗한 영혼으로 주님 나라에 가기를 청하는 우리가 되기를 성부와 성자와 성령의 이름으로 기도드립니다. 아멘.

나만의 복음밥

- 재　료 :
- 레시피 :
- 고　명 : 매일미사 (　), 복음묵상 (　), 성체조배 (　), 묵주기도 (　)
- 복음밥 :

241103 | 연중 제31주일

📖 재　료 : 마르 12,33

🍲 레시피 : "마음을 다하고 생각을 다하고 힘을 다하여 그분을 사랑하는 것'과 '이웃을 자기 자신처럼 사랑하는 것'이 모든 번제물과 희생 제물보다 낫습니다."

　　저는 남동생이 하나 있습니다. 동생과 사이가 좋았을까요? 나빴을까요? 별로 좋지 않았습니다. 왜 그렇게 많이 싸웠는지, 지금도 잘 알 수는 없지만 많이 다투고 싸웠습니다. 특히 먹는 것 앞에서 엄청나게 싸웠던 기억이 납니다. 어머니께서 아침에 '줄줄이 비엔나소시지'를 구워주시면 동생 하나 저 하나 먹습니다. 그렇게 먹으며 줄어드는 소시지를 보며 다람쥐 볼에 음식을 저장하듯 소시지를 입속으로 욱여넣습니다. 그러다 동생이 하나 더 먹으려고 하면 접시를 들고 방으로 뛰어갔습니다. 동생은 울고, 저는 어머니께 혼이 난 기억이 납니다. 그냥 동생 하나 더 먹으라고 하고, 양보하는 마음을 가졌으면 좋았을 텐데, 그때 그러지 못한 것이 부끄럽기도 하고 미안한 마음이 듭니다.

　　오늘 복음에서 율법학자는 예수님께 으뜸가는 계명이 무엇이냐고 물어봅니다. 율법의 개수는 613개나 있는데 그중에 제일 중요한 계명을 어떻게 고를까요? 그런데 예수님은 딱 두 가지로 줄여서 말씀하십니다. "'마음을 다하고 생각을 다하고 힘을 다하여 그분을 사랑하는 것'과 '이웃을 자기 자신처럼 사랑하는 것'이 모든 번제물과 희생 제물보다 낫습니다."

　　하느님을 사랑하고, 이웃을 너 자신처럼 사랑하는 것은, 자신이 제일 좋아하는 것을 내 옆에 있는 친구와 나눌 수 있는 것이라고 생각합니다.

내가 소시지를 더 먹고 싶지만 동생에게 더 먹으라고 주는 것, 내가 더 많은 것을 가지고, 내가 더 많은 것을 하고 싶은 욕심을 줄이고, 내 옆에 있는 친구와 그 것을 나누는 것, 그것이 하느님을 사랑하고 이웃을 내 몸과 같이 사랑하는 것이라는 생각이 듭니다. 이번 한 주 만이라도, 이웃과 진실된 사랑을 나누며 살아가는 우리가 되기를 성부와 성자와 성령의 이름으로 기도드립니다. 아멘.

나만의 복음밥

재 료 :
레시피 :
고 명 : 매일미사 (   ), 복음묵상 (   ), 성체조배 (   ), 묵주기도 (   )
복음밥 :

241104 | 성 가롤로 보로메오 주교 기념일

재 료 : 루카 14,14
레시피 : "그들이 너에게 보답할 수 없기 때문에 너는 행복할 것이다."

지난번에 한 달간 구역장, 반장님과 면담했습니다. 이야기를 나누며 이분들의 노고가 얼마나 큰지 알 수 있었습니다. 특히 일 년에 두 번 교회에서 의무적으로 고해성사 보기를 권하는데 그것을 판공성사라고 합니다. 이때 판공성사를 보기 위해 나눠주는 표를 '판공성사표'라고 하는데, 이것을 구역장님과 반장님들이 가지고 가서서 나눠줍니다. 예전에는 이것을 나눠주는데 어려움이 없었는데, 코로나 이후로는 그 어려움이 커졌습니다. 특히 사람들이 연락을 안 받고 혹 전화를 받으면 '개인정보를 누가 가르쳐 줬느니', '나한테 전화하지 말라느니' 이런 말들을 꼬치꼬치 하며 불편하게 하고, 혹여나 판공성사표를 우편함이나 문틈에 끼어놓고 가면 '왜 내 개인정보를 아무렇게나 놓고 가냐.'라며 전화를 걸어 한바탕 쏟아부으면 '기력이 빠지고 힘들다.'라는 말씀을 하셨습니다. 면담을 통해 고충을 듣고 "냉담자들을 어떻게 할까요?"라고 물으니 어느 반장님께서 이렇게 말씀하셨습니다. "우리가 그 사람들에게 칭찬 받으려고 하나요. 다 하느님 나라 완성에 도움이 된다면 끊임없이 꾸준히 해야죠."라고 답하셨습니다. 맞습니다. 우리가 주님의 일을 하는 것은 눈에 금방 보이는 일을 하는 것이 아니고, 누군가에게 쉬이 들을 칭찬을 위해서도 아닙니다. 어려운 가운데에서도 눈에 보이지는 않지만, 언젠가 다가올 주님의 나라를 완성하기 위해서 끊임없이 꾸준히 해 나가는 것입니다.

오늘 복음에서 주님께서는 쉽게 얻을 수 있는 칭찬에 매달리는 사람들을 향해 이렇게 말씀하십니다. **"그들이 너에게 보답할 수 없기 때문에 너는 행복할 것이다."** 우리는 눈에 보이는 것을 향해 살아가는 사람들이 아니라 눈에 보이지 않는 것을 쫓는 사람들입니다. 그 사실을 기억한다면 우리가 주님의 일을 해야 하는 명확한 이유가 생기는 것입니다. 주님의 뜻을 찾고, 구해 얻는 우리가 되기를 성부와 성자와 성령의 이름으로 기도드립니다. 아멘.

나만의 복음밥

- 재 료 :
- 레시피 :
- 고 명 : 매일미사 (   ), 복음묵상 (   ), 성체조배 (   ), 묵주기도 (   )
- 복음밥 :

241105 | 연중 제31주간 화요일

재 료 : 루카 14,24
레시피 : "처음에 초대를 받았던 그 사람들 가운데에서는 아무도 내 잔치 음식을 맛보지 못할 것이다."

예전에는 성당 활동을 열심히 하다가 지금은 뜸한 사람들이 있습니다. 그들의 이유를 들어보면 한결같이 이런 말씀을 합니다. "한 주 동안 최선을 다해 살았는데, 주말에 성당에 가기에는 너무 시간이 없어요. 그래서 지금은 나를 위해 시간을 투자하고 나중에 시간이 있을 때 성당에 갈께요." 그런 이야기를 들으면 '과연 언제 시간이 있을 때일까?'라는 생각이 듭니다. 며칠 전 지인이 아프다는 소식을 들어서 기도를 해드리러 병원에 갔습니다. 그분은 젊어서 성당에 잘 다니다가 집안에 어려움이 생겨서 하느님 안에서 그 일을 해결하기보다, 자신의 힘으로 그 일을 해결하려고 나가신 분이셨습니다. 미사는커녕 매일 일만 하다가 일터에서 쓰러지셔서 병원에 갔는데, 급성 백혈병이라고 하셨습니다. 그분은 저에게 '하느님이 매정하시다.'라며 한평생 일만 시키시고 자신에게 아픔만 주시는 하느님이 밉다 하셨습니다. 그 말씀을 듣고 무슨 말을 더해드릴 수 있을까요? 말씀하시는 것을 끝까지 다 듣고 집에 오면서 이런 생각이 들었습니다. 주님께서는 우리를 끊임없이 당신 날개 아래로 불러주시는데 시간이 없다고, 힘들다고, 지금의 어려움을 피해야 한다고 날개를 벗어난 건 우리였습니다.

오늘 복음에서 예수님께서는 당신의 초대에 기쁘게 응답하지 못하는 사람들을 보시고 다음과 같이 말씀하십니다. **"처음에 초대를 받았던 그 사람들 가운데에서는 아무도 내 잔치 음식을 맛보지 못할 것이다."**

주님께서는 오늘도 우리를 부르십니다. 당신 날개 그늘 아래로 들어와 쉬며, 삶에서 오는 노곤함을 풀라고 말씀하십니다. 그 부르심에 우리는 두 가지 선택을 할 수 있습니다. 하나는 부르심에 응답하며 날개 아래 머무는 일, 다른 하나는 내 힘으로 살겠다며 나갔다가 돌아올 힘이 없어 밖에 머물 수밖에 없는 일, 우리는 어떤 선택을 해야 할까요? "시간이 날 때 하겠다"라는 말 보다는 "예 그렇게 하겠습니다."라고 응답하는 우리가 되기를 성부와 성자와 성령의 이름으로 기도드립니다. 아멘.

나만의 복음밥

- 재 료 :
- 레시피 :
- 고 명 : 매일미사 (   ), 복음묵상 (   ), 성체조배 (   ), 묵주기도 (   )
- 복음밥 :

241106 | 연중 제31주간 수요일

📖 재　료 : 루카 14,33
🥄 레시피 : "누구든지 자기 소유를 다 버리지 않는 사람은 내 제자가 될 수 없다."

초등학교 시절부터 어머니는 저에게 독립심을 키워 주고 싶으셨나 봅니다. 하늘이 구중중할 때 학교에 가려고 집을 나서면 어머니는 항상 말씀하십니다. "우산 가져가!" 라는 어머니의 말씀에 "뭐! 설마 비가 오겠어."라고하며 집을 나서면 하교할 때 즈음 어김없이 비가 쏟아집니다. 하교길, 교문 앞에서 다른 친구들은 엄마들이 데리러 와서 하나, 둘 자리를 떠나는데, 어머니는 오지 않으셨습니다. 그 무언의 메시지인즉 '알아서 오라.'라는 것입니다. 비를 맞기 싫어서 폐휴지 함에서 박스를 찾아, 머리 위로 떨어지는 비를 막을 준비를 하고, 발에는 비닐봉지를 씌워 젖지 않게 준비를 하고 집으로 향했습니다. 하지만 억수로 쏟아지는 비에 결국 박스는 흐물흐물해져 무너졌고, 봉지는 찢어져 물에 다 젖었습니다. 처음에는 젖기 싫어서 그렇게 했지만 다 젖고 나니 이상하게 마음이 편했습니다. 처음부터 그렇게 하지 말고 비에 젖을 생각으로 당당히 밖으로 나올 생각을 했으면 번거로운 일을 덜 치렀을 텐데, 조금이라도 안 젖어 볼까 하는 생각에 망설이고, 망설이다, 오히려 시간을 버리게 되었습니다.

오늘 복음에서 예수님께서는 당신의 제자가 될 수 있는 방법을 말씀해 주십니다. "누구든지 자기 소유를 다 버리지 않는 사람은 내 제자가 될 수 없다." 살아가다 보면 주님을 위해 시간을 봉헌해야 하고, 주님을 위해 재산을 봉헌해야 하며 주님을 위해 모욕을 당해야 하는 순간을 만나게 됩니다. 그때 우리는 가진 것을 봉헌하고 나누며, 주님을 따르고자 하지만 그것들을 하고 난 뒤에 일어날 일들을 계산하다 그 순간들을 놓치거나, 피해를 덜 보려고 애쓰다가 이도 저도 아닌 경우를 만나게 됩니다. 오늘 하루 주님을 위해 봉헌하고 나눠야 하는 순간이 온다면, 망설이기보다는 우선 뛰어들어 주님의 은총에 흠뻑 젖어보는 하루가 되기를 성부와 성자와 성령의 이름으로 기도드립니다. 아멘.

나만의 복음밥

- 재 료 :
- 레시피 :
- 고 명 : 매일미사 (　), 복음묵상 (　), 성체조배 (　), 묵주기도 (　)
- 복음밥 :

241107 | 연중 제31주간 목요일

재 료 : 루카 15,10
레시피 : "이와 같이 회개하는 죄인 한 사람 때문에 하느님의 천사들이 기뻐한다."

가끔 형제, 자매님들에게 상담 요청을 받습니다. 내용 중에 가장 많은 것은 자녀의 냉담에 관한 것입니다. 다들 이렇게 말씀하십니다. "어렸을 때는 성당도 잘 가고 복사도 하고, 초등부 활동도 했는데, 머리가 크고 나서는 "내가 알아서 할 테니 뭐라 하지 마세요."라는 말을 하며 성당에 안 나오니 마음이 답답하다는 내용입니다.

같이 사는 사람이 마음을 불편하게 하면 그만큼 힘든 것도 없습니다. 부모는 자녀를 세상에 낳았다는 이유로 죽을 때까지 책임을 져야 한다는 부담감이 있고, 자녀는 부모가 필요할 때는 도움을 받다가 필요가 없어지면 개인의 자유로 돌리며 부모가 원하는 것을 요리조리 피합니다. 이럴 때 부모의 마음은 어떨까요?

그 마음은 하느님과 우리와의 관계도 비슷하다고 생각합니다. 하느님께 생명을 받고 보이지 않는 그분의 도움으로 하루하루를 살아가면서도 내가 필요할 때만 찾고, 내가 필요 없으면 저만치 밀어놓는, 그런 모습을 아시면서도 바라만 보시는 주님의 마음도 부모의 마음과 같지 않을까 싶습니다. 아쉽고, 안타깝고, 안쓰럽고...

오늘 복음에서 예수님께서는 회개한 이를 본 하느님의 마음을 이렇게 전하십니다. **"이와 같이 회개하는 죄인 한 사람 때문에 하느님의 천사들이 기뻐한다."** 오늘도 주님은 당신의 자녀들을 당신의 품으로 불러 모으시길 원하십니다. 그 품이 따스했다는 것은 깊이 머물러 있는 사람만이 알 것입니다. 내 영혼의 온기가 떨어지고 멀리 있는 것 같이 느껴진다면 회개의 마음을 갖고 주님께로 돌아오기를 간절히 청해봅시다. 그럼으로 주님 나라의 영광을 얻는 우리가 되기를 성부와 성자와 성령의 이름으로 기도드립니다. 아멘.

나만의 복음밥

- 재 료 :
- 레시피 :
- 고 명 : 매일미사 (   ), 복음묵상 (   ), 성체조배 (   ), 묵주기도 (   )
- 복음밥 :

241108 | 연중 제31주간 금요일

📖 재　료 : 루카 16,8
🥄 레시피 : "사실 이 세상의 자녀들이 저희끼리 거래하는 데에는 빛의 자녀들보다 영리하다."

　　본당에 성소 후원회원 모집을 위해 교구청의 성소국장 신부님이 오셨습니다. 신부님은 오셔서 미사를 봉헌하시며 성소 육성을 위해 힘써 달라고 이야기를 하셨습니다. 미사 후 많은 분들이 각자의 정성으로 후원회원이 되어 주셨습니다.

　　그렇게 신자들이 다 돌아가고 나서 오후에 사무실로부터 연락이 왔습니다. "신부님, 한 자매님이 오셨는데, 신부님을 만나고 싶어 해요." 전화를 끊고 사무실로 갔는데 한 자매님께서 저를 보고 이렇게 말씀을 하셨습니다. "신부님 아들을 신학교 보내려고 모아놓은 돈이 있는데, 아들이 신학교를 안 가서 신학교를 가고자 하는 다른 학생들에게 주고 싶습니다." 그러시면서 성소국에 이천만 원 전달 약정서를 주셨습니다. 저는 그것을 성소국장 신부님께 전달했고 완납이 되었다는 소식을 들었습니다.

　　저는 그 모습을 보면서 주님과 맺은 계약을 잊지 않고 봉헌하는 자매님이 대단해 보였습니다. 분명 다른 곳에 쓸 수도 있고, 아니라고 생각할 수 있음에도 주님과의 계약을 먼저 기억하시는 자매님이 대단해 보였습니다. 그런데 우리는 재물이 있을 때는 주변 사람들이 달라 할까 봐 없는 것처럼 행동하고 재물이 없을 때는 주변 사람들에게 청하기 위해 죽을 것처럼 말을 하고 행동하곤 합니다. 그리고 내 것을 먼저 생각합니다. 그런데 이런 우리의 모습을 다 알고 계신 주님께서 보시기에 어떤 마음이 드실지 생각해 봐야 할 것 같습니다.

오늘 복음에서 예수님께서는 이렇게 말씀하십니다. **"사실 이 세상의 자녀들이 저희끼리 거래하는 데에는 빛의 자녀들보다 영리하다."** 자신을 위해서는 아낌없이 재산을 쓰면서도, 주님을 위해서는 돌아올 것을 정확하게 계산하여 재산을 쓰는 우리가 되기보다, 주님의 것을 위해서는 아낌없이 재산을 쓰면서도, 자신을 위해서는 돌아올 것을 계산하지 않고 재물을 쓰는 주님 나라의 약은 청지기가 되는 하루를 보내기를 성부와 성자와 성령의 이름으로 기도드립니다. 아멘.

나만의 복음밥

- 재　료 :
- 레시피 :
- 고　명 : 매일미사 (　), 복음묵상 (　), 성체조배 (　), 묵주기도 (　)
- 복음밥 :

241109 | 라테라노 대성전 봉헌 축일

재   료 : 요한 2,19
레시피 : "이 성전을 허물어라. 그러면 내가 사흘 안에 다시 세우겠다."

　피정을 가서 기도를 하다 보면 첫날부터 마지막 날까지 일관되게 기도하는 몸으로 만드는 것이 힘들 때가 있습니다. 평소에 기도 생활을 열심히 했다고 하더라도, 피정 기간 동안 평소 이상의 기도를 하기 위해 성전에 앉아 있으려면 그만큼의 노력이 더 필요합니다. 마치 매일 5개씩 팔 굽혀 펴기를 하다 20개로 올리려면 그만큼의 노력과 시간이 필요한 것과 같습니다. 이처럼 주어진 시간 속에서 기도하며 주님 앞에 머무는 것은 수도 없는 유혹과 타협을 이겨내는 시간입니다. '그런 영적 근육이 없어도 사는 데 지장 없어, 적당히 해. 다들 그렇게 살아.' 이런 말들이 마음속에 들어와 자리 잡으면 기존에 하기로 했던, 주님께로 향하기로 한 마음은 멈칫하게 됩니다. 그리고 예전의 모습으로 돌아가게 됩니다.

　오늘 복음에서 예수님께서는 하느님을 위해 지어진 성전을 장사하는 곳으로 만드는 사람들을 야단치시고, 이렇게 말씀하십니다. **"이 성전을 허물어라. 그러면 내가 사흘 안에 다시 세우겠다."** 저는 이 말씀을 묵상하면서 예수님의 단호함을 배우고 싶었습니다. 마음속에 이상한 생각이 들어와 주님께로 향하지 못하게 될 때 '그렇지 뭐, 그냥 그러고 살아야지. 하던 대로 하면서 살아야지'가 아니라, 기존에 하던 것을 없앨 용기가 있다면 주님께서 불가능한 것도 가능하게 만들어 주실 것이라는 말로 들렸습니다. 평소에 우리가 하는 부족한 습관들을 없애는 것을 두려워하지 맙시다. 게으름, 거짓, 불평, 불만, 나약함, 소심, 이런 생각들을 허물어 버리면 주님께서 이른 시간 안에 성실함, 진실, 칭찬, 기쁨, 온유함, 강인함과 같은 마음으로 다시 세워주실 것입니다. 주님께 마음을 의탁하고 진실하게 믿으며 주님의 은총을 청하는 우리가 되기를 성부와 성자와 성령의 이름으로 기도드립니다. 아멘.

나만의 복음밥

- 재 료 :
- 레시피 :
- 고 명 : 매일미사 (　), 복음묵상 (　), 성체조배 (　), 묵주기도 (　)
- 복음밥 :

241110 | 연중 제32주일

📖 재　료 : 마르 12,44

🍲 레시피 : "저들은 모두 풍족한 데에서 얼마씩 넣었지만, 저 과부는 궁핍한 가운데에서 가진 것을, 곧 생활비를 모두 다 넣었기 때문이다."

　　작년에 가깝게 지내는 청년과 이야기를 나누다가 "앞으로 무엇을 할 거냐고" 물어봤습니다. 저의 질문에 그 청년은 "성지순례를 가고 싶은데 지금 받는 월급으로는 힘들어서, 봉헌금과 교무금을 줄이고 그 돈을 모아서 성지순례를 가려고 한다."고 답을 했습니다. 저는 그 답을 듣고 이런 말을 해주었습니다. "생활이 어려워지면 주님을 위해 봉헌하던 것부터 줄이는 모습을 많이 봤어요. 우리가 주님께 봉헌하는 예물은 한 주간을 잘 살았음을 감사하며 봉헌하는 것인데, 예물을 줄이면 감사할 일도 덩달아 줄어들게 될 것입니다. 차라리 봉헌금을 올려보세요. 그럼 감사할 일이 많아지고 가고자 하는 성지순례도 가게 될 거예요." 그렇게 헤어지고 올해 다시 만난 그 청년은 저에게 이런 말을 해주었습니다. "신부님 말씀대로 교무금도 더 내고 헌금도 더 내니 감사할 일이 더 생기고 제가 바라던 길이 점점 다가오고 있는 게 눈으로 보이더라고요. 주님의 능력을 의심하지 않고 최선을 다하면 주님께서는 더 넘치도록 은총을 주심을 체험하게 되었습니다." 봉헌과 감사에 대한 이야기는 아무리 이야기를 해드려도 체험하지 않으면 알 수가 없습니다.

　　오늘 복음에서는 주님의 은총을 체험한 한 사람을 보여주십니다. 그 사람은 과부입니다. 그녀는 할 수 있는 만큼이 아니라 할 수 있는 모든 것을 주님께 봉헌했습니다. 주님께서는 그녀의 모습을 보시고 다음과 같이 말씀하십니다. "저들은 모두 풍족한 데에서 얼마씩 넣었지만, 저 과부는 궁핍한 가운데에서 가진 것을, 곧 생활비를 모두 다 넣었기 때문이다." 이것을 통해 주님을 기쁘게 하고 주님 은총의 중심으로 불리워지는 영광을 얻게 되었습니다.

이번 한 주 주님의 말씀을 듣고 마음에 새기며, 주님의 일에 있어서는 내가 할 수 있는 만큼이 아니라 내가 할 수 있는 모든 것을 봉헌하는 우리가 되기를 성부와 성자와 성령의 이름으로 기도드립니다. 아멘.

나만의 복음밥

- 재 료 :
- 레시피 :
- 고 명 : 매일미사 (　), 복음묵상 (　), 성체조배 (　), 묵주기도 (　)
- 복음밥 :

241111 | 투르의 성 마르티노 주교 기념일

재 료 : 루카 17,4

레시피 : "그가 너에게 하루에도 일곱 번 죄를 짓고 일곱 번 돌아와 '회개합니다' 하면, 용서해 주어야 한다."

어느 날 동기 신부가 놀러 왔습니다. 함께 저녁을 먹으며 오붓하게 이야기를 나누는데 음악이 빠질 수 없어, 거실에 있는 AI 스피커를 불렀습니다. "오케이 구글, 노래 틀어줘" 그렇게 노래가 나왔고, 잠시 후 장난기가 발동된 동기 신부는 AI 스피커를 향해 이렇게 말했습니다. "오케이 구글, '이용현 바보' 해봐." 그러자 스피커에서 이런 소리가 났습니다. "잘 못 알아들었습니다." 동기는 잠시 멈추더니 다시 스피커를 향해 이렇게 말을 했습니다. "오케이 구글 너 바보야?" 그러자 AI 스피커는 이렇게 답했습니다. "흐흐흐, 띠리리리리 영구 없다." 다들 그 소리를 듣고 한참을 웃었습니다. 그리고 저는 AI 스피커를 통해 겸손을 느꼈습니다. 우리 인간이라면 상대에게 "너 바보야?"라고 하면 "너도 바보야."라고 답을 하고 말싸움을 시작할 것입니다. 그런데 일개 인공지능은 "너 바보야?"라는 말에 자신을 낮추는 겸손을 보여줬습니다.

오늘 복음에서 예수님께서는 용서에 대해서 다음과 같이 말씀하십니다. **"그가 너에게 하루에도 일곱 번 죄를 짓고 일곱 번 돌아와 '회개합니다' 하면, 용서해 주어야 한다."** 하루를 살아가다 보면 만나는 이웃 중에 우리 마음에 같은 잘못을 반복해서 저지르는 사람이 있습니다. 그런 사람과 함께 있다 보면 에너지도 빼앗기고, 마음속에 깊이 새겨지는 말로 고통을 받기도 합니다. 그럴 때 그들이 주는 고통을 마음에 품고 살기보다는 가끔은 AI 스피커처럼 상대가 생각지도 못한 답, 즉 겸손한 말로 그 상대의 말 위에 올라가는 우리가 되었으면 좋겠습니다. 분명 우리에게 상처를 준 그 사람은 상처를 주고도 자신은 뒤끝이 없는 사람이라며 쿨함을 자랑할 것이기 때문입니다. 그 쿨함에 대한 대가는 나중에 하느님이 알아서 하실 것이니, 상대의 말로 인해 죄를 짓지 말고 주님 앞에 겸손함으로 마음속에 주님을 위한 꽃밭을 만드는 우리가 되기를 성부와 성자와 성령의 이름으로 기도드립니다. 아멘.

나만의 복음밥

재 료 :
레시피 :
고 명 : 매일미사 (   ), 복음묵상 (   ), 성체조배 (   ), 묵주기도 (   )
복음밥 :

241112 | 성 요사팟 주교 순교자 기념일

📖 **재　료** : 루카 17,10

🥣 **레시피** : "너희도 분부 받은 대로 다 하고 나서, '저희는 쓸모없는 종입니다. 해야 할 일을 하였을 뿐입니다.'하고 말하여라."

　　교회 단체에서 일할 때 이런 분이 계셨습니다. 한 분은 자신이 많은 수고를 하고 있으며 그것을 알아주고 칭찬해달라는 표현을 하는 분이셨습니다. 다른 한 분은 무슨 일이든, 어떤 상황이든 제일 먼저 오셔서 준비하시고, 제일 늦게 그 일을 마무리하고 가시는 분이셨습니다. 사람들은 보는 눈은 다 똑같아서 첫 번째 분은 주위 사람들이 함께 하는 것을 불편해하고 늘 혼자였습니다. 늘 자신이 한 일을 알아달라고 하는데, 그것을 편하게 생각하는 사람이 어디 있을까요?

　　반면에 두 번째 분은 항상 사람들이 곁에서 함께합니다. 무슨 일을 해도 도와주겠다는 사람들이 나와서 그분과 일을 같이하면 순풍에 돛을 단 듯 일사천리로 진행이 되었습니다. 저는 어느 날 두 번째 분과 식사를 하면서 이런 질문을 했습니다. "늘 제일 먼저 오시고, 제일 늦게 가시는 것, 그리고 조용히 봉사하시는 것, 힘들지 않으세요?" 저의 질문을 들은 형제님은 다음과 같이 말씀하셨습니다. "제가 제일 먼저 오다니요. 항상 제 앞에 주님이 먼저 오셔서 그 자리에 오는 사람을 기다리시죠. 저는 항상 그분 다음이에요. 제가 봉사를 다 마치고 가도 주님께서 제일 늦게 가시니 그 자리를 떠나면서도 늘 죄송한 마음이고요. 주님과 함께 하기에 힘들다고 생각한 적 단 한 번도 없습니다." 그분의 답을 들으며 저는 주님을 위해 하는 봉사에 어떤 모습으로 다가갔는지 돌아보게 되었습니다.

오늘 복음에서 예수님께서는 주님의 일을 마주하는 자세에 대해서 말씀하십니다. "**너희도 분부 받은 대로 다 하고 나서, '저희는 쓸모없는 종입니다. 해야 할 일을 하였을 뿐입니다.'하고 말하여라.**" 주님의 일을 하면서 기쁘고 행복하게 살아갈 수 있는 것은 우리 마음 안에 있는 '겸손' 때문입니다. 주님 앞에 머물며 겸손한 모습으로 거듭나는 우리가 되기를 성부와 성자와 성령의 이름으로 기도드립니다. 아멘.

나만의 복음밥

재 료 :
레시피 :
고 명 : 매일미사 (   ), 복음묵상 (   ), 성체조배 (   ), 묵주기도 (   )
복음밥 :

241113 | 연중 제32주간 수요일

📖 재　료 : 루카 17,13
🥣 레시피 : "예수님, 스승님! 저희에게 자비를 베풀어 주십시오."

　10명의 나병 환자가 한곳에 살고 있습니다. 하느님이 내린 저주라 하여 사람들에게서 멀리 떨어져 지낸 지 오랜 시간이 되었습니다. 피고름 내가 진동을 하고 매일 손가락이 떨어지는 사람, 얼굴이 무너지는 사람, 감각 없이 떨어지는 몸 조각을 바라보며 죽음의 그 날만을 기다립니다. 엄마도, 아빠도, 아들, 딸, 가족들도 보고 싶지만, 저주받은 이 병은 철저히 외로움과 싸우게 합니다.

　외로움을 함께 나누던 동료가 세상을 떠나고 기약 없는 죽음의 그림자가 한 발자국씩 다가옵니다. 그러던 어느 날 소문을 들었습니다. 예수라는 사람의 옷자락에 손이 닿는다면 치유를 받을 수 있다는 이야기였습니다. 그리고 그 예수가 자신들이 사는 곳을 지나간다는 소식을 들었습니다. 새벽부터 저녁까지 매일매일 예수를 기다리다 드디어 예수님이 지나가는 것을 멀리서 보게 되었습니다. 나병이기에 예수님께 가까이 가지 못하는 그들은 목소리로라도 예수님의 옷자락을 만지려 소리칩니다. **"예수님, 스승님! 저희에게 자비를 베풀어 주십시오."** 그들의 목소리 아니, 울부짖음이 예수님의 옷자락에 닿아 예수님은 그들을 치유해 주시며 이렇게 말씀하십니다. "가서 사제들에게 너희 몸을 보여라." 그들은 가는 동안에 병이 나았습니다. 하지만 그들 모두는 세상 사람에게 치유의 사실을 인정받기 위해 달려나갑니다. 하지만 그들 가운데 한 사람은 치유의 사실을 알아차리고 가던 길을 멈추고 예수님께 돌아왔습니다. 그 이유는 예수님이야말로 참 사제이며, 구원자임을 그는 깨달았기 때문입니다.

　주님께서는 우리가 부르짖고 청하는 기도를 들어주십니다. 하지만 우리는 주님께서 들어주심에 감사하기보다는 우리의 사정을 알아봐 준 세상 사람들에게 감사할 때가 더 많이 있습니다. 오늘 하루를 살아가며 우리의 기도와 청이 들어질 때 주님께 나와 제일 먼저 감사의 기도를 드림으로써 구원의 은총을 맛보는 우리가 되기를 성부와 성자와 성령의 이름으로 기도드립니다. 아멘.

나만의 복음밥

　재　료 :
　레시피 :
　고　명 : 매일미사 (　), 복음묵상 (　), 성체조배 (　), 묵주기도 (　)
　복음밥 :

241114 | 연중 제32주간 목요일

📖 재 료 : 루카 17,20
🥣 레시피 : "하느님의 나라는 눈에 보이는 모습으로 오지 않는다."

가끔 성당에서 기도를 열심히 하시는 분들과 이야기를 나누다 보면 분심이 드는 것을 죄로 인식하는 것을 볼 수 있습니다. "신부님 제가 온전히 기도를 드리고 싶은데 자꾸 분심이 들어요. 이거 하느님 보시기에 불경한 모습이 아닐까요? 그래서 죄라고 생각합니다." 기도를 통해 하느님을 찾고 하늘나라를 향해 나아가고자 애쓰시는 그분들의 모습을 보면서 '기도 중 분심'이 죄일까 하는 생각을 해보았습니다. 먼저 '기도 중 분심은 죄가 아니고, 기도하면서 분심 안에 머물러도 죄가 아니다.'라는 것이 저의 의견입니다. 사람의 머릿속은 눈에 보이는 것을 원하고, 그런 이미지를 만들고자 하는데, 기도를 통해 눈에 보이지 않는 하느님과 하느님의 나라를 만들려고 하니 분심이라는 것이 찾아오는 것입니다. 성당에 앉아 기도라는 것을 하면서 머릿속을 멈추고, 그냥 앉아 있어야 하는데 그 가만히 앉아 있는 게 너무나 어려운 것입니다. '엄마 앞에 있는 아기가 무엇을 해야 이뻐 보일까요? 아닙니다. 엄마 눈에는 자신의 눈앞에 있는 아기가 그냥 한없이 이쁠 뿐입니다.' 저는 하느님의 눈앞에 있는 우리도 그렇다고 봅니다. 우리가 무엇을 해서 이쁜 것이 아니라, 시간을 내어 성전에 와서 주님을 바라보겠다고 앉아 있는 우리가 무한히 예뻐 보일 것입니다.

오늘 복음에서 예수님께서는 "하느님의 나라가 언제 오느냐?"는 질문에 다음과 같이 답을 하십니다. **"하느님의 나라는 눈에 보이는 모습으로 오지 않는다."** 이 말씀은 우리가 아무리 상상해도 하느님의 나라는 우리의 머리 위에 있다는 것입니다. 그러면 기도할 때 하느님의 나라를 상상하며 기도하기보다는 이렇게 해봤으면 좋겠습니다. 성당에 들어가 성전에 앉아 **"주님 저 왔어요. 저 실컷 바라보셔요."** 오늘 하루 자신의 의지로 무엇인가를 하려고 고군분투하기보다는 주님의 바람이 이끄는 대로 맡겨보는 하루가 되시기를 성부와 성자와 성령의 이름으로 기도드립니다. 아멘.

나만의 복음밥

재 료 :

레시피 :

고 명 : 매일미사 (   ), 복음묵상 (   ), 성체조배 (   ), 묵주기도 (   )

복음밥 :

241115 | 연중 제32주간 금요일 또는 성 대 알베르토 주교 학자

재　료 : 루카 17,33

레시피 : "제 목숨을 보존하려고 애쓰는 사람은 목숨을 잃고, 목숨을 잃는 사람은 목숨을 살릴 것이다."

　　가톨릭 교회가 2천 년이 넘는 지금까지 명맥을 유지하고 있는 가장 큰 이유는 '순명정신'이 있기에 가능했다고 봅니다. 교도권에서 내리는 결정을 받아들이고, 기다리는 '순명정신!' 이것이 교회를 분열이 아닌 일치의 길로 이끌고 있습니다. 순명 정신의 대표적인 분은 '오상의 비오' 신부님입니다. 신부님께서는 젊어서부터 몸의 다섯 군데에 피가 흐르기 시작하셨습니다.

　　사람들은 그 모습을 보고 살아 계신 예수님이라며 모여들기 시작했고, 순례자로 넘쳐났습니다. 하지만 사람들의 시기가 오상이 거짓말이라는 모함으로 끊임없이 이어지고, 신부님께서 가난한 이들을 위해 병원 설립을 하려고 하자, 이익에 눈먼 반대자들의 질투와 투서로 결국 신부님께서는 성무 집행까지 금지당하지만 모든 것을 순명으로 받아들이셨습니다. 그 순명의 시간이 끝나고 난 뒤 신부님은 세상에 나와 이런 영적 말씀을 해주셨습니다. "예수께서 그대가 겪는 고통의 순간에 그대 안에서 그대를 위하여 고통받으십니다."

　　교회 안에서 살아가며 순명하라는 말을 들을 때가 있습니다. 그리고 그 말에 알레르기 반응을 일으키는 사람들을 보게 됩니다. 순명은 멍청한 사람들이나 자신의 목소리를 내지 못하는 사람들이나 하는 것으로 여기는 사람들이 있고, 순명을 자신의 명예를 더럽히는 것이라며 스스로의 목소리를 높이며 분열을 일으키는 사람들이 있습니다.

이런 우리에게 예수님께서는 이렇게 말씀하십니다. **"제 목숨을 보존하려고 애쓰는 사람은 목숨을 잃고, 목숨을 잃는 사람은 목숨을 살릴 것이다."** 순명은 바보 같은 사람이 하는 것이 아니라 지혜로운 사람이 할 수 있는 용기라고 봅니다. 순명 안에서 고통받을 때 주님께서는 우리보다 더 고통받을 것이며, 영적인 생명을 살리기 위해 백방으로 노력할 것입니다. 주님의 뜻은 우리를 통해 발휘되는 것이 아닌 주님의 말씀을 통해 나타나는 것임을 깨닫는 우리가 되기를 성부와 성자와 성령의 이름으로 기도드립니다. 아멘.

나만의 복음밥

재　료 :

레시피 :

고　명 : 매일미사 (　), 복음묵상 (　), 성체조배 (　), 묵주기도 (　)

복음밥 :

241116 | 연중 제32주간 토요일

📖 재　　료 : 루카 18,7

🍲 레시피 : "하느님께서 당신께 선택된 이들이 밤낮으로 부르짖는데 그들에게 올바른 판결을 내려 주지 않으신 채, 그들을 두고 미적거리시겠느냐?"

　억울한 일을 당하면 마음이 딱딱하게 굳어버려 기도도 되지 않고, 생활도 되지 않습니다. 마음이 안절부절못하는 상황일 때 주위에서 이런 말을 하는 사람이 제일 얄밉습니다. "기도해, 하느님께 말씀드려." 그런데 돌아보면 기도가 제일 첫 번째 방법이고 기도만 한 것이 없음을 깨닫습니다. 사람들에게 가서 하소연을 해도 그때뿐이고, "이것은 비밀인데 말하지 마!"라고 말을 해도 이미 내 입 밖으로 흘려진 말이기에 언제든 고통으로 이어질 소지가 있습니다. 그러나 하느님께 기도로서 쏟아내는 말은 하느님만 들으시고, 하느님은 누구에게 전하지 않으시기에 기도만큼 확실한 하소연이 없다는 생각이 듭니다. 그 하소연이 기도이고, 그 애원이 기도입니다. 그러기에 '기도하라'는 말이 아무것도 아닌 것 같지만 제일 중요한 말이 되는 것입니다.

　우리가 기도로서 애원하면 주님께서는 외면하지 않으시고 들어주심을 다음과 같이 말씀하십니다. "하느님께서 당신께 선택된 이들이 밤낮으로 부르짖는데 그들에게 올바른 판결을 내려 주지 않으신 채, 그들을 두고 미적거리시겠느냐?"

　주님께서는 우리의 하소연, 애원, 고통, 답답함, 이 모든 것을 외면하지 않으시고 기억하고 들어주십니다. 그때를 알면 좋겠지만 주님의 시간과 나의 시간은 다르기에 내가 원하는 때가 아닌 주님이 원하시는 때라는 것을 기억하며 청해야 할 것입니다. 오늘 하루 억울하고, 답답하고, 힘들고, 고통스러운 일이 있다면 그것을 인간에게 판결해 달라고 이야기하기보다는, 주님 앞에 나아가 말씀드리고 응답받는 우리가 되기를 성부와 성자와 성령의 이름으로 기도드립니다. 아멘.

나만의 복음밥

- 재 료 :
- 레시피 :
- 고 명 : 매일미사 (　), 복음묵상 (　), 성체조배 (　), 묵주기도 (　)
- 복음밥 :

241117 | 연중 제33주일

📖 재 료 : 마르 13, 31
🍲 레시피 : "하늘과 땅은 사라질지라도 내 말은 결코 사라지지 않을 것이다."

사제서품을 앞두고 영성 지도 신부님께 이런 질문을 한 적이 있습니다. "신부님! 사제가 되어 본당에 가면 신자들에게 병자성사도 주고 혹은 돌아가시는 상황도 만나게 되는데. 그럴 때 어떻게 해야 할까요?" 제 말에 신부님께서는 이렇게 말씀하셨습니다.

"죽음의 순간 가족들도 슬픔의 눈물을 흘리고 흐느끼는 상황이 되지만, 죽음을 앞둔 사람도 고통스럽거든. 심장이 멈춰가니 목소리도 안 나오고, 숨도 안 쉬어지지. 그럴 때 가족들이 울면 더 불안하고 힘들어져. 그럴 때 다른 위로의 말을 하려고 애쓰지 말고, 시편 23편을 들려드려, '주님은 나의 목자'라고 시작하는 말씀 말이야. 죽을 때 재물은 가지고 갈 수 없어도, 주님의 말씀은 영원하니까, 말씀의 위로를 노잣돈으로 가져갈 수 있을 거야."

영성 지도 신부님의 말씀을 마음에 새기고 사제 서품을 받고 본당에 나가자마자 딱 그 상황을 마주하게 되었습니다. 본당 신자의 어머니께서 갑작스러운 사고로 중환자실에 들어가게 되었고, 저와 그 가족들은 병자성사를 위해 병실로 갔습니다. 다들 울고, 슬퍼할 때 죽음을 앞둔 자매님은 병상에서 눈물을 흘리고 계셨습니다. 그때 가족들에게 미리 인쇄해 간 시편 23편을 주고 계속 읽어주라고 했습니다. 성사를 마치고, 병실에서 그 시편을 읽는 중에 누워계신 어머니는 눈물을 흘리시며, 편안하게 세상을 떠나셨습니다.

오늘 복음에서 예수님께서는 종말의 그날을 말씀해 주시며 우리가 무엇을 잡고 살아야 하는지 말씀해 주십니다. **"하늘과 땅은 사라질지라도 내 말은 결코 사라지지 않을 것이다."** 우리가 이 세상을 살아가며 끝까지 잡고 있어야 하는 것은 돈도, 명예도, 사람도 아니고 주님의 말씀입니다. 그 말씀을 붙잡고 살아가는 사람은 죽음의 그 순간, 제일 중요한 것을 하늘나라로 가지고 갈 수 있을 것입니다. 주님의 말씀을 붙잡고 언제든 주님의 부르심에 기쁘게 응답하며 나아가는 우리가 되기를 성부와 성자와 성령의 이름으로 기도드립니다. 아멘.

나만의 복음밥

재 료 :
레시피 :
고 명 : 매일미사 ( ), 복음묵상 ( ), 성체조배 ( ), 묵주기도 ( )
복음밥 :

241118 | 연중 제33주간 월요일 또는 성 베드로 대성전과 성 바오로 대성전 봉헌

📖 재　　료 : 루카 18,42
🥣 레시피 : "다시 보아라. 네 믿음이 너를 구원하였다."

　예전에 기부를 위해 수녀님 두 분과 주위에 있는 불우한 청소년과 어르신들께 먹고 지낼 수 있는 도움을 주고 있는 곳에 다녀왔습니다. 수녀님과 인터뷰를 나누다가 "요즘 어떤 게 힘드시냐?"라고 여쭤봤습니다. 저의 물음에 수녀님께서는 뜻밖의 답을 하셨습니다.

　"윗집에 사는 사람으로 인해 요즘 고충이 많습니다. 올해 초에 이사 왔는데, 오자마자 자신들은 차가 있으니 집 앞에 주차 자리는 자신들의 것이고, 수녀님은 차를 대지 말라고 했어요. 그래서 나는 7년을 살았고, 당신들은 올해 이사를 왔는데 이러는 이유가 무엇이냐 물었지만, 여기는 자신들 자리니, 수녀니까 당연히 양보하라고 답을 하더라고요. 무엇을 어떻게 말을 해도 통하지가 않아서 화도 나고 답답했어요."

　저는 수녀님께 "정말 괜찮으시냐? 상상 이상의 인간들을 어쩌냐?"라고 물어봤습니다. 그러자 수녀님은 이렇게 답을 해주셨습니다. "처음에는 화도 많이 나고 답답해서 앞이 잘 안 보이더라고요. 나쁜 생각도 나고 그런데 지금은 이런 기도를 많이 해요. 주님, 저 사람이 돈을 많이 벌어 주차장도 있고 사람들도 괴롭히지 않는 넓은 곳에 가서 살게 해주세요." 수녀님의 재치 있는 답을 들으면서 일상 안에 화가 나서 마음의 눈을 가릴 때 해야 할 기도의 방법이 생각났습니다.

　오늘 복음에서 눈먼 이가 나와서 주님께 보게 해달라고 청합니다. 이에 주님께서는 그의 믿음을 보시고 다음과 같이 말씀하십니다. "다시 보아라. 네 믿음이 너를 구원하였다." 일상의 어려움이 다가오면 화가 마음에 가득 차 하늘나라를 보고 싶어도 보지 못하게 되는 것 같습니다. 그런 어려움이 찾아왔을 때 부정적이고, 나쁜 생각보다는 긍정적이고 밝은 생각으로 하늘나라를 바라 보고 우리의 그 믿음이 우리를 구원하기를 성부와 성자와 성령의 이름으로 기도드립니다. 아멘.

나만의 복음밥

- 재 료 :
- 레시피 :
- 고 명 : 매일미사 (   ), 복음묵상 (   ), 성체조배 (   ), 묵주기도 (   )
- 복음밥 :

241119 | 연중 제33주간 화요일

📖 재　료 : 루카 19,5

🥣 레시피 : "자캐오야! 얼른 내려오너라. 오늘은 내가 네 집에 머물러야 하겠다."

지난번 지인을 만나서 기도에 대한 이야기를 했습니다. 그분은 기도에 맛들이고 싶은데, 방법을 잘 몰라서 인터넷에서 정보를 찾다가 함께 54일 기도하는 모임을 보고 가입을 했습니다. 그 안에서는 매일 서로 기도의 지향과 내용을 올리고, 응원의 메시지를 통해 힘을 얻는다고 했습니다. 그리고 본인도 모임을 통해 기도의 응답을 받고, 기도의 응답을 받는 사람들을 지켜 보면서 힘을 얻고, 이렇게 기도에 맛들이는 과정을 경험하며 너무 기쁘다고 했습니다.

저는 그분의 모습을 보면서 '주님을 만나고자 한 자캐오의 모습과 같지 않을까?' 하는 생각이 들었습니다. 그는 세관장으로 같은 유대인들의 세금을 거두어서 로마인들을 배 불린 그야말로 민족의 배신자 같은 사람이었습니다. 자캐오 스스로도 그 사실을 알고 있었습니다. 하지만 그는 예수님의 소식을 듣고 변화하고 싶었습니다.

그 변화에 대한 강렬한 마음이 그로 하여금 예수님을 만날 여러 가지 방법을 찾게 했습니다. 그리고 그는 돌무화과나무 위로 올라갔습니다. 제일 낮은 자가 제일 높은 곳에 오르는 노력을 기울입니다. 그의 모습을 보고 주님께서는 이렇게 말씀하십니다. **"자캐오야! 얼른 내려오너라. 오늘은 내가 네 집에 머물러야 하겠다."**

우리도 주님을 만나기 위해 기도도 해야 하고 미사도 정성껏 드려야 하는 것을 알고 있습니다. 하지만 삶의 어려움은 주님을 바라보기 위해 돌무화과나무 위로 오르는 노력을 하기보다, 세상에 주저앉게 만들곤 합니다. 오늘 하루는 우물쭈물하다 지나가시는 주님을 보지 못하는 하루가 아니라, 주님을 만나기 위해 과감히 나무 위로 올라가는 우리가 되기를 성부와 성자와 성령의 이름으로 기도드립니다. 아멘.

나만의 복음밥

- 재　료 :
- 레시피 :
- 고　명 : 매일미사 (　), 복음묵상 (　), 성체조배 (　), 묵주기도 (　)
- 복음밥 :

241120 | 연중 제33주간 수요일

📖 재　료 : 루카 19,17

🥣 레시피 : "잘하였다, 착한 종아! 네가 아주 작은 일에 성실하였으니 열 고을을 다스리는 권한을 가져라."

　대화 내용 중에 가장 거북스러운 소재는 죽음입니다. 대화하는 사람 중에 죽었다가 온 사람이 있어야 그곳이 어떠하다는 이야기를 해줄 텐데, 간 사람만 있지 온 사람은 없기에 이야기를 시작하면 분위기가 무거워집니다. 우리는 죽음에 대한 것을 마주하는 것보다는 피하고 싶고, 오늘 눈을 감으며 내일 눈을 뜰 것이라 확신하며 잠이 듭니다. 그런데 정말 오늘 눈을 감으면 내일 눈을 뜰 수 있을까요? 그것을 허락하신 분은 내가 아니라 주님이십니다.

　어제 유튜브로 뉴스를 보는데 이런 장면이 눈에 들어왔습니다. 트럭이 도로에서 갑자기 멈췄고, 그것을 이상하게 여긴 사람들이 그 차 주위로 다가가서 보니, 운전자가 쓰러져 있었습니다. 사람들은 운전자를 끌어내어 심폐소생술을 했고, 그 사람은 살아났습니다. 그 모습을 보면서 운전자의 마음을 생각해 봤습니다. 아침에 부인과 자녀들과 인사를 나누고 나와 일터로 향하는데 죽음이 갑자기 손짓을 한 것입니다. 누구도 몰랐고, 정작 자신도 몰랐을 것입니다. 그는 그렇게 극적으로 살아나고 난 뒤 이런 말을 했습니다. "주어진 하루를 최선을 다해 살아야겠어요." 어느 날 갑자기 주님께서 부르셔서 그 앞에 갔을 때 주님께서 "내가 하라고 한 것들을 잘 지키며 살았느냐?"라고 묻는다면 우리는 어떻게 답을 할 수 있을까요? 돌아보니 말문이 막히고 버벅댈 일들로 가득함을 볼 수 있습니다.

주님께서 오늘 하루를 우리에게 허락하신 이유는 '나 혼자 잘 먹고 잘 살라고 허락하신 것'이 아니라 '당신이 주신 사랑을 실천하라'라고 주셨다는 것을 기억해야 할 것입니다. 우리가 주님께서 허락하신 목적대로 살아간다면 어느 날 갑자기 하늘나라에 올라 주님을 뵐 때 주님께서 우리에게 이렇게 말씀하실 것입니다. **"잘하였다, 착한 종아! 네가 아주 작은 일에 성실하였으니 열 고을을 다스리는 권한을 가져라."** 주님의 뜻을 실천하며 은총을 구해 얻는 우리가 되기를 성부와 성자와 성령의 이름으로 기도드립니다. 아멘.

나만의 복음밥

- 재 료 :
- 레시피 :
- 고 명 : 매일미사 (　), 복음묵상 (　), 성체조배 (　), 묵주기도 (　)
- 복음밥 :

241121 | 복되신 동정 마리아의 자헌 기념일

재　　료 : 마태 12,50
레시피 : "하늘에 계신 내 아버지의 뜻을 실행하는 사람이 내 형제요
　　　　 누이요 어머니다."

지난번 선교사 신부님께서 이런 이야기를 해주셨습니다. 파푸아뉴기니에서 한 아버지와 아들이 숲에서 나무를 하고 있었습니다. 잠시 후 아버지는 아들에게 다급한 목소리로 "고개를 숙이고, 빨리 나 있는 곳으로 오렴."하고 말을 했습니다. 아들은 일단 아버지가 시키는 대로 고개를 숙이고 아버지가 있는 곳으로 왔습니다. 아들이 도착하자 아버지는 아들에게 "네가 있던 자리 뒤에 독사가 있어서 앞으로 나갔더라면 큰일이 있었을 거야."하고 말씀을 하셨습니다.

아무것도 아닌 이야기 속에는 순명에 대한 큰 의미가 담겨 있습니다. 아들이 아버지의 말을 듣고도 "아빠, 왜요?"하며 가만히 있었더라면 아들은 독사에게 물렸을 것입니다. 하지만 아버지의 말씀에 순명함으로써 목숨을 구할 수 있었던 것입니다.

우리의 일상 안에서도 주님께서는 수도 없이 많은 징후를 보여주시며 당신의 말씀에 순명하기를 바라십니다. 하지만 우리는 주님의 말씀보다는 내 뜻을 앞세우고 싶어 합니다. 그러기에 하늘나라가 바로 눈앞에 있음에도 불순명이라는 독사에 물려 앞으로 나아가지 못하고 제자리에 주저앉게 되는 것입니다.

이런 우리에게 순명의 모범을 보여주신 분이 계십니다. 그분은 바로 성모님이십니다. 성모님께서 스스로 드러내지 않아도 주님께서 성모님을 세상에 드러내 보여주셨으며, 우리 모두 그분의 모범을 따라 오늘을

보내고 있는 것입니다. 오늘 복음에서 예수님께서는 다음과 같이 말씀하십니다.

"하늘에 계신 내 아버지의 뜻을 실행하는 사람이 내 형제요 누이요 어머니다." 우리 모두 주님의 뜻을 실행함으로써 은총을 맛보는 하루가 되기를 성부와 성자와 성령의 이름으로 기도드립니다. 아멘.

나만의 복음밥

- 재 료 :
- 레시피 :
- 고 명 : 매일미사 (   ), 복음묵상 (   ), 성체조배 (   ), 묵주기도 (   )
- 복음밥 :

241122 | 성녀 체칠리아 동정 순교자 기념일

재 료 : 루카 19,46

레시피 : "'나의 집은 기도의 집이 될 것이다.'" "그런데 너희는 이곳을 '강도의 소굴'로 만들어 버렸다."

우리가 삼겹살을 먹을 때 쌈으로 깻잎을 먹는 것처럼 동남아 사람들은 음식에 고수를 꼭 넣어서 먹습니다. 고수에는 여러 가지 좋은 성분이 들어있지만 제 입맛에는 맞지 않아 잘 먹지 않게 됩니다. 지난여름 동남아에서 선교 생활을 했던 동기와 베트남 음식을 먹을 기회가 있었는데, 그 친구는 고수를 거의 숙주만큼 넣어서 팍팍 먹었습니다. 그의 놀라운 모습을 보면서 "그렇게 넣어 먹으면 맛있어?"라고 물어봤습니다. 저의 질문에 신부님은 이렇게 답을 했습니다. "나도 처음에는 고수를 잘 못 먹었어. 그런데 어느 날 그곳 신부가 이렇게 말을 하는 거야. 고수를 많이 먹으면 몸에서 고수 향이 나고 모기가 그 향을 싫어해서 물지 않을 거라고. 그 말에 모기가 무는 것도 싫고, 새로운 음식에 적응하기 위해 고수를 먹기 시작했는데, 정말 모기가 안 물었고, 지금은 오히려 고수 없이 음식을 먹는 게 힘들 정도야"라고 했습니다.

오늘 복음에서 예수님께서는 성전에 들어오시어 물건을 파는 이들을 쫓아내시고 다음과 같이 말씀하십니다. "'나의 집은 기도의 집이 될 것이다.'" "그런데 너희는 이곳을 '강도의 소굴'로 만들어 버렸다." 우리가 매일 하는 생각이 우리의 행동으로 드러나게 됩니다. 주님을 매일 생각하면 기도할 궁리를 할 것이고, 돈을 매일 생각하면 돈을 벌 궁리를 할 것입니다. 그리고 그것이 각자의 영혼의 향기를 결정하게 될 것입니다.

잠시 멈추고 제 몸에서 어떤 향기가 나는지 맡아 보았습니다. 아무리 맡아봐도 주님보다는 세상 사람들의 향기가 나는 것 같습니다. 미사를 통해 말씀을 꼭꼭 씹어 먹고, 성체를 영함으로써 우리 마음을 '강도의 소굴'이 아니라 '기도하는 집'으로 만들기를 성부와 성자와 성령의 이름으로 기도드립니다. 아멘.

나만의 복음밥

- 재 료 :
- 레시피 :
- 고 명 : 매일미사 (   ), 복음묵상 (   ), 성체조배 (   ), 묵주기도 (   )
- 복음밥 :

241123 | 연중 제33주간 토요일

📖 재　　료 : 루카 20,38
🍲 레시피 : "그분은 죽은 이들의 하느님이 아니라 산 이들의 하느님이시다.
　　　　　사실 하느님께는 모든 사람이 살아 있는 것이다."

　사람들과 대화하며 고민을 이야기하다 보면 이런 이야기를 하는 사람이 있습니다. "내가 해봤는데 그거 하지 마." "내가 가봤는데 거기 가지 마." "내가 봐봤는데 그거 보지 마." 내가 하지 않고, 보지 않고, 가지 않았기에 그런 이야기를 듣게 되면 앞으로 가던 발길을 살짝 멈출 때가 있습니다. 그리고 실제로 하지 않거나, 가지 않거나, 보지 않는 경우가 있습니다. 그런데 어느 순간 돌아보니 자신의 경험을 그 답에 한정하다 보니 스스로 할 수 있는 경험들까지 한정되는 느낌이었습니다. 그런 느낌을 갖고 난 뒤로는 잘 물어보지 않습니다. 그냥 제가 하고 싶은 거면 해보고, 보고 싶은 거면 가서 보고, 듣고 싶은 거면 가서 듣습니다. 그렇게 경험하고 체험하고 난 뒤에 오는 것들은 저를 성장시키고, 한정 짓지 않고, 확장시키는 결과를 가져오게 되었습니다.

　오늘 복음에서 예수님께서는 다음과 같이 말씀하십니다. **"그분은 죽은 이들의 하느님이 아니라 산 이들의 하느님이시다. 사실 하느님께는 모든 사람이 살아 있는 것이다."** 우리는 하느님을 섬기는 데도 사람들에게 물어봅니다. 광대무변하신 하느님의 능력에 온전히 내어 맡겨드려 볼 수 있음에도, 인간에게 그것을 물어보고 또 물어봅니다. "이런 기도가 있다는데 맞는 건가요?" "이런 봉사가 있다는데 하는 게 맞는 건가요?" "이런 피정이 있는데 가는 게 맞는 건가요?" 교회 내에는 수많은 기도와 봉사와 피정이 있고, 그것을 체험하는 사람들의 느낌은 다 다를 것입니다. 어떤 사람은 긍정적이고, 또 어떤 사람은 부정적입니다. 교회 내에 있는 것이라면 그 안에 하느님이 살아계시고 활동하실 것입니다. 상대의 의견을 물어보는 것도 좋지만, 아마 그 의견이 자신이 할 경험들을 한정 짓고, 나와 만나게 될 하느님을 제한할 수도 있을 것입니다. 가끔은 물어보는 것도 좋지만 가끔은 물어보지 않고 하는 것도 좋습니다. 오늘도 각자의 삶에서 만나는 살아계신 하느님의 능력을 믿고 온전히 의탁해보는 하루가 되기를 성부와 성자와 성령의 이름으로 기도드립니다. 아멘.

나만의 복음밥

- 재　료 :
- 레시피 :
- 고　명 : 매일미사 (　), 복음묵상 (　), 성체조배 (　), 묵주기도 (　)
- 복음밥 :

241124 | 온 누리의 임금이신 우리 주 예수 그리스도왕 대축일

재   료 : 요한 18,37
레시피 : "나는 진리를 증언하려고 태어났으며, 진리를 증언하려고 세상에 왔다. 진리에 속한 사람은 누구나 내 목소리를 듣는다."

제주도를 여행하며 긴 거리를 이동할 때마다 라디오를 들었습니다. 하지만 제주시를 벗어나서 다른 지역에 가면 라디오가 잘 나오지 않습니다. 운전하시는 분께 이러는 이유를 여쭤보니, 큰 라디오 기지국이 제주시에 있어서 그곳을 벗어나면 잘 안 들리는 건 당연하다고 했습니다.

오늘 복음에서 빌라도는 하늘의 임금이신 예수님께 세상의 임금이냐고 물어봅니다. 그의 질문에 예수님은 이렇게 답을 하십니다. **"나는 진리를 증언하려고 태어났으며, 진리를 증언하려고 세상에 왔다. 진리에 속한 사람은 누구나 내 목소리를 듣는다."** 우리는 이 말씀을 듣고 예수님을 주님이요, 우리들의 임금님이라는 고백을 어떻게 해야 할까요? 다음의 세 가지 방법을 통해서 우리는 주님이 진리임을 깨달을 수 있을 것 같습니다.

첫째, 미사에 잘 나오는 것. 미사를 통해 성체를 모시고 주님을 마음에 품는다면 우리는 그 순간부터 주님의 작은 기지국이 되어, 주위 사람들에게 주님의 진리를 알리게 될 것입니다.

둘째, 고해성사를 잘 보는 것. 전파를 잘 잡으려면 분심과 잡념이 없어야 합니다. 우리 마음속에 분심과 잡념을 없애주고, 주님께 집중할 수 있게 도와주는 것이 고해성사입니다. 이렇게 성사를 통해 주님의 진리를 더 잘 깨닫게 될 것입니다.

셋째, 성경을 잘 읽는 것. 주파수를 잘 잡으려면 주파수를 알아야 합니다. 주파수를 모르면 일일이 찾아야 하는 수고로움이 있습니다. 주님이 말씀하시는 진리는 성경에 담겨 있고, 그것을 자주 읽는 사람은 주님의 뜻을 깊게 깨닫게 될 것입니다.

교회력으로 이번 주로 한 해를 마감하고 다음 주부터는 대림시기가 시작됩니다. 이번 주 교회의 한 해를 마감하며 우리는 주님이 말씀하시는 진리를 깨닫고자 노력했는지 돌아봅시다. 그러므로 내년 한 해는 주님의 진리를 더 깊게 깨닫기 위해 미사 참례, 고해성사 보기, 성경 읽기를 실천함으로써 주님 앞에 한발 더 나아가는 우리가 되기를 성부와 성자와 성령의 이름으로 기도드립니다. 아멘.

나만의 복음밥

- 재 료 :
- 레시피 :
- 고 명 : 매일미사 (   ), 복음묵상 (   ), 성체조배 (   ), 묵주기도 (   )
- 복음밥 :

241125 | 연중 제34주간 월요일, 또는 알렉산드리아의 성녀 가타리나 동정 순교자

📖 재　료 : 루카 21,4

🍚 레시피 : "저들은 모두 풍족한 데에서 얼마씩을 예물로 넣었지만, 저 과부는 궁핍한 가운데에서 가지고 있던 생활비를 다 넣었기 때문이다."

　　보통 이맘때 성당에서는 성탄 예술제도 준비하고, 여러 가지 문화행사와 아나바다 운동의 일환으로 평소 쓰지 않는 물품을 내놓고 그것을 판매하여 불우한 이웃을 돕는 사랑의 바자회도 합니다. 보통 사랑의 바자회를 준비한다고 하면, 아마 대부분의 사람들은 안 썼던 것, 좋은 것, 팔아도 돈이 되는 것, 내면 아까운 것을 기부할 것입니다. 음, 아마도 그럴 것입니다. 그런데 소수의 사람들은 바자회를 한다고 하면 집에 있는 잡동사니를 정리해야지 하는 마음으로 안 쓰는 것, 버리는 것, 불필요한 것을 성당에 내는 경우가 있습니다. 그래서 사랑의 바자회를 끝내고 나면 팔리는 비용보다 나중에 쓰레기로 처리하는 비용이 더 많이 든다고 들었습니다.

　　저는 바자회를 하자고 하면 이렇게 말을 합니다. "집에 가서 물건들을 바라보시고 내가 남 줘도 아깝지 않은 것이 아니라, 내가 남 주기 아까운 것을 하나씩 가져오세요. 그것이 진정한 이웃사랑의 시작입니다." 신기하게도 이런 말을 하고, 안 하고에 따라 상황이 달라집니다. 이렇게 말씀을 드리고 나면 버리는 것을 가져오는 분을 본 적이 없습니다.

　　오늘 복음에서 예수님께서는 진정한 봉헌에 대해 이렇게 말씀하십니다. "저들은 모두 풍족한 데에서 얼마씩을 예물로 넣었지만, 저 과부는 궁핍한 가운데에서 가지고 있던 생활비를 다 넣었기 때문이다."

우리 마음속에는 부자와 같은 마음보다는 과부와 같은 마음이 더 크게 자리 잡고 있음을 종종 깨닫습니다. 봉헌의 마음을 살짝 건드려 주기만 해도 우리 마음 속에는 과부와 같이 자신의 것을 아낌없이 봉헌 하고자 하는 선함이 가득 담겨 있기 때문입니다.

2024년 연말 어려움에 처한 사람들이 많습니다. 분명 내가 제일 어렵다고 하면 할 말이 없지만, 이 복음밥을 보시는 분들은 연말 내가 가장 아끼는 것이 있다면 그것을 이웃과 나누고, 사랑의 꽃을 피우는 작은 사랑의 봉헌자가 되기를 성부와 성자와 성령의 이름으로 기도해봅니다. 아멘.

나만의 복음밥

- 재 료 :
- 레시피 :
- 고 명 : 매일미사 ( ), 복음묵상 ( ), 성체조배 ( ), 묵주기도 ( )
- 복음밥 :

241126 | 연중 제34주간 화요일

📖 재　료 : 루카 21,8

🥘 레시피 : "너희는 속는 일이 없도록 조심하여라. 많은 사람이 내 이름으로 와서, '내가 그리스도다.', 또 '때가 가까웠다.' 하고 말할 것이다. 그들 뒤를 따라가지 마라."

　　비행기를 타고 먼 곳으로 떠난다는 것, 그것도 혼자 떠난다는 것은 많은 두려움을 갖게 합니다. 아무런 정보도 없이 마주해야 하는 수많은 상황에 걱정도 생기게 됩니다. 작년 이맘때 동기 신부가 사목하고 있는 인도 뉴델리를 다녀왔습니다. 동기가 인도로 발령을 받았을 때 "꼭 가서 특강을 해주겠다."라는 약속을 했던 터라. 코로나가 풀리자마자 인도로 향했습니다. 가기 전 인도에 대한 수많은 정보를 찾아보았는데 사기꾼이 많으니 조심하라는 말이 있었습니다. 마음속으로 조심하겠다는 다짐을 하고 공항에 도착했는데, 오랜만에 나와서인지 어디로 가야 할지 무엇을 해야 할지 감이 오지 않았습니다. 사람들이 향해 가는 곳으로 가고 있는데, 어떤 인도 사람이 다가와 한국말로 "어디 가요? 저 공항 직원인데 안내해 드릴께요."라고 말을 걸어왔습니다. 느낌이 안 좋아서 듣는 척도 하지 않고 직진했는데, 그 후로도 두 명이나 더 그런 사람을 만났습니다. 입국 사무소 앞에 다다라서 보니 "불안한 마음일수록 정신을 차리지 않으면 쉽게 넘어갔겠구나." 싶었습니다.

　　오늘 복음에서 성전이 무너질 것을 예언한 예수님을 향해 사람들은 그 말씀 안에 감춰진 뜻을 바라보려 하기보다는 알지 못하는 일을 듣게 되어 두려워져 언제 그런 일이 있을지를 물어봅니다. 그들의 질문에 예수님께서는 다음과 같이 말씀하십니다. "너희는 속는 일이 없도록 조심하여라. 많은 사람이 내 이름으로 와서, '내가 그리스도다.', 또 '때가 가까웠다.' 하고 말할 것이다. 그들 뒤를 따라가지 마라." 하고 말씀하십니다.

　세상 사람들, 더 나아가 어둠의 자녀들은 빛의 자녀인 우리가 잘 모르는 부분으로 유혹하고, 두려운 부분을 이용하여 속이려 들것입니다. 그때 그 상황이 되었을 때 우리가 의지해야 할 것은 세상의 유혹자가 아니라 주님이시며, 어떤 상황에서든 주님께 나아가 기도로서 먼저 물어보고 답을 구한다면 올바른 답을 주실 것입니다. 오늘 하루 삶의 두려운 순간이 찾아올 때 세상 사람들을 통해 답을 얻으려 하지 말고, 주님을 통해 답을 찾으려 하는 우리가 되기를 성부와 성자와 성령의 이름으로 기도드립니다. 아멘.

나만의 복음밥

재　료 :
레시피 :
고　명 : 매일미사 (　), 복음묵상 (　), 성체조배 (　), 묵주기도 (　)
복음밥 :

241127 | 연중 제34주간 수요일

📖 재   료 : 루카 21,19
🥣 레시피 : "너희는 인내로써 생명을 얻어라."

본당 사목은 주로 신자들과 함께 일을 합니다. 같은 목표를 가지고 함께 일을 만들어 가야 한다는 것을 머리로는 이해하고 있지만 잘 안 되는 것이 하나 있습니다. 그것은 바로 '기다리는 것'입니다. 사제는 24시간 성당 생각을 하니 일이 빠르게 진행되는 것이 눈에 보였으면 좋겠는데, 신자들은 시간이 될 때 모여서 일을 추진하므로 느리게 진행될 수밖에 없습니다. 이것을 머리로는 알면서도 빠른 결과를 보고 싶은 마음에 '신자의 편의'를 봐준다는 생각으로 내가 먼저 후딱 처리해 버립니다.

지난번 이것으로 사회생활을 하는 친구와 이야기를 나눴는데, 그가 이런 말을 했습니다. "집에 아이들을 키울 때 나도 잘 기다려 줘야 하는데 아이가 할 부분을 내가 나서서 빨리 해결해 줄 때가 있어. 그게 좋다고 생각했는데 돌아보니 아니더라고. 답답하더라도 기다리고 인내해 봐, 그럼 그 안에서 열매 맺는 게 있을 거야."

오늘 복음에서 예수님께서는 "박해의 그 날에 두려워하지 말라"라고 말씀하십니다. 그 박해의 순간에 주님께 온전히 내어 맡긴다면 인내로써 생명을 얻게 된다고 말씀하십니다. 이 말씀을 읽고 묵상하며 예전에는 보이지 않던 하느님의 마음이 느껴집니다. 당신이 다 해주실 수 있음에도 우리를 내적으로 외적으로 성장시켜 주시기 위해서 주님께서는 기다려 주시는 것이고, 그 이유를 복음을 통해 말씀하시는 것입니다. "너희는 인내로써 생명을 얻어라."

삶에 있어서 넘지 못할 산을 만났을 때 주님께 의탁하며 인내로 그 순간을 넘어봅시다. 그러면 주님께서 우리에게 삶을 살아가는 데 있어 필요한 영적 무기를 하나 주실 것입니다. 주님의 기다려 주심에 감사하며, 영적 생명을 얻는 우리가 되기를 성부와 성자와 성령의 이름으로 기도드립니다. 아멘.

나만의 복음밥

- 재 료 :
- 레시피 :
- 고 명 : 매일미사 (   ), 복음묵상 (   ), 성체조배 (   ), 묵주기도 (   )
- 복음밥 :

241128 | 연중 제34주간 목요일

📖 재   료 : 루카 21,22

🍲 레시피 : "그때가 바로 성경에 기록된 모든 말씀이 이루어지는 징벌의 날이기 때문이다."

연상호 감독의 '지옥'이라는 드라마가 있습니다. 지옥이 드라마로 만들어 지기 훨씬 전에 만화로 '지옥'이 먼저 나왔습니다. 만화의 내용과 드라마의 내용은 크게 다르지는 않지만 만화에서는 지옥에 갈 사람만이 아니라 천국에 갈 사람도 나옵니다. 만화를 보면서 지옥에 갈 사람에게 알려주는 것은 그가 잘못했기에 당연하다 여겼는데, 천국에 갈 사람에게 알려주는 것은 생각해 보지 않았던 부분이라 충격적이었습니다.

천국에 간다는 것은 생각만 해도 너무나 좋은 일입니다. 그런데 어느 날 갑자기 천사가 와서 5일 뒤에 너는 죽고 그다음에 천국에 간다고 하면, 그건 죽는 날을 받아놓는 것이기에 당사자의 심정으로 만화를 보다 보니, 꽤 충격적이었습니다.

그 상황을 느끼고 나니 하느님께서 사람마다 죽는 날을 알려주지 않으시는 이유를 명확하게 알 수 있었습니다. 아마 사람들이 저마다 죽는 날을 안다면 지금의 삶에 충실한 사람은 단 한 명도 없을 것입니다. 그 미래의 일을 모르기에 지금의 삶에 충실하고, 착하게 살며, 회개의 마음을 갖고자 노력하는 것입니다.

오늘 복음에서 예수님께서는 종말의 그날에 대해서 말씀하십니다. "그때가 바로 성경에 기록된 모든 말씀이 이루어지는 징벌의 날이기 때문이다." 주님께서는 개인적인 사람에게 나타나 죽음을 알려주지 않으십니다. 세상이 멸망한다면 갑자기 어느 순간에 모두가 그 죽음을 맞이

할 것입니다. 그 갑작스러운 죽음의 순간 어떤 사람은 죄가 있을 것이고, 어떤 사람은 죄가 없을 것입니다. 그것으로 천국과 지옥의 순간이 나눠질 것입니다.

영화처럼 천사가 나와서 죽음의 알림을 주지는 않지만 주님께서는 매일 복음을 통해 우리에게 멸망에 대한 알림을 주십니다. 그리고 한결같이 말씀하십니다. "회개하여라"라고… 오늘 하루를 살아가며 우리는 주님의 말씀에 얼마나 귀 기울이며 종말의 그 순간을 준비하고 있는지 돌아보는 우리가 되기를 성부와 성자와 성령의 이름으로 기도드립니다. 아멘.

나만의 복음밥

- 재 료 :
- 레시피 :
- 고 명 : 매일미사 ( ), 복음묵상 ( ), 성체조배 ( ), 묵주기도 ( )
- 복음밥 :

241129 | 연중 제34주간 금요일

📖 재　　료 : 루카 21,33
🍲 레시피 : "하늘과 땅은 사라질지라도 내 말은 결코 사라지지 않을 것이다."

　성당에 가서 미사를 봉헌하며 우리는 주님의 말씀을 듣습니다. 하나는 구약에서 하느님의 말씀을, 하나는 신약에서 예수님의 말씀을 듣습니다. 그 말씀을 들을 때 신자분들이 어떤 마음으로 들으시는지는 모르겠지만 저는 구약의 말씀을 들을 때는 하느님께서 말씀하신다고 생각하며 듣고, 신약의 말씀을 들을 때는 예수님께서 말씀하신다고 생각하며 듣습니다.

　하느님과 예수님의 말씀은 변하지 않고 오랜 시간 동안, 우리에게 전달되어온 것입니다. 성경에 관련된 책들을 읽다 보면 한결같이 이렇게 말을 합니다. "성경은 하느님께서 인간에게 보내는 사랑의 편지이다." 하느님께서 인간을 너무 사랑하셔서, 그 말씀을 아브라함을 통해 모세를 통해, 예언자를 통해 내려오게 하셨고, 예수님을 통해 드러내셨으며, 오늘날 미사 안에서 매일 우리에게 "내가 너희를 사랑한다고 예전에도, 오늘도, 앞으로도 계속 말할 것이다."라고 이야기하십니다.

　방탕한 생활을 했던 아우구스티누스의 마음을 잠재운 것도 성경이었고, 예로니모 성인의 흔들리던 믿음을 잡게 한 것도 성경이었으며, 군인이었던 이냐시오 성인의 마음을 주님께로 향하게 한 것도 성경이었습니다.

　주님께서는 오늘 복음을 통해 이렇게 말씀하십니다. **"하늘과 땅은 사라질지라도 내 말은 결코 사라지지 않을 것이다."** 우리도 변화하고 새롭게 거듭나고 싶다면, 성경 말씀을 읽고 귀를 기울이는 하루가 되었으면 좋겠습니다. 성경을 펼치면 그 안에 주님께서 우리를 한결같이 사랑하고 계심을 알게 될 것입니다. 주님의 말씀에 귀를 기울이며 늘 새롭게 거듭나는 우리가 되기를 성부와 성자와 성령의 이름으로 기도드립니다. 아멘.

나만의 복음밥

- 재　료 :
- 레시피 :
- 고　명 : 매일미사 (　), 복음묵상 (　), 성체조배 (　), 묵주기도 (　)
- 복음밥 :

241130 | 성 안드레아 사도 축일

재 료 : 마태 4,19
레시피 : "나를 따라오너라"

어렸을 때 내가 할 일에 집중하고 있을 때면 제일 많이 했던 말이 "잠깐만"이었습니다. 어머니께서 밥 먹으라고 부르실 때도, 아버지께서 밤늦게 맛난 것을 사 오셨을 때도, 친구들이 놀러 가자고 했을 때도, 저에게 할 일이 남아 있으면 항상 "잠깐만 금방 끝낼 테니 기다려 줘"라는 말을 했습니다. 그렇게 "잠깐만 기다려 줘"라는 말을 듣고 기다려 줄 때도 있었지만 돌아보면 어머니는 이미 가족들과 밥을 먼저 드셨고, 아버지가 사 오신 야식은 다 사라졌으며, 친구들은 여행을 떠나고 난 뒤였습니다. 모든 상황이 종료되고 난 뒤 남은 것은 기다려 주지 않은 아쉬움과 부를 때 달려나갈 걸 하는 후회만 가득했습니다.

오늘 복음에서 예수님께서는 물고기를 잡고 있던 베드로와 안드레아에게 **"나를 따라오너라"**라고 말씀하십니다. 그들은 예수님의 부르심에 "그들은 곧바로 그물을 버리고 예수님을 따랐습니다."라고 복음에 전해집니다. 예수님의 말씀에 한순간의 망설임도 없이 자신의 생계인 그물을 버리고 따른 것입니다. 그들에게는 육적 생명이 중요한 것이 아니라 영적 생명이 필요함을 알았던 것이고, 그것은 결코, 자신이 원하는 순간이 아닌 주님께서 원하시는 순간에 응답하고 뛰어나가야 한다는 것을 아신 것입니다.

주님께서 베드로와 안드레아를 부르신 것처럼 각자의 삶의 자리에 있는 우리들을 부르십니다. 그때 자신의 것을 하느라 주님께 "잠깐만요" 하고 외치는 것이 아니라, 자신이 하던 것을 내려놓고 주님을 따라

나가며 영원한 생명을 얻기를 바라봅니다. 육적 삶을 위한 망설임이 아니라 영적 삶을 위해 과감히 부르심에 따라 나가는 우리가 되기를 성부와 성자와 성령의 이름으로 기도드립니다. 아멘.

나만의 복음밥

- 재 료 :
- 레시피 :
- 고 명 : 매일미사 (   ), 복음묵상 (   ), 성체조배 (   ), 묵주기도 (   )
- 복음밥 :

Nihil Obstat:
Presbyter Raphael Jung
censor librorum

Imprimatur:
Ioannes Baptista JUNG Shin-chul, S.T.D., D.D.
episcopus Incheonensis
die VII mensis Martii, anno Domini MMXXIV

맛있는 복음밥2
Daily Gospel Meditations with 복음밥 신부

교회인가   2024년 3월 07일

1판 1쇄 발행 2024년 3월 29일

지은이 | 이용현

펴낸곳 | 인디콤
등록 | 제 2004-000320호
주소 | 서울시 마포구 양화로 157, 파라다이스텔 3층
문의 | 02-3141-9706
팩스 | 02-3141-9702
메일 | indecom@hanmail.net

값 19,000원

- 이 책의 저작권은 저자에게 있으므로 무단 전재 및 복제를 금합니다.
- 잘못 인쇄된 책은 바꾸어 드립니다.